752게송

법구경

가장 널리 알려지고 가장 많이 읽히는 경전!

752게송

법구경

법구法救 찬 · 유지난維祇難 등 역 · 이동형 편역

운주사

본문 붓글씨: 영지선사智永禪師

진陳나라 수隋나라 때의 저명한 서법가書法家로 왕희지王羲之의 7세손이다.

서문序文

『법구비유경』을 번역하면서 『출요경』과 『법구경』의 품수品數를 비교 분석한 적이 있었다. 그러면서 『법구경』 번역의 백미白眉라고 하는 김달진金達鎭 선생의 책(1962년, 현암사)이 26품品으로 구성되어 있음을 알았다. 그런데 이 책에서는 저자에 대한 언급이 없었다. 그러나 『대정신수대장경』 본연부를 보면 『법구경』이 39품이며 법구 존자法救尊者가 찬술한 것을 알 수 있다.

법구 존자는 사대논사四大論師의 한 분으로 1~2세기 학자이며, 부처님의 말씀을 수집하여 정리하였고, 이를 오吳나라 유지난維祇難 등이 번역하였다고 한다.

용수龍樹의 『대지도론大智度論』에 의하면 "부처님이 돌아가신 후 여러 제자들이 집요集要와 게송偈頌을 초록抄錄하여 무상無常에 관한 게송들은 무상품無常品으로, 바라문婆羅門에 관한 게송이면 바라문품婆羅門品으로 만들었다는 말이 있다."라고 했듯이, 이 경전은 부처님께서 설법하신 게송으로 구성되었다. 또 『아비담비비사론阿毗曇毗婆沙論』에서도 말하기를 "『법구경』은 세존께서 곳곳에서 중생을 위하신 까닭에 갖가지로 연설演說하신 것을 존자 달마다라(達摩多羅, Dharmatreta, 법구)가 부처님이 돌아가신 후 갖가지 설법에서 무상無常을 정의定義로 하는 것은 무상품으로, 범지梵志를 정의로 하는 것은 범지품梵志品으로 정리하였다."고 하였다. 이렇게 전해온 말에 의하면 이는 법구가 수집한 책이다. 그런데도 한역 『법구경』 서문에는 작자가 없다고 하거나 오吳나라 지겸支謙이라고 하며 말하기를 "오부五部 사문沙門이 제각기 경전에서 사구四句 또는 육구六句의 게송을 채취採取하고 베껴 그 정의를 따라 품목品目 별로 품을 만들어 12부경部經을 참작하지 않음이 없다고 하면서 적절한 이름이 없으므로 법구法句라고 했다."라고도 하였다. 또 말하기를 "『법구경』에는 다른 여러 종류가 있는데 900여 게송, 700여 게송, 500여 게송이 있다."는 말이 있다. 이로써 알 수 있는 것은, 역사상으로 불교의 각 부파部派에서 많은 종류의 『법구경』이 있었으며, 이는 법구 존자의 『법구경』을 근거로 수정 개편한 새로운 『법구경』일 가능성이 크다는 점이다.

『법구경』의 주요 내용은 불교의 기본교의와 도덕적인 격언으로, 이를 게송 형식으로 읽기 쉽고 기억하기 좋게 만들어 입문하는 불교 신자들의 필독서가 되었다. 또한 이 경전은 남전불교南傳佛敎가 성행하는 국가에서는 매우 숭고한 위치를 점하고 있어서 불교도들은 이로써 도덕 행위의 지침으로 삼았고, 불교학자들도 사상 이론의 기초로 삼았다고 한다. 또 상좌부上座部에서는 이 경을 중요시하면서 좌우명座右銘으로 삼았다고 한다. 이로 인하여 『법구경』 전체를 외우지 않으면 비구계를 수지受持할 수 없었다고 한다. 이 때문인지는 몰라도 유럽에도 뮐러(Müller. F. Max)에 의해 1881년에 '동양의 성서(Sacred Books of the East)'의 일환으로 소개된 적이 있으며, 이는 423게송을 번역한 것이다.

한역漢譯 『법구경』은 대승불교의 사상 발전에도 많은 영향을 끼쳤다고 여징呂澂과 같은 학자들이 고증考證하고 있다. 이는 대승경전에서

발췌한 게송들이 다수 있는 것에서 알 수 있다.

한편 『대정신수대장경』에 있는 『법구경』은 752게송으로 법구 존자가 찬술한 것이 있는데, 필자는 이 752게송을 유포하는 게 마땅하다고 생각하여 번역하게 되었다. 그리고 이 책은 지나내학원支那內學院에서 간행한 『장요藏要』 5권을 참조하였음을 밝힌다. 한편 『법집요송경法集要頌經』도 법구 존자가 찬술하였다는 기록이 있다. 결과적으로 『법구경』과 일치하는 부분도 있지만 그렇지 않은 부분이 많은데, 『법구경』 게송 앞에 번역하여 실었으니 많은 참고가 되었으면 한다.

게송은 논리적인 측면이나 문학적인 측면에서 시詩와 같은 의미, 그리고 비유가 존재하는 게 특징이다. 그러므로 많은 사람들이 읽고 도덕적으로나 논리적인 측면에 도움이 되었으면 하는 마음 간절하다.

『법구경』 첫 구절에서

睡眠解寤어든 宜歡喜思하라
聽我所說하고 撰記佛言이니라.

무명에서 깨어나면
마땅히 환희롭게 생각하라.
나는 설하신 것을 듣고
부처님 말씀을 모아 기록하였다.

는 것은 저자의 의도이고, 궁극에 저자가 이 경전의 의미를 부여한 말은,

欲求吉祥福이면 當信敬於佛이라

欲求吉祥福이면 當聞法句義하라.

길상한 복을 구하고자 하면

마땅히 부처님을 믿고 공경하라.

길상한 복을 구하고자 하면

마땅히 법구의 뜻을 들어라.

라고 하겠다.

21세기 종교는 교리보다는 자비행을 실천하고 교학보다는 윤리의식을 제고하여 생명의 가치를 고양하며, 무절제한 자유보다는 공생共生과 공영共榮의 의미를 강조하는 일합상一合相의 세계를 지향하여야 하는 게 아닐까?

2022년 4월

김포 경의재敬義齋에서

범연凡然 이동형 합장

法句經

法句經

法句經序

著者 厥名

曇鉢偈[1]者 衆經之要義[2] 曇之言法 鉢者句也 而《法句經》別有數部 有九百偈 或七百偈及五百偈 偈者 結語 猶詩頌也 是佛見事而作 非一時言 各有本末[3] 布在[4]諸經 佛一切智[5] 厥性大仁[6] 愍傷天下 出興[7]于世 開顯道義[8] 所以解人凡十二部經[9] 總括其要 別爲數部 四部阿含[10] 佛去世後阿難所傳 卷無大小 皆稱聞如是 處佛所在 究暢[11]其說 是後五部沙門[12]各自鈔衆經中四句 六句之偈 比次其 義條別爲品[13] 於十二部經靡不斟酌[14] 無所適名 故曰法句 諸經爲

1 담발게曇鉢偈: Dhammapada-gatha.

2 요의要義: 요약한 내용.

3 본말本末: 인연, 유래.

4 포재布在: 광범위하게 산재되어 있음.

5 일체지一切智: 존재에 대하여 포괄적으로 아는 지혜.

6 성대인性大仁: 성性은 본성本性, 본질本質을 말하고 대인大仁은 대자대비大慈大悲를 말한다.

7 출흥出興: 출생을 말한다.

8 도의道義: 불도佛道의 의미이다.

9 십이부경十二部經: 경전 형식과 내용을 12종류로 분류한 것이다.

10 사부아함四部阿含: 장아함경, 중아함경, 잡아함경, 증일아함경을 말한다.

11 구창究暢: 연구하여 통달한 것을 말한다.

12 오부사문五部沙門: 서인도에 있던 부파로 설일체유부說一切有部, 화지부化地部, 법장부法藏部, 음광부飮光部, 대중부大衆部를 말한다.

法言 法句者 由法言也 近世葛氏傳七百偈 偈義致深[15] 譯人出之頗使其渾[16] 惟佛難值 其文難聞 又諸佛興皆在天竺 天竺言語與漢異音 云其書爲天書[17] 語爲天語名物不同 傳實不易

唯昔藍調[18]安侯世高[19] 都尉[20]佛調[21] 譯梵爲秦[22] 實得其體 斯已難繼 後之傳者 雖不能密 猶常貴其實 粗得大趣

始者維祇難[23] 出自天竺 以黃武三年[24]來適武昌[25] 僕從[26]受此五百偈本 請其同道[27]竺將焰爲譯 將焰雖善天竺語 未備曉漢 其所傳言 或得梵語 或以義出音迎 質眞樸 初謙其爲辭不雅 維祇難曰

---

13 품品: 장章을 말한다.

14 짐작斟酌: 어림쳐서 헤아림.

15 치심致深: 매우 깊이 연구한 것을 말한다.

16 혼渾: 혼만渾漫으로, 명료하지 않음을 말한다.

17 천서天書, 천어天語: 범어梵語와 범자梵字를 말한다.

18 남조藍調: 분명하지 않은 인물이다. 어떤 학자는 지루가참支婁迦讖이라고도 한다.

19 안후세고安侯世高: 안세고安世高를 말한다.

20 도위都尉: 안식국安息國 사람인 안현安玄을 말한다.

21 불조佛調: 엄불조嚴佛調를 말한다. 안현과 함께 후한後漢 영제靈帝 광화光和 4년(B.C. 181년) 『법경경法鏡經』 2권을 번역하였다.

22 진秦: 중국을 말한다.

23 유지난維祇難: 범어 이름은 Vighna. 천축 사람으로 서기 224년에 중국으로 왔으며, 범어본 『담발경曇鉢經』, 곧 『법구경』을 한문으로 번역하였다.

24 황무삼년黃武三年: 서기 224년을 말한다.

25 무창武昌: 호북성湖北城 악성현鄂城縣.

26 복종僕從: 시중드는 사람.

27 동도同道: 동행同行을 의미한다.

「佛言『依其義不用飾、取其法不以嚴』其傳經者令易曉 勿失厥義是則爲善」坐中咸曰「老氏稱:『美言不信 信言不美』[28] 仲尼亦云『書不盡言 言不盡意』[29] 明聖人意深邃[30]無極 今傳梵義 實宜經達」

是以自偈受譯人口 因修本旨不加文飾 譯所不解則闕不傳 故有脫失多不出者 然此雖辭朴而旨深 文約而義博 事鉤衆經 章有本句 有義說 其在天竺 始進業者不學《法句》謂之越敘[31] 此乃始進者之洪漸 深入者之奧藏[32]也 可以啟曚[33] 辯惑 誘人自立 學之功微而所苞者廣 寔可謂妙要也哉

昔傳此時 有所不解 會將焰[34]來 更從諮問 受此偈輩 復得十三品并校往古[35] 有所增定[36] 第其品目合爲一部三十九篇大凡偈七百五十二章 庶有補益[37] 共廣問[38]焉

---

28 미언불신 신언불미美言不信 信言不美: 『도덕경』 81장에 나오는 말이다.

29 서부진언 언부진의書不盡言 言不盡意: 『주역』「계사전繫辭傳」 상에 나오는 말이다.

30 심수深邃: 학식이 깊은 것을 말한다.

31 월서越敘: 순서가 잘못된 것을 말한다.

32 오장奧藏: 심오한 보장寶藏을 말한다.

33 몽曚: 사리事理를 분별할 능력이 없는 것을 말한다.

34 장염將焰: 900게송偈頌을 말한다.

35 왕고往古: 500게송을 말한다.

36 증정增定: 증보增補를 말한다.

37 보익補益: 보조補助를 말한다.

38 문問: 문聞으로 해야 한다.

법구경 서문

저자: 미상

담발게(曇鉢偈, Dhammapada-gatha)는 모든 경전의 요약된 내용이다. 담(曇, dhamma)은 법法을 말하고 발(鉢, pada)은 구절이다. 『법구경法句經』은 다른 몇 가지 책이 있으니 900게송偈頌·700게송·500게송이 있다. 게偈는 결어結語로 시송(詩頌: 시로 읊은 게송)이다. 부처님이 어떤 사실을 보고 지었으며, 일시一時에 이루어진 말이 아니고 제각기 본말本末이 있으면서 여러 경전에 산재되어 있다. 부처님의 일체지一切智는 바탕이 대자대비로 드러나 천하 사람들을 어여쁘게 여겨 세상에 태어나시어 도의(道義: 불도)를 개시開示하려고 발현하셨다. 그러므로 이해하는 사람은 12부경으로 그 요의要義를 총괄하면 따로 몇 부가 된다. 4부 아함은 부처님이 세상을 떠나신 후 아난阿難이 전하신 것이며, 책의 크고 작음이 없이 모두 '문여시聞如是'와 부처님이 계신 곳에서 그 설법을 연구하고 통찰하였다. 후에 5부 사문沙門이 제각기 여러 경전의 사구四句와 육구六句를 끄집어내고 다음으로 그 뜻을 조목條目별로 품品을 만들었으니 12부경을 짐작(斟酌: 헤아림)하지 않음이 없었으나 적당한 이름이 없으므로 법구法句라고 하였다. 여러 경전의 법언法言이고, 법구法句는 법언法言에 연유한다. 근세에 갈씨葛氏는 700게송을 전하며 게송의 의미가 지극히 심오하다고 하였고, 번역하는 사람이 나서서 두루 회합會合하였으나 명료하지 않았다. 부처님은 만나기 어렵고 말씀은 듣기 어렵고, 또 여러 부처님은 모두 천축국天竺國에서 홍기하였고 천축국 언어는 한어(漢語: 중국의 글)와 소리가 다르고 또 글이 천서(天書: 梵字)이고 말은 천어(天語: 梵語)로 사물을 명칭하는 게 같지 않아 요의를 전승하는 게 참으로 쉽지 않았다.

옛날 남조藍調·안후세고安候世高·도위都尉·불조佛調 모두가 범어를 한자로 번역하며 그 실체를 획득하였지만 계승하기 어려웠다. 후에 이를 전한 사람들은 정밀하지 않았지만 항상 그 보물을 귀중하게 여겼고, 조잡하였지만 큰 취지만을 얻으려 노력하였다.

처음에는 유지난(維祇難, Vighna)이 천축으로부터 황무黃武 3년에 무창武昌에 이르러 복종僕從에게서 500게송 책을 받고는 그 동문同門인 천축 사람 장염將焰에게 번역하기를 청하였다. 장염은 천축어天竺語에는 능숙하였으나 한어가 완벽하지 않아 혹은 범어로 하였고 혹은 뜻을 음音으로 드러내었으니, 참으로 질박質樸하였다. 처음에 겸양하여 문체文體는 우아하지 못하였다. 유지난이 말하기를 "부처님이 말하기를 '의의意義에 의지하면서 글로 장식粧飾하지 않았고, 법의法義만 취하였지 엄밀嚴密하지 않았다.'고 하였으며, 경전을 전하고자 하는 것은 쉽게 이해하게 하여 그 의의를 드러내는 것을 잃지 않는 게 옳은 것이다."라고 말하였다. 좌중에서 모두 말하기를 "노자老子가 말하기를 '미사여구는 믿지 않게 되고, 믿을 말은 미사여구가 아니다.'고 하였으며, 중니仲尼 역시 말하기를 '글로 모두 말할 수 없고 말로 뜻을 다할 수 없다.'고 하였으니 성인의 뜻은 매우 심오하기가 끝이 없음이다. 여기서 전하는 천의天義는 실제 경전의 의의를 통달하여야 한다."

그러므로 스스로 게송偈頌을 번역하는 사람의 말은 본지本旨에 따라 펴낼 뿐 문장을 꾸미지 않았다. 번역하되 이해되지 않으면 빼거나 전하지 않았기 때문에 탈실脫失이 많아 출판하지 못하였다. 그러나 이 경은 비록 말은 순박하지만 뜻은 심오하고, 문구文句는 간단하지만 의의意義는 광범위하며, 여러 경전을 이끌어 장章마다 본구本句가 있어 의의를 말하였다. 그것은 천축에 있었으니 처음 공부에 나아가는 사람이 법구경을 배우지 않으면 차례를 잃어버리게 된다고 하였다. 이는 처음 나아가는 사람은 넓게 익히고, 깊게 들어간 사람은 깊이 감추어진 곳에 이른다. 가히 우매함을 깨우치고 미혹함을 밝혀주어 사람들을 인도하여 스스로 서게 하니, 배움의 공덕은 미미하지만 그 무성하게 되는 바는 광대하여 참으로 미묘한 요체要諦라고 하겠다.

옛날 이 경전을 전할 때에는 이해하지 못하다가 900게송이 나타나 다시 자문(諮問: 의견을 물음)케 되었고, 게송을 받아들여 다시 13품이 얻었으니, 왕고(往古: 500게송)를 증보增補한 바가 있어 그 품목은 합하여 39품이 되었고 대체로 보아 게송은 752장이다. 여기서 더하여 보충하여 널리 들을 수 있게 하였다.

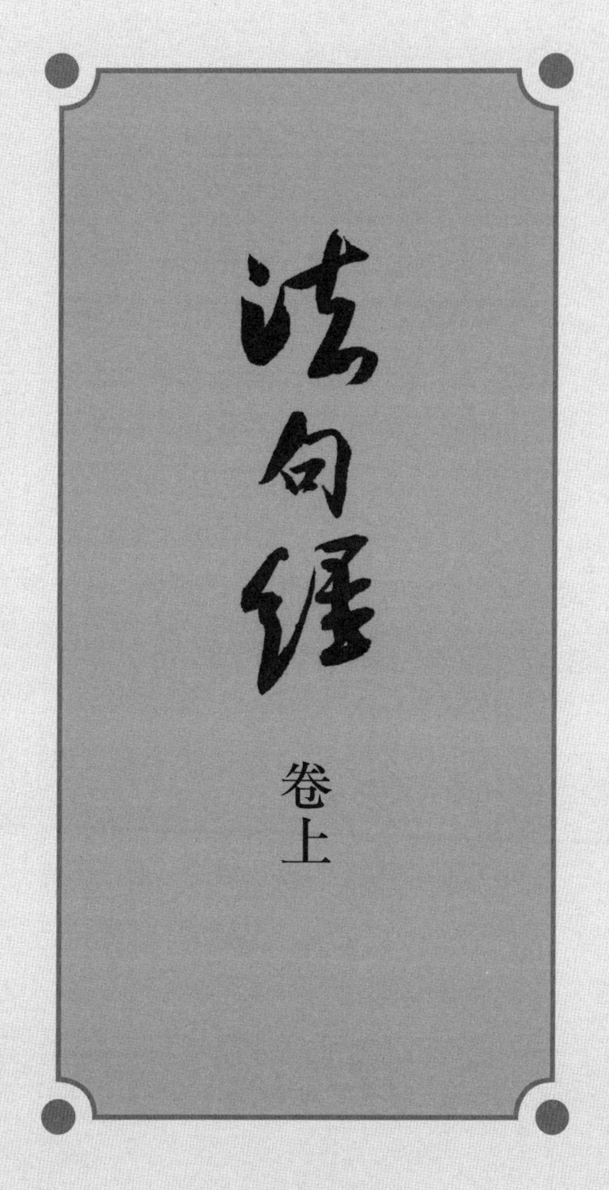

존자 법구 찬尊者法救撰

오 천축 사문 유지난 등 역吳天竺沙門維祇難等譯

1. 무상품無常品

無常品者는 寤欲[1]昏亂하고
榮命難保하며 唯道[2]是眞이다.

무상품은
어둡고 어지러운 속에서 깨닫기를 바라지만
영예와 생명도 보존하기 어려우니
오직 이 도만이 진리다.

☞ 心悟實相 身意輕安 得未曾有(『楞嚴經』 4卷)
마음으로 실상實相을 깨달으면
신심身心 모두가 경쾌하고 안락하여
미증유한 진리를 증득한다.

---

1 오욕寤欲: 깨달음에 대한 강력한 욕구.
2 도道: 불도佛道를 말한다.

1) 수면睡眠은 바로 무명無明이며, 이 책을 저술하는 의의이다.

睡眠[3]解寤[4]어든 宜歡喜思하라
聽我所說하고 撰記佛言[5]이니라.

무명에서 깨어나면
마땅히 환희롭게 생각하라.
나는 설하신 것을 듣고
부처님 말씀을 모아 기록하였다.

2) 행行은 세상에서 변화하는 모든 존재와 신구의身口意로 조작하는 것을 말하고, 비상非常은 무상無常과 같다. 멸滅은 번뇌가 없어진 것으로 적멸寂滅을 말한다.

所行非常하니 謂興衰法[6]이라
夫生輒死하면 此滅爲樂이니라.

세상의 모든 존재는 영원하지 않나니
흥쇠법興衰法이라 한다.

---

3 수면睡眠은 무명無明을 말한다.

4 해오解寤: 해오解悟와 같으며 깨달음을 말한다.

5 불언佛言: 부처님 말씀.

6 흥쇠법興衰法: 흥망과 성쇠를 말한다.

무릇 태어나면 언제나 죽게 되니
이 적멸만이 즐거움이다.

☞ 모든 존재는 무상無常하여 생멸법生滅法이고 생멸이 이미 단멸하면 적멸하여 열락이다.[7]

3) 세간[8]은 천류(遷流: 옮겨서 흘러감)하는 게 근본이며, 여기서는 기세간器世間과 유정세간有情世間을 말한다.

譬如陶家가 埏埴[9]作器나
一切要壞하니 人命亦然이니라.

비유하면 옹기장이가
점토를 반죽하여 그릇을 만드는 것처럼
일체 모두는 괴멸壞滅할 것이니
사람의 생명도 그렇다.

4) 세월의 무상無常함을 말한다.

如河駛流[10]하여 往而不返하니

---

7 諸行無常 是生滅法 生滅滅已 寂滅爲樂(『大般泥洹經』 下)
8 세간世間: 시간과 공간 모두를 말한다.
9 연식埏埴: 점토를 반죽하는 것을 말한다.

人命如是하여 逝者[11]不還이니라.

강물이 빨리 흘러가
돌아오지 않는 것처럼
사람의 수명도 그와 같아
흘러가면 돌아오지 않는다.

5) 상相으로 드러난 족성族姓, 남녀, 그리고 재산, 모두는 영원한 게 없다.

譬人操杖하고 行牧食牛하나
老死猶然하니 亦養命去이니라.

비유하면 사람이 채찍을 쥐고
소를 먹이고 기르는 것처럼
늙고 죽는 것 또한 그러하여
양명(養命: 목숨만 연장하는 것)하며 살아갈 뿐이다.

6) 아무리 재산을 모아도 영원하지 않다.

千百非一이라 族姓[12]男女이

---

10 사류駛流: 급하게 흐르는 것.

11 서자逝者: 흘러가버린 것.

貯聚[13]財產하나 無不衰喪[14]이니라.

천백 중에 하나가 아니라
족성族姓의 남자와 여자가
재산을 저축하지만
쇠하고 잃지 않는 게 없다.

7) 살면서 기력은 쇠진하기 마련이다.

生者日夜로 命自攻削[15]하니
壽之消盡하면 如滎霈水[16]이니라.

삶이란 밤낮으로
생명이 공삭(攻削: 닳아 없어지는 것)하는 것이니
수명이 소진(消盡: 남김없이 모두 소비함)하면
영영수滎霈水와 같다.

---

12 족성族姓: 족族은 같은 성이고, 성姓은 다른 성이다. 여기서는 명문세가名門勢家를 말한다.

13 저취貯聚: 저축하며 모으는 일.

14 쇠상衰喪: 쇠衰는 늙어가는 것이고, 상喪은 죽음을 말한다.

15 공삭攻削: 닳아 없어지는 것.

16 영영수滎霈水: 매우 소량의 물이 동굴에서 떨어지는 것을 말한다. 원작原作에는 영정榮穽이었으나 고려대장경에 의하여 영영滎霈이라 하였다.

8) 삶은 팔고八苦[17]를 벗어날 수 없다. 그러나 현자는 이에 초연하려고 노력한다.

常者皆盡하고 高者亦墮하며
合會有離하니 生者有死이니라.

항상 존재하는 것도 모두 없어지고
높은 곳에 있는 것도 역시 떨어지며
모이면 이별이 있으니
태어난 것은 죽음이 있다.

9) 중생들이 살아가는 모습이다.

衆生相剋[18]하여 以喪其命하나니
隨行所墮에 自受殃福[19]이니라.

중생은 상극相剋하면서

17 팔고八苦: 생生, 노老, 병病, 사死, 사랑하다가 헤어지는 고통, 원수를 외나무다리에서 만나는 고통, 구하려고 하지만 획득하지 못하는 고통, 오음五陰이 치성熾盛하게 작용하여 진여심眞如心을 덮어 죽은 후에 다시 태어나는 고통.

18 상극相剋: 둘 사이에 서로 마음이 맞지 않아 충돌하는 것. 서로 다투면서 이기려는 의도를 가짐.

19 앙복殃福: 재앙과 복덕福德.

그 생명을 잃게 되며
행동에 따라 떨어지는 곳에서
스스로 재앙과 복덕을 받는다.

10) 아무리 행복한 가정이라도 탐욕의 굴레에 갇혀 있다.

老見苦痛하고 死則意去이며
樂家縛獄[20]하며 貪世不斷이니라.

늙으면 고통을 당하고
죽으면 생각조차도 없어진다.
가정이 즐겁다 해도 옥에 갇힌 것이고
세상을 탐하여 끊지 못한다.

11) 젊은이는 여의(如意: 바라는 바대로 이루어짐)로워 방자하기 쉽고, 늙은 이는 총총걸음으로 마음만 바쁘다.

咄嗟[21]老至면 色變作耄라
少時如意나 老見蹈藉[22]이니라.

---

20 박옥縛獄: 결박당하여 옥에 갇힘. '아내가 가두고 자식은 감옥이다(妻因獄子)'라는 말이 있다. 가정에 얽매임을 나타내는 말이다.

21 돌차咄嗟: 눈 깜짝할 사이에 늙어서 슬픔을 드러내는 말이다.

22 도자蹈藉: 천답踐踏. 도적蹈籍, 총총걸음, 짓밟음.

아아! 늙어지니
용모도 변하여 늙은이가 되었다.
젊을 때 여의如意롭더니만
늙으니 짓밟힘만 당한다.

12) 질병은 죽음을 재촉하는 촉매제이다.

雖壽[23]百歲이나 亦死過去니라
爲老所厭[24]하지만 病條[25]至際니라.

비록 백 살을 살아도
역시 죽게 되어 있다.
늙기를 싫어한다지만
병이 들고 죽음에 이른다.

13) 생명수가 적어지면 허덕거리는 게 인생이다.

是日[26]已過면 命則隨減[27]이라

---

23 수壽: 오래 사는 것.

24 소염所厭: 싫어하는 것.

25 병조病條: 조는 갈래로, 여러 가지 병을 말한다.

26 시일是日: 오늘 하루.

27 수감隨減: 세월 따라 줄어드는 것을 말한다.

如少水魚가 斯有何樂이리오.

하루가 지나가면서
수명도 따라서 줄어든다.
물이 적은 곳의 물고기와 같으니
그곳에 어찌 즐거움이 있으리오.

14) 삶에서 찾아오는 식객食客 모두를 맞이할 줄 아는 사람이 선지식이다.

老則色衰하고 所病自壞라
形敗腐朽[28]하면 命終[29]自然[30]이니라. (파: 148)

늙으면 안색도 쇠잔해지고
병이 들면 저절로 괴멸한다.
모양이 손상되어 부후腐朽해지면
수명이 다하는 것이 자연스럽다.

15) 자기 몸과 타인의 몸, 모두가 더러워 깨끗하지 않다고 보면서 탐심貪心을 다스려라.

---

28 부후腐朽: 썩어서 문드러지는 것.
29 명종命終: 목숨이 끝나는 것, 곧 죽음.
30 자연自然: 자연적인 이치를 말한다.

是身何用인가 恒漏臭[31]處이니
爲病所困하면 有老死患이니라.

이 몸은 어떤 쓸모가 있을까?
항상 번뇌에 싸여 냄새나는 곳으로
병들고 곤고困苦해지며
노사老死의 우환만이 있는 곳이다.

16) 영원한 존재는 있을 수 없다.

嗜欲[32]自恣하면 非法[33]是增이라
不見聞變[34]하여도 壽命無常이니라.

기욕嗜欲으로 자기 하고 싶은 대로 하면
그릇된 것만 늘어난다.
재난을 견문見聞하지 않았다지만
수명은 무상하다.

---

31 누취漏臭: 냄새가 새어 나오는 것. 여기서 냄새는 악취를 말한다.
32 기욕嗜欲: 이목구비耳目口鼻에서 일어나는 욕망.
33 비법非法: 법이 아닌 것으로 불법에 어긋나는 것을 말한다.
34 변變: 재난, 즉 죽음을 의미한다.

17) 죽음은 누구도 구제할 수 없으니 조용히 맞이하는 게 자연의 순리이다.

非有子恃이며 亦非父兄이니
爲死所迫이면 無親可怙니라. (파: 288)

자식도 믿지 못하겠고
부모형제마저도 믿지 못한다.
죽음이 핍박해 오면
믿고 의지할 게 아무것도 없다.

18) 많은 위험한 유혹이 겉만 화려하고 아름다운 색채에 숨어서 우리들에게 다가온다.

晝夜慢惰하고 老不止婬하고
有財不施[35]하며 不受佛言하며
有此四弊[36]면 爲自侵欺[37]니라.

밤낮으로 만타(慢惰: 게으르고 나태함)하고
늙어도 음탕함을 그치지 않으며

---

35 시施: 은혜를 베푸는 것.
36 폐弊: 폐단弊端을 말한다.
37 침기侵欺: 침범하여 속이는 것. 즉 자기 기만이다.

재물이 있어도 베풀지 않고
부처님 말씀을 받아들이지 않는
이 네 가지 폐단이 있으면
스스로를 해치고 속이는 것이다.

19) 삶이 있으면 죽음이 있고, 죄복罪福에 따른 응보는 메아리와 같다.

非空非海中이오 非入山石間이니
無有地方所[38]에 脫之不受死니라. (파: 128)

허공도 아니고 바다도 아니며
산에 들어가 바위 속에 있지도 못하며
어느 곳도 있을 수 없으니
죽음이 미치지 않는 곳은 어디에도 없다.

20) 인간이 선악을 저지르고 선악의 보응을 받게 되는 것은 선악의 씨앗을 심었기 때문이다.

是務是吾作이면 當作令致是하리라
人爲此躁擾[39]하며 履踐[40]老死憂니라.

---

38 방소方所: 장소를 말한다.
39 조요躁擾: 어지러이 움직임.
40 이천履踐: 실행, 실천.

옳은 것에 힘쓰며 옳은 것만 실천하여
당연히 옳게 되어야만 하리라.
사람들은 여기서 조요躁擾하며
늙고 죽는 근심으로 걸어갈 뿐이다.

21) 일체 무애인無礙人은 한마디로 생사를 초출超出한 사람이다.[41]

知此能自淨하면 如是見生盡이라
比丘厭魔兵[42]하여 從生死得度[43]니라.

이를 알고 스스로 청정해지면
이처럼 삶을 마쳐야 함을 알게 된다.
비구는 마병魔兵을 싫어하여
나고 죽음으로부터 득도得度한다.

---

41 一切無礙人 一道出生死(『화엄경』「보살문병품」).

42 마병魔兵: 노老, 병病, 사死를 말한다.

43 '比丘厭魔兵 從生死得度' 구절은 진나라 책에는 '是故習禪定 生盡無熱惱'라고 하였다.

2. 교학품敎學品

敎學[1]品者는 導以所行하여

釋己愚闇[2]하면 得見[3]道明하니라.

교학품은

행해야 할 바로 교도敎導하여

스스로 우암愚闇에서 벗어나면

불도佛道의 광명을 득견得見한다.

☞ 由善知識守護 不隨逐惡知識(『화엄경』 77)

불법은 선지식의 도움으로 이루어지니

불법을 훼괴毁壞하는 악지식을 따르지 말라.

---

1 교학敎學: 가르쳐서 바른 길로 인도하는 것이다.

2 우암愚闇: 어리석고 무지함.

3 득견得見: 체득하여 드러내는 것.

1) 부정不淨한 것으로 덮여 있는 걸 미혹이라 한다. 이를 벗어나는 게 바로 배움이고 깨달음이다.

咄哉[4]何爲寐오 螉螺蚌蠹[5]類여
隱弊[6]以不淨하여 迷惑計爲身이로다.

어떻게 잠만 자고 있느냐?
나나니벌·소라·조개·좀벌레 같은 존재들아!
부정不淨한 것으로 감추고서
미혹되어 자신을 위한다고 생각하고 있구나.

2) 세상사 하루도 바람 잘 날이 없는데 어찌 헛되이 보내려는가?

焉[7]有被斫創[8]이며 心如嬰疾痛이라
遘[9]于衆厄難이어도 而反爲用眠이니라.

예리한 칼에 살이 베어 다치면

---

4 돌재咄哉: 놀라는 모양, 무엇 때문에, 왜.
5 옹라방두螉螺蚌蠹: 옹螉은 가축 피부에 기생하는 벌레로 나나니벌. 라螺는 소라. 방蚌은 조개. 두蠹는 좀벌레이다.
6 은폐隱蔽: 덮어 감추거나 숨김.
7 언焉: 어시於是의 뜻이다.
8 작창斫創: 칼에 베인 상처.
9 구遘: 얽혀 있음을 말한다.

마음은 어린아이가 병으로 아픈 것과 같아진다.
여러 가지 액난이 얽혀 있는데도
도리어 잠만 자려 하는구나.

3) 근심을 덜어내는 삶이 수행이다.

思而不放逸하고 爲仁學仁迹[10]하라
從是無有憂니 常念自滅意하라.

방일하지 않을 것을 생각하고
인자仁慈·인애仁愛하도록 하여라.
이로부터 근심이 없어지리니
항상 생각하여 스스로 욕심을 없애야 한다.

4) 진리에 대한 견해가 올바르지 못하면 항상 고달픈 인생일 뿐이다.

正見[11]學務增하면 是爲世間明이니
所生福千倍하여 終不墮惡道[12]니라.

---

10 인학인적仁學仁迹: 인仁은 이인二人이므로 상대방을 대하는 것으로 보아 인자仁慈와 인애仁愛로 하였다.

11 정견正見: 8정도正道의 하나로 정확한 견해見解를 말한다.

12 악도惡道: 축생, 아귀, 지옥을 말한다.

正見學務增是爲世
聞明所生福千倍終
不墮惡道

정견正見을 갖추려고 배움에 힘쓰면
바로 세간의 광명이 되니
일어나는 복은 천 배로
끝내 악도에 떨어지지 않는다.

5) 소도(小道: 인류애가 없는 진리)는 바로 사견邪見이고, 탐욕에 의해 방탕함이 일어난다.

莫學小道하고 以信邪見하며
莫習放蕩하여 令增欲意하라.

소도小道를 배우지 말고
사견邪見을 믿지 않아야 하며
방탕함에 물들어
탐욕의 의도意圖를 증장하지 말라.

6) 종지宗旨를 잃지 않아야 한다.

善修法行[13]하여 學誦莫犯하라
行道無憂하며 世世[14]常安하리라.

---

13 법행法行: 부처님 가르침에 걸 맞는 행동.

14 세세世世: 현세와 내세이다.

올바르게 법행法行을 수습修習하고
배우고 의론議論하며 어긋나지 말라.
진리를 수행하면 근심이 없어져
세세에 항상 평안할 것이다.

7) 불법을 배우는 이유는 안락을 얻는 데 있다.

敏學攝身하고 常愼思言하면
是到不死[15]니 行[16]滅得安하리라.

민첩하게 배워서 몸으로 섭렵하며
항상 신중하게 생각하면서 말하라.
이로써 불사不死함에 이르면
행行도 단멸斷滅하여 안락을 얻으리라.

8) 일대사인연一大事因緣을 아는 게 중요하다.

非務勿學하고 是務宜行하라
已知可念[17]이면 則漏[18]得滅이라.

---

15 불사不死: 열반을 말한다.
16 행行: 신구의身口意의 작동을 말한다. 無常品 2게송 참조.
17 가념可念: 생각해야 하는 것이니, 불법을 신봉하여 열반에 이르는 것을 말한다.
18 누漏: 번뇌煩惱의 다른 이름.

본분이 아닌 것을 배우려 하지 말고
본분인 것만 의당 실천해야 한다.
이미 알고 생각하게 되면
번뇌가 없어지게 된다.

9) 발심發心은 바로 스스로에게 이로움에서 출발한다.

見法利身하면 夫到善方[19]하고
知利健行하면 是謂賢明이니라.

불법을 보고 자신에게 이롭게 하면
깨달음에 이르게 되며
자신에게 이로움을 알고 강건히 실천하면
이를 현명하다고 한다.

10) 염착染著하는 모든 것을 끊는 게 계행戒行이다.

起覺義者는 學滅以固하고
着[20]滅自恣[21]하면 損而不興이니라.

---

19 선방善方: 좋은 장소. 깨달음의 경지.

20 착着: 집착執着을 말한다.

21 자자自恣: 하안거 결제가 끝날 때에 자기가 범한 죄를 대중들에게 드러내고 참회하는 것을 말한다.

법의法義를 깨닫고자 하는 사람은
적멸寂滅을 배우면 견고해진다.
자자自恣한 게 단멸되어야만
손감損減이 일어나지 않는다.

11) 발심·수행 그리고 증득이 배움의 과정이다.

是向以強하며 是學得中이면
從是解義니 宜憶念[22]行하라.

진리로 향하는 마음이 강건해지면
진리는 배우는 가운데에서 얻어진다.
이로부터 법의法義를 이해하였다면
마땅히 수행할 것을 억념하라.

12) 훌륭한 사문이 되려면 매몰차야 한다. 이런 의지가 없으면 어떤 것도 이룰 수 없는 패자로 살 뿐이다.

學先斷母하고 率君二臣하여
廢諸營從[23]이면 是上道人이라. (파: 295)

---

22 억념憶念: 기억함. 생각함.

23 營從: 세상사에 끌려 다닌다는 의미이다.

배움에 앞서 어머니까지도 인연을 끊고
그대의 두 신하를 거느리고
모든 세상사도 폐지하여야
훌륭한 도인이라 한다.

13) 진리의 동반자는 항상 선지식이어야 한다. 선지식을 얻는 것은 깨달음의 지름길이다.

學無朋類며 不得善友면
寧獨守善인저 不與愚偕니라.

배우면서 붕우朋友가 없고
선우善友를 얻지 못하면
차라리 홀로 옳은 것을 지킬지언정
어리석은 사람과 벗하며 함께하지 말라.

14) 이는 독각獨覺일 뿐 보살이 아니다.

樂戒[24]學行에 奚用伴爲리오
獨善無憂면 如空野[25]象이니라.

---

24 낙계樂戒: 계율戒律을 즐기는 것.

25 공야空野: 광야廣野를 말하는데, 여기에는 사람들이 없다는 말이다.

계행을 즐기고 배우고 수행하는데
어찌 동반하려 하는가?
홀로 올바르고 근심이 없다면
광야에 코끼리처럼 자유롭다.

15) 계행이 없는 다문多聞은 밑 빠진 독이고, 다문 없는 계행은 바퀴 없는 수레와 같다.

戒聞俱善이나 二者孰賢고
方戒稱[26]聞이니 宜諦學行하라.

계율戒律과 다문多聞 모두가 올바르지만
둘에서 어느 게 수승할까?
계행과 다문은 우열이 없으니
마땅히 배우고 행함을 체찰(諦察: 자세히 살핌)토록 하라.

16) 계율을 지키고 다문하는 배움에서 옳고 그름을 정확하게 판단하는 능력이 생긴다. 보시하면서 받으려 하지 않는 것이 수행에서 빈틈을 보이지 않음이다.

學先護戒하며 開閉[27]必固하며

26 칭稱: 서로 같다는 의미이다.
27 개폐開閉: 마음가짐과 몸가짐을 말한다.

施而無受하고 仂行[28]勿臥[29]하라.

배움에 앞서 계율을 호지護持하고
개폐開閉하는 게 반드시 견고해야 한다.
보시하면서 받으려고 하지 말고
수행하면서 쉬지 않고 노력해야 한다.

17) 삶은 질質이지 양量이 아니다. 즉 오래 산다고 가치 있는 삶이 아니라 어떤 삶을 사느냐가 중요하다.

若人壽百歲라도 邪學志不善이면
不如生一日[30]이나 精進受正法[31]이니라.

사람이 백 년을 살아도
삿된 것을 배우고 그릇된 의지를 가지면
하루를 살면서 정진하며
정법을 받아들이는 것만 못하다.

---

28 늑행仂行: 수행하려고 노력하는 것을 말한다.

29 와臥: 쉬는 것을 말한다.

30 일日: 원작에는 '月'로 되어 있으나 고려대장경에 의하여 교정하였다.

31 정법正法: 불법을 말한다.

18) 불법을 공경하고 계율을 지키는 삶은 더할 나위없는 훌륭한 삶이다.

若人壽百歲라도 奉火修異術[32]하면
不如須臾[33]敬이며 事戒者福勝이니라

만약 사람이 백 년을 살면서
불을 신봉하고 색다른 술수를 수행하면
잠깐 동안이라도 공경하며
계율을 섬긴 수승한 복만 못하다.

19) 근기에 맞게 가르쳐주는 게 중생을 인도하는 방편이다. 이를 벗어나면 불신不信만 커질 뿐이다.

能行說之可하고 不能勿空語하라
虛僞無誠信이니 智者所屛棄[34]니라.

수행할 만한 것을 말하는 게 옳지
수행하지 못할 것을 허황되게 말하지 말라.
허위에는 성신誠信이 없으니
지혜로운 사람은 폐기한다.

---

32 이술異術: 정도正道를 벗어난 외도外道들의 가르침.

33 수유須臾: 매우 짧은 시간의 단위.

34 병기屛棄: 물리쳐 버리는 것을 말한다. 폐기廢棄와 같다.

20) 올바른 견해 → 시비를 변별 → 남들을 깨우침, 이런 과정에 의하여 형성된 지혜만이 완숙된 지혜이다.

學當先求解하고 觀察別是非하며
受諦[35]應誨彼하며 慧然[36]不復惑이니라. (파: 158)

배움에 앞서 견해를 구하고
관찰하여 옳고 그름을 변별하면서
진리를 받아들여 응당 남을 가르친다면
지혜가 그렇게 되어 다시 미혹하지 않는다.

21) 겉모습이 갖추어졌다고 내면까지 갖추어진 것은 아니다.

被髮[37]學邪道하며 草衣[38]內貪濁[39]하면
矇矇[40]不識眞하여 如聾聽五音[41]이니라.

머리를 깎고 삿된 도를 배우고

35 제諦: 진리를 말한다.
36 혜연慧然: 슬기로운 모습.
37 피발被髮: 머리를 깎는 것으로, 사문이 된 것을 말한다.
38 초의草衣: 은자隱者의 의복이지만 여기서는 사문의 의복을 말한다.
39 탐탁貪濁: 탐욕으로 오염汚染된 것이니 번뇌이다.
40 몽몽矇矇: 희미한 모양. 즉 진리에 대한 확신이 없는 것.
41 오음五音: 궁, 상, 각, 치, 우의 다섯 음을 말한다.

초의草衣를 입고 마음으로는 고뇌하며
몽몽曚曚하여 진리를 인식하지 못하면
귀머거리가 오음五音을 듣는 것과 같다.

22) 그대를 자유롭지 못하게 하는 일체의 껍데기를 벗어던져라!

覺能捨三惡[42]은 以藥消衆毒[43]이라
健夫[44]度生死는 如蛇脫故皮[45]이니라.

깨달음은 삼악三惡을 버리고
약으로 여러 독기毒氣를 없애야 한다.
대장부가 생사를 도탈度脫[46]하는 것은
뱀이 옛 껍질을 벗는 것과 같다.

23) 다문多聞과 지계持戒는 발원하는 바를 이루게 한다.

學而多聞하고 持戒不失하면

---

42 삼악三惡: 탐貪, 진瞋, 치癡 삼독三毒을 말한다.
43 중독衆毒: 삼독 이외의 독기毒氣를 말한다.
44 건부健夫: 건장한 사나이. 즉 대장부大丈夫를 말한다.
45 고피故皮: 예전의 허물.
46 도탈度脫: 생사의 괴로움을 초월하고 번뇌를 해탈하여 피안의 세계에 이른다는 말.

兩世[47]見譽하며 所願者得이라.

배우되 다문하고
지계하여 잃지 않으면
두 세상에 영예榮譽로움이 드러나
발원하는 바를 증득하게 된다.

24) 다문多聞은 입지立志의 근본이고, 지계持戒는 원만한 인격 완성이다.

學而寡聞하고 持戒不完하면
兩世受痛하여 喪其本願이라.

배우되 적게 듣고
지계持戒가 완전하지 않으면
두 세상에서 고통을 받아
본래 원력願力마저도 잃게 된다.

25) 배움은 다문多聞과 정사靜思를 겸비해야 한다. 배움의 길은 멀다고 생각하면서 근본 취지에 어긋나지 않게 하라.

夫學有二이니 常親多聞하라

---

47 양세兩世: 양兩은 원래는 만滿이었으나 고려대장경에 의해 교정하였다. 현재세와 미래세를 말한다.

安諦解義하면 雖困不邪니라.

무릇 배움에는 두 길이 있으니
항상 다문多聞하는 데 친근함이고
진리를 좋아하여 의의意義를 이해하게 되면
비록 곤고困苦해져도 사곡邪曲하지 않게 된다.

26) 가라지를 미리 제거해야 많은 수확을 얻을 수 있듯이, 배움에 방해되는 것을 모두 제거하는 게 급선무이다.

稊稗[48]害禾하며 多欲妨學이라
耘除[49]衆惡하면 成收[50]必多니라.

돌피와 피는 벼를 해롭게 하고
많은 탐욕은 공부를 방해한다.
여러 악들을 제거해야만
추수하는 게 많아진다네.

27) 법사法師는 진리에 어긋나지 않게 말하려고 깊이 생각해야 한다. 그렇지 않으면 무간지옥에 떨어진다.

48 제패稊稗: 돌피와 피를 말한다. 벼에 해를 끼친다.
49 운제耘除: 밭에서 잡초를 제거하는 것을 말한다.
50 성수成收: 추수하는 것을 말한다.

慮而後言하며 辭不強梁[51]이니라
法說義說하되 言而莫違니라.

생각한 후에 말하고
말을 강하고 사납게 하지 말라.
법설法說[52]과 의설義說[53]을 하되
말과 어긋남이 없어야 한다.

28) 배움에서 두려워해야 하는 것은 자기로 인하여 많은 사람이 잘못되는 것이니, 매사에 신중하고 치밀히 살펴야 한다.

善學無犯하고 畏法曉[54]忌하며
見微知者는 誡無後患이니라.

옳게 배워 어긋나지 않고
법을 경외하고 깨달았다는 것도 경계하라.
미묘한 진리를 아는 사람은
경계하여 후환이 없게 한다.

---

51 강량强梁: 강경하고 힘이 있음.
52 진리에 입각하여 말하는 것.
53 정의에 의하여 말하는 것.
54 효曉: 환하게 안다는 의미이다.

29) 올바른 배움은 자아 완성으로부터 시작한다.

遠捨罪福 務成梵行[55]

終身自攝 是名善學

죄와 복도 멀리 저버리고

묵묵히 범행梵行을 성취하여라.

종신토록 자신을 겸양케 하면

이를 일러 옳은 배움이라 한다.

55 범행梵行: 욕망을 저버리고 청빈하게 수행하는 것. 불법을 수행하는 것을 말한다.

3. 다문품多聞品

多聞品者는 亦勸聞[1]學하며
積聞成聖하며 自致正覺이니라.

다문품은
듣고 배우는 것을 권면하는데
듣는 게 축적되면 성스러워져서
스스로 정각正覺에 이른다.

☞ 實智慧者 則是度老病死海堅牢船也 亦是無明黑暗大明燈也 一切病者之良藥也 伐煩惱樹之利斧也 是故 汝等 當以聞思修慧而自增益.(『佛遺敎經』)
참다운 지혜는 노老·병病·사死의 바다를 건너는 견뢰선堅牢船이고, 무명無明의 흑암黑暗을 밝히는 위대한 등불이며, 일체 병든 사람에게는 양약良藥이고, 번뇌수煩惱樹를 벌목하는 예리한 도끼이다. 그러므로 너희들은 당연히 문혜聞慧·사혜思慧·수혜修慧로 스스로를 증익增益하여야 한다.

---

1 문聞: 원래 문文으로 되어 있었으나 고려대장경에 의해 바꾸었다.

1) 살생·투도·음욕의 세 가지 외연外緣을 단제斷除하려면 마음에 있는 탐·진·치를 일으키지 않아야 한다.[2]

多聞能持固하고 奉法爲垣牆[3]하라
精進難踰毁[4]니 從是戒慧成이니라.

다문多聞하여 견고하게 지니고
법 받들어 담장으로 삼아라.
정진하면 어려운 것도 유훼踰毁하게 되니
이를 따라야 계戒와 혜慧가 성취된다.

2) 다문多聞 → 명지明智 → 해의解義 → 행법行法의 과정을 말한다.

多聞令志明면 已明智慧增이라
智則博解義면 見義行法安이니라.

다문多聞하면 의지가 분명해지고
의지가 분명해지면 지혜가 증장하며
지혜는 바로 박학하여 의의意義를 이해하고

---

2 三緣斷故 三因不生(『능엄경』 4권)

3 원장垣牆: 담장.

4 유훼踰毁: 유踰는 고려대장경에 의하여 교정校訂한 것으로 유는 담장을 넘는다는 의미이고, 훼毁는 무너뜨린다는 말이다.

多聞能持固奉法而
垣墉精進難踰毀從
是戒慧成

의의를 알고 법을 수행하면 편안해진다.

3) 다문은 적정寂靜에 의하여 지혜로 완성되면서 열반을 증득하게 된다.

多聞能除憂하며 能以定爲歡하며
善說甘露法[5]하면 自致得泥洹[6]이니라.

다문多聞하여 근심을 단제하고
적정寂靜으로 환락하게 된다.
올바르게 감로법甘露法을 설법하면
저절로 니원泥洹을 증득하게 된다.

4) 다문多聞하면 계율을 알게 되고 외도법을 버리게 된다. 여기서 불사처不死處는 열반과 같은 의미이다.

聞爲知法律[7]하며 解疑亦見正이라
從聞捨非法하면 行到不死處니라.

많이 들으면 법률을 알게 되고
의심이 해결되면 정견正見하게 된다.

---

5 감로법甘露法: 여래가 가르쳐주신 진리를 말한다.

6 니원泥洹: 열반涅槃을 말한다.

7 법률法律: 일반적으로 규율規律을 말하지만, 여기서는 계율戒律을 의미한다.

많이 들어서 비법非法을 버리게 되면
수행하여 죽지 않는 곳에 이른다.

5) 청정한 바탕 위에 우뚝한 진리가 법장法藏이다. 이는 안으로는 청정심과 밖으로는 다문으로 모든 의혹을 해결한 것을 말한다.

爲能師現[8]道하고 解疑令學明하며
亦興清淨本하여 能奉持法藏[9]하라.

스승이 되어 능히 도를 드러내고
의혹을 해결하여 학인으로 하여금 명료하게 하며
또 청정한 바탕이 흥기하여야만
법장法藏을 받들어 지닐 수 있다.

6) 불법은 이해에 의해 수순한 법을 따르는 게 진리이다.

能攝[10]爲解義하고 解則義不穿이라
受法猗法者는 從是疾得安이니라.

---

8 현現: 원래 사思였으나 고려대장경에 의해 교정하였다.

9 법장法藏: 진리를 말한 부처의 가르침. 또는 부처의 가르침을 저장한 경전을 말한다.

10 섭攝: 흐트러진 마음을 거두어들이는 것.

爲能師現道解疑令
學明仁興淸淨本能
奉持法藏

모든 것 총섭總攝하여 의의意義를 이해하고
이해하면서도 의의에 천착穿鑿하지 않는다.
불법을 받아들이고 불법에 유순柔順하면서
이를 따르면 빨리 안락을 증득한다.

7) 계율에 교만하지 않아야 하는 까닭을 말한다.

若多少有聞하여 自大[11]以憍人이면
是如盲執燭하며 炤彼不自明이니라.

만약 다소 들은 게 있다고
스스로 높이고 교만한 사람은
맹인이 등불을 잡은 것과 같아
다른 사람은 밝혀주면서도 자기는 밝히지 못한다.

8) 작위와 재물로 존귀해지는 것은 무상無常한 것이니, 항상 흉포함이 내재되어 있다.

夫求爵位財하여 尊貴升天福이라도
辯慧世間悍[12]이면 斯聞爲第一이니라. (파: 178)

---

11 자대自大: 스스로 우쭐대는 것을 말한다.

12 한悍: 흉포凶暴를 말한다.

대개 작위와 재물을 구하여
존귀해지면 천복을 이루었다 한다.
세간의 흉포凶暴를 변별하는 지혜로는
곧 많이 듣는 게 제일이다.

9) 다문은 배움의 근본이다. 이로 인하여 슬기로워지는 것은 말할 게 없다.

帝王聘禮[13]聞하고 天上天亦然이라
聞爲第一藏하여 最富旅力[14]強이니라.

제왕이 빙례聘禮하여 듣는 것은
천상천에서도 또한 그러하다.
다문多聞이 제일장第一藏이며
가장 부유해지는 모든 능력이 일어난다.

10) 다문하면서 진리를 대하는 태도이다. 즉 굴복屈伏 → 안락安樂 → 봉행奉行의 과정이 수행이다.

智者爲聞屈하고 好道者亦樂이라
王者盡心事하며 雖釋梵[15]亦然이니라.

---

13 빙례聘禮: 제후가 서로 방문하는 예절.

14 여력旅力: 체력體力을 말한다.

지혜로운 사람은 진리를 들으면 굴복하고
도道를 좋아하는 사람 또한 즐거워한다.
왕이 마음을 다하여 섬기고
곧 석범釋梵들도 또한 그렇게 한다.

11) 불법은 지혜를 증득하는 것이지 어떤 허상을 예경하며 추종하는 게 아니다.

仙人[16]常敬聞한대 況貴巨富[17]人이랴
是以慧爲貴하니 可禮[18]無過是니라.

선인仙人도 항상 공경하며 듣는데
항차 귀인과 거부이겠느냐!
이로써 지혜가 귀중하니
예경할 만한 것으로 이를 넘어설 것 없다.

12) 사일事日·사부事父·사군事君은 우리들의 일상생활이다. 거기에 더하여 불법 진리를 섬기는 사람이기를 바라는 마음….

---

15 석범釋梵: 제석帝釋과 범천梵天을 말한다.
16 선인仙人: 신선神仙을 말한다.
17 귀거부貴巨富: 부귀영화를 누리는 모든 사람을 말한다.
18 가례可禮: 예경할 만한 것.

事日爲明故하고 事父爲恩故하며
事君以力故하고 聞故事道人[19]이니라.

태양을 섬기는 것은 밝은 까닭이고
어버이를 섬기는 것은 은혜가 있는 까닭이며
군왕을 섬기는 것은 힘이 있는 까닭이고
다문하였기 때문에 도인을 섬긴다.

13) 복지(福智: 복과 지혜)에 의한 수행을 말하고 있다.

人爲命事醫하고 欲勝依豪強[20]이라
法在智慧處하고 福行[21]世世明이니라.

인간은 생명을 위하여 의술을 섬기고
이기고자 바라서 권세에 의지한다.
불법은 지혜로운 곳에 있고
복행福行은 대대로 명철하게 한다.

14) 어느 게 영원한 열락悅樂일까? 앞의 둘은 항상 여일如一하지 않음이

19 도인道人: 깨달은 사람으로 부처를 말한다. '문고사도인聞故事道人'은 '고전古典을 보고 듣고 섬기며 살아가는 사람'이라 생각할 수도 있다.

20 호강豪強: 권세權勢를 믿고 날뛰는 사람.

21 복행福行: 십선十善과 같은 복업福業을 수행하는 것.

고, 셋째 구절은 일시적인 것일 뿐이다. 영원한 열락은…!

察友在爲謀하고 別伴[22]在急時이며
觀妻在房樂[23]하고 欲知智在說이니라.

벗을 살피는 것은 일을 도모함에 있고
벗과 이별하는 것은 위급함에 있다.
부인을 살피는 것은 방락房樂에 있고
지혜를 알고자 하면 설법에 있다.

15) 순수한 목적이 있는 다문은 그대를 지혜롭게 한다.

聞爲今世利하고 妻子昆弟[24]友도
亦致後世福하나니 積聞成聖智하라.

다문多聞하면 금세에서 이롭고
처자·곤제昆弟·붕우朋友에게도 미치며
또한 후세 복덕에도 미치게 되니
다문이 축적되면 성스러운 지혜를 성취한다.

---

22 반伴: 동반자를 말한다.

23 방락房樂: 내실에서의 즐거움.

24 곤제昆弟: 형제를 말한다.

16) 다문의 목적은 안온安穩한 길상吉祥이다. 즉 많은 것을 견문見聞하면 각지覺知하게 된다.

是能散憂恚[25]하며 亦除不祥衰라
欲得安隱吉하면 當事多聞者이라.

근심과 성냄도 떨쳐버리고
또 상서롭지 못한 쇠약함도 없애버려라.
안온한 길상을 얻으려 한다면
당연히 다문하여야 하리라.

17) 자신의 허물과 근심 그리고 어리석음은 모두 다문에 의하여 없어진다. 그러므로 다문은 깨달음의 지름길이다.

斫創[26]無過憂[27]하고 射箭[28]無過愚[29]라
是壯莫能拔하면 唯從多聞除니라

도끼와 창도 과우過憂를 없애지 못하고

---

25 우에憂恚: 근심과 성냄.
26 작창斫創: 도끼와 창槍으로 무기를 말한다.
27 과우過憂: 허물과 근심.
28 사전射箭: 화살을 쏘는 것을 말한다.
29 과우過愚: 허물과 어리석음.

사전射箭으로도 과우過愚를 없앨 수 없다.
건장하다고 뿌리 뽑을 수 없고
오로지 다문하여야만 없앨 수 있다.

18) 다문하게 된 결과를 말하는데, 끝 구절의 말에서 지혜의 눈을 강조하고 있다. 혜안慧眼을 가지려면 다문하라.

盲從是得眼하고 闇者[30]從得燭하라
亦導世間人하면 如目將無目[31]이니라.

소경이 진리를 따르면서 눈을 얻고
암둔闇鈍한 사람은 진리를 따르면서 등불을 얻는다.
또한 세상 사람들을 인도하는 것이
눈 있는 이가 맹인을 이끄는 것과 같다.

19) 다문은 덕을 추구하는 것이다.

是故可捨癡하고 離慢豪富[32]樂하며
務學事聞者를 是名積聚[33]德이니라.

---

30 闇者: 암둔闇鈍한 사람. 어리석고 우둔한 사람.
31 無目: 눈이 자유스럽지 못한 것. 즉 지혜롭지 못한 안목眼目.
32 호부豪富: 재산이 넉넉하고 권세도 있는 사람.
33 적취積聚: 쌓아서 모음.

다문하는 까닭으로 어리석음도 버리고
권세의 교만과 부유함의 즐거움도 떠나며
배움에 힘쓰면서 다문하는 사람은
이를 덕을 쌓는다고 말한다.

4. 독신품篤信品

篤信[1]品者는 立道之根이라
果於見正이면 行不回顧[2]니라.

독신품은
진리를 세우는 근본이며
이에 결실은 정견正見이니
수행하며 회고回顧하지 않는다.

☞ 忠信 所以進德也(『周易』 乾卦)
충실忠實과 성신誠信은
도덕 수준의 주요 내용을 제고提高한다.

1 독신篤信: 깊고 성실한 믿음.
2 회고回顧: 뒤돌아봄.

1) 진리에 대한 신념, 염치, 윤리, 보시는 수행자가 갖추어야 할 덕목이다.

信[3]慚[4]戒[5]意財[6]는 是法雅士[7]譽니라
斯道明智說하니 如是昇天世[8]니라.

신信·참慚·계戒·의재意財
이 법을 아사雅士의 명예라고 한다.
이 도道를 지혜롭게 설하여 밝혔으니
이와 같아지면 천세天世에 올라간다.

2) 보시는 자기 재물을 남에게 베푸는 것으로 세 가지가 있다. 재시財施·법시法施·무외시無畏施이다. 믿음의 바탕에서 이루어지는 보시는 어리석음을 도탈度脫하게 한다.

愚不修天行[9]하고 亦不譽[10]布施니라

---

3 신信: 듣게 된 진리에서 일으키는 신앙심.
4 참慚: 자기 죄과罪過를 뉘우치는 정신작용.
5 계戒: 그릇된 것을 방지防止하고 악을 저지르지 않으려는 의사意思이다. 일명 청량淸涼이라고도 한다.
6 의재意財: 보시布施의 의미가 있다. 계의戒意에 의한 재물.
7 아사雅士: 올바르고 훌륭한 사람을 말한다. 士는 원본에 '意'였던 것을 고려대장경에 의하여 士로 바꾸었다.
8 천세天世: 신들의 세상. 하늘 세계.
9 天行: 신들의 세계에서 행하는 것, 즉 천신들의 삶.

信施助善者는 從是到彼安[11]이니라.

어리석어 천행天行을 수행하지 않고
또한 보시를 칭찬하지도 않는다.
신심과 보시로 돕는 착한 사람은
이로부터 안온함에 이른다.

3) 하루를 살아도 진리를 알고 사는 사람은 영원히 사는 것이다.

信者眞人[12]長[13]이니 念法[14]所住安하며
近者意得上이라 智壽壽中賢이니라.

진리를 믿는 사람은 진인眞人으로 공경 받으니
법을 염念하면 머무는 곳 편안하며
이를 가까이하는 사람은 훌륭한 것을 얻으니
지혜의 수명이 수명 중에 제일이다.

---

10 譽: 칭찬으로 한다.

11 彼安: 피안彼岸의 안온安穩함.

12 眞人: 불교에서 수행의 완성자로 아라한이고, 도교에서는 도를 체득한 사람을 말한다.

13 長: 경敬으로 새긴다.

14 念法: 여섯 가지 염처念處의 하나이다. 법法은 일체 사물을 말한다.

4) 수행의 단계를 말한다.

信能得道하고 法致滅度[15]라
從聞得智하며 所到有明이니라.

믿음은 도를 증득하게 하고
법은 멸도滅度에 이르게 한다.
다문으로부터 지혜가 얻어지며
이르는 곳에 명철함이 있다.

5) 내 인생의 뱃사공은 자신일 뿐이다.

信能度淵하고 攝[16]爲船師[17]하며
精進除苦하고 慧到彼岸하라.

믿음으로 연못을 건너려면
배를 조어調御하는 선사船師가 되어라.
정진하여 고뇌를 없애면
지혜로 피안에 이른다.

---

15 멸도滅度: 열반이라고도 한다.

16 섭攝: 제어의 의미이다.

17 선사船師: 뱃사공.

6) 배우는 목적은 바로 성인聖人이 되는 것이며, 이는 고뇌苦惱로부터 벗어남이다.

士有信行이면 爲聖所譽하고
樂無爲[18]者는 一切縛解이니라.

사람에게 신행信行이 있으면
성인이 칭찬하는 바가 되고
무위無爲를 즐기는 사람만이
일체의 속박에서 벗어난다.

7) 계정혜戒定慧를 갖춘 사람만이 고해를 벗어난다.

信之與戒를 慧意[19]能行이면
健夫[20]度恚하여 從是脫淵이니라.

믿음과 계율을
지혜로운 마음으로 행하면
건부健夫는 성내지 않으며
이로부터 고해를 벗어난다.

---

18 무위無爲: 인연적因緣的인 조작이 없는 것으로 진리의 다른 이름이다.
19 혜의慧意: 지혜로워지려는 마음.
20 건부健夫: 몸과 마음이 건강한 사람.

8) 믿음에 바탕을 둔 계학戒學이 중요하다.

信使戒誠[21]하고 亦受[22]智慧하여
在在[23]能行하면 處處[24]見養[25]이니라.

믿음만이 계율을 성취할 수 있고
또한 지혜를 받아들일 수 있다.
어디서든지 수행하면
어디서든지 드러나는 즐거움이다.

9) 영원한 진리를 추구하는 게 삶의 목표여야 한다.

比[26]方[27]世利면 慧信爲明이라
是財上寶나 家產[28]非常[29]이니라.

---

21 성誠: 성취를 말한다.
22 수受: 수壽로 요절夭折하지 않음을 말한다.
23 在在: 있는 곳마다.
24 處處: 어디서든지.
25 양養: 이열怡悅로 하였다.
26 比: 별別이었으나 고려대장경에 의하여 바꾸었다.
27 비방比方: 비교하는 것이다.
28 家產: 재산, 재보를 말한다.
29 비상非常: 덧없음을 말한다.

세간의 이로움과 비견比肩하면
혜慧와 신信은 광명이다.
이 재물은 최상의 보배지만
가산家産은 영원하지 않다.

10) 진리는 보편타당성에서 존재하는 것이니, 탐착하면 해가 된다.

欲見諸眞[30]이면 樂聽講法하라
能捨慳垢[31]면 此之爲信이니라.

여러 성자를 보고자 하면
법을 청강聽講하는 것을 즐겨라.
간구慳垢함을 버릴 수 있다면
이를 믿음이라고 한다.

11) 종교의 참 의미는 단순한 도덕이 아니라, 감정에 의해 움직여진 도덕이다.[32]

信能渡河[33]하며 其福難奪이라

---

30 眞: 성자聖者를 말한다.

31 간구慳垢: 인색함에서 일어나는 번뇌를 말한다.

32 The true meaning of religion is thus not simply morality, but morality touched by emotion.(Matthew Arnold)

能禁止盜하라 野[34]沙門樂이라.

믿음은 번뇌의 차안此岸을 건널 수 있고
그 복은 빼앗기 어려우며
능히 도적을 막을 수 있어서
순수한 사문의 즐거움이다.

12) 종교에 있어서 무관심처럼 치명적인 것은 없다. 무관심은 적어도 반쯤은 신심信心이 없는 것이다.[35]

無信不習하고 好剝[36]正言이면
如抴取水하여 掘泉揚泥니라.

믿음이 없어 진리를 익히지 않고
정언正言을 벗어나는 것을 즐기면
마구잡이로 샘물을 파는 것과 같아서
샘물을 파도 흙탕물만 나오는 것과 같다.

---

33 河: 고해苦海를 말한다. 즉 고통스러운 차안此岸이다.

34 野: 질박質樸으로 한다.

35 Nothing is so fatal to religion as indifference, which is, at least, half infidelity.(Edmund Burke)

36 剝: 박리剝離로 한다.

13) 일체 사물 모두는 마음이 본체이다. 지혜를 성취하는 것은 다른 요소로 깨달을 수 없다.[37]

賢夫[38]習智하며 樂仰[39]清流[40]하니
如善取水하며 思令[41]不擾니라.

현부賢夫는 지혜를 익히고
맑은 흐름을 앙망仰望하니
착하게 물을 취하는 것처럼
생각을 요란하지 않게 한다.

14) 산다는 것은 다소간이나마 종교적이라는 의미가 존재한다.[42]

信不染他하고 唯賢與人[43]이라
可好則學하고 非好則遠하라.

믿음은 다른 것에 염착하지 않고

---

37 知一切法 卽心自性 成就智慧 不由他悟(『화엄경』 정행품)

38 賢夫: 어진 사람. 여기서는 불제자佛弟子로 한다.

39 樂仰: 앙망仰望하는 것을 말한다.

40 清流: 청정한 물로 청정심을 말한다.

41 令: 진본秦本에는 냉冷으로 되어 있다.

42 To be at all is to be religion more or less.(Samuel Butler)

43 人: 秦本에는 仁으로 되어 있다.

오로지 슬기로움과 인애仁愛이다.
마땅하면 배우고
마땅하지 않으면 멀리하라.

15) 사람이 심행(心行: 마음으로 수행함)을 알고 세간이 조작되었음을 알면 이 사람은 부처를 본 것이고 불교의 진실성을 깨달은 것이다.[44]

信爲我輿하고 莫知斯[45]載라
如大象調하고 自調最勝이라.

믿음은 내 수레라고 하면서
내가 타는 것을 알지 못하고 있다.
큰 코끼리를 조어調御하는 것과 같아
스스로 조어하는 게 최승最勝이다.

16) 어떤 게 성스러운 재물인가? 말하자면 신재信財·계재戒財·참재慚財·괴재愧財·문재聞財·사재捨財·혜재慧財와 같은 덕법德法이 칠성재이다. 중생들이 이를 호지護持하지 않는 까닭에 극히 빈궁하다.[46]

---

44 若人知心行 普造諸世間 是人則見佛 了佛眞實性(『화엄경』 승야마천궁품)

45 斯: 송·원본에는 아我로 되어 있다.

46 云何聖財 謂信戒聞慚愧捨慧 如是等德法 是謂七聖財 彼諸衆生不護此故 名極貧窮(『보적경』)

信財戒財와 慚愧亦財와
聞財施財는 慧爲七財[47]이니라.

신재信財·계재戒財·
참괴재慚愧財·문재聞財·
시재施財·혜재慧財가
일곱 가지 성스러운 재물이다.

17) 칠성재를 수행함에 덧붙여서 봉법奉法와 공경을 강조하고 있다.

從信守戒하고 常淨觀法하며
慧而利行하고 奉敬不忘하라.

믿음을 따라 계율을 수호하고
항상 청정한 법을 관조하며
슬기롭고 남에게 이로운 행동을 하면서
받들어 공경함을 잊지 말라.

18) 일체 선악의 작위 모두는 마음이 생각한 바에서 일어난다. 그러므로 진정한 출가수행 모두는 마음이 위주가 된다.[48]

---

47 七財: 칠성재로 『보은경』에서는 신信, 정진精進, 계戒, 참괴慚愧, 문사聞捨, 인욕忍辱, 정혜定慧를 말한다.

48 一切造善惡 皆從心想生 是故眞出家 皆以心爲本(『종경록』 94)

生有此財하여 不問男女하고
終以不貧이라 賢者識眞이라.

삶에 이런 성재聖財가 있으면
남녀를 불문하고
결코 빈궁하지 않나니
현자는 이 진리를 인식하고 있다.

5. 계신품戒愼品

誡愼品者는 授與善道하고
禁制[1]邪[2]非하여 後無所悔也니라.

계신품은
옳은 도를 가르쳐주고
악하고 그릇된 일을 하지 않게 하니
훗날 후회함이 없을 것이다.

☞ 業淨六根成慧眼 身無一物到茅菴(『醉古堂劍掃』)
죄업이 청정하면 육근이 혜안을 성취하게 되어
몸에 한 물건도 지니지 않는 무소유에 이른다.

---

1 금제禁制: 어떤 행위를 하지 못하게 함.
2 사邪: 고려대장경에 의해 첨가함.

1) 살생殺生, 투도偸盜, 사음邪淫 세 가지 외연外緣을 끊어야 마음에 탐진치가 일어나지 않는다.[3]

人而常清하며 奉律至終하여
淨修善行하면 如是戒成이라.

사람이 항상 청정하며
계율을 끝까지 준수하여
청정하게 선행을 닦으면
이와 같은 계율이 성취한다.

2) 할 수 있는 모든 선善을 실천하라. 할 수 있는 모든 방법으로, 할 수 있는 모든 장소에서, 할 수 있는 모든 시간에, 할 수 있는 모든 사람에게 그대가 할 수 있을 때까지.[4]

慧人護戒하며 福致三寶[5]하고
名聞[6]得利하면 後上天樂이라.

---

3 三緣斷故 三因不生(『능엄경』 4권)

4 Do all the good you can, By all the means you can, In all the places you can, At all the times you can, To all the people you can, As long as ever you can,(John Wesley)

5 三寶: 불佛은 각지覺知이고, 법法은 법궤法軌이며, 승僧은 화합和合이다.

6 名聞: 명성과 명예.

지혜로운 사람이 계율을 호지護持하여
받는 복은 삼보에 이르게 되고
명성과 명예로 획득한 이로움으로
내세에 천상에서 즐거움을 누린다네.

3) 탐욕의 습기習氣를 없애면 탐욕을 저버린 마음이 드러난다. 항상 모든 율의律儀를 즐겨 수지하며 수순隨順하라.[7]

常見法處[8]하고 護戒爲明[9]하라
得成眞見[10]하면 輩中吉祥[11]이니라.

항상 법처法處를 보며
계율을 호지하고 지혜로운 사람이 되어라.
진견眞見을 증득하여 성취하면
모든 곳에서 길상이다.

4) 오계를 준수하여 형해形骸를 검속檢束하고 십선十善을 봉행하여 심의心意를 방범防範하라.[12]

---

7 欲習旣除 離欲心現 於諸律義 愛樂隨順(『능엄경』 9권)

8 法處: 의근意根이 상대하는 경계이다.

9 明: 현자賢者, 명지明智로 원문에 되어 있다. 그러므로 슬기로운 사람을 의미한다.

10 眞見: 진실한 견해를 말하여 성불成佛을 의미한다.

11 吉祥: 상서로움을 말한다.

12 五戒檢形 十善防心(『奉法要』)

持戒者安하고 令身無惱하며
夜臥恬淡[13]이니 寤則常歡이라.

계율을 호지한 사람은 편안하다.
마음에 고뇌가 없으니
밤에 누워서도 탐욕이 없고
자면서도 항상 환희롭다.

☞ 『능엄경』 9권에도 같은 문구가 있다.

5) 지계持戒는 훼범毁犯[14]을 도탈度脫하는 것이고, 보시布施는 간탐慳貪을 벗어나는 길이다.

修戒布施하면 作福爲福이라
從是適[15]彼하여 常到安處[16]니라.

지계持戒와 보시布施를 수습하면서
복을 지어야만 복이 된다.
이를 따라 피안으로 가면

---

13 염담恬淡: 욕심이 없어 마음이 담담함.

14 훼범毁犯: 비방과 해침.

15 적適: '가다'로 새겨야 한다.

16 安處: 열반의 다른 이름.

항상 편안한 곳에 이르리라.

6) 일체의 공덕도 출가심과 같을 수 없다. 무슨 까닭인가. 집에 있으면 무량한 과환(過患: 허물과 우환)의 연고緣故지만 집에 없으면 무량한 공덕의 연고이기 때문이다. 집에는 장애가 있지만 집을 떠나면 장애가 없으며, 집에서는 여러 번뇌를 섭수攝受하지만 집을 떠나면 모든 번뇌를 벗어난다.[17]

何終爲善이며 何善安止[18]인가?
何爲人寶[19]이며 何盜不取인가?

어떻게 하여야 끝까지 올바르게 되고
어떻게 해야 올바르게 안지安止하는가?
어떻게 하면 보배로운 사람이 되며
어떻게 해야 도둑이 취하지 못하는가?

7) 지계로 바르게 해탈의 근본에 수순하므로 바라제목차라 하고, 이 계율에 의하여 모든 선정이 일어나 멸고지혜滅苦智慧에 이르는 까닭에 비구는 마땅히 정계를 지녀서 훼결毁缺하지 않게 하라.[20]

---

17 一切諸功德 不與出家心等 何以故 住家無量過患故 無家無量功德故 住家者有障礙 出家者無障礙 住家者攝受諸垢 出家者離諸垢(『文殊師利所問經』)

18 安止: 안락한 곳에 머묾이니 바로 열반을 말한다.

19 人寶: 깨달은 사람. 성문聲聞, 연각緣覺, 보살菩薩을 말한다.

戒終老安하고 戒善安止하라
慧爲人寶이니 福盜不取이라.

계율은 늙고 죽을 때까지 안락하고
계율은 옳게 안지安止하게 한다.
지혜는 사람의 보배이니
복은 도둑이 훔쳐가지 못한다.

8) 지계는 마음을 산란하게 하지 않는 지름길이다.

比丘立戒하며 守攝諸根[21]하라
食知自節하면 悟意令應이라.

비구는 계율을 건립하여
여러 근根을 수섭守攝한다.
음식을 스스로 절제할 줄 알듯
의지意旨[22]를 깨닫는 데 상응相應하려 한다.

---

20 戒是正順解脫之本 故名波羅提木叉 因依此戒 得生諸禪定 及滅苦智慧 是故比丘當持淨戒 勿令毀缺(『佛遺教經』)

21 수섭제근守攝諸根: 근根은 안眼·이耳·비鼻·설舌·신身·의意 감각기관이며, 수守와 섭攝·심心의 감각기관을 총섭總攝하여 산란散亂하게 하지 않음이다.

22 종지宗旨를 생각하는 것.

9) 계율戒律 → 정정正定 → 지관止觀 → 정지正智를 서술하고 있다. 즉 모든 일에는 단계가 있는 것이다.

以戒降心하고 守意正定[23]하며
內學正觀하여 無忘正智하라.

계율로 산란한 마음을 항복降服받고
의지意旨를 지켜 정정正定하며
마음으로 정관正觀을 배우고
정지正智를 잊지 않아야 한다.

10) 항상 신업身業·구업口業·의업意業을 수호하고, 마음은 태산과 같이 견고하며, 출입하는 행보에서 예절을 잃지 말라.[24]

明哲守戒하고 內思正智하여
行道如應하면 自淸除苦니라.

명철한 사람은 계율을 지키고
마음으로 정지正智를 생각하며
도를 수행함이 여여如如[25]함에 상응하면

---

23 定: 선정禪定을 말한다.

24 常護身口意 心堅如太山 若出入行步 未曾失禮節(『演道俗業經』)

25 진여眞如와 같아 움직이지 않고 적묵寂默하며, 평등平等하여 불이不二인, 전도顚倒

저절로 청정하여 고뇌가 없어진다.

11) 신업·구업·의업 모두 청정하면 육진六塵[26]은 저절로 없어진다.[27]

蠲除[28]諸垢하고 盡慢勿生하며
終身求法하여 勿暫離聖하라.

모든 번뇌를 제거하여 없애고
교만함도 없애 일어나지 않게 하라.
종신토록 법을 구하면서
잠시도 성제聖諦[29]를 벗어나지 말라.

12) 반드시 정념正念을 지니고 자기를 경책하며, 재능이 신구의 죄업에 오염되지 않게 하라.[30]

戒定慧解[31]를 是當善惟하라

하는 분별이 일어나지 않는 자성自性의 경계이다.

26 색진色塵·성진聲塵·향진香塵·미진味塵·촉진觸塵·법진法塵을 말하며, 진塵은 오염의 의미이니 인간의 청정한 심령心靈을 오염시켜 진여성이 발현하지 못하게 한다. 육경六境이라고도 한다.

27 三業皆淨 六塵自祛(『宋高僧傳』 16권)

28 견제蠲除: 깨끗하게 없앰.

29 성인이 보는 진리로 바로 고집멸도苦集滅道이다.

30 必須常持正念和警策自己 才能使身口意不被罪業所污染(『寶鬘集』)

都已離垢하면 無過除有[32]니라.

계戒·정定·혜慧에 대한 이해를
이는 당연히 올바르게 사유해야 한다.
모두가 번뇌를 끊어버리면
허물도 없어지고 생사윤회도 없어진다.

13) 부처를 기만하지 않고 자기도 기만하지 않으며, 중생을 속이지 않는 게 보살의 제일 지성至誠이다.[33]

着解[34]則度니 餘不復生이라
越諸魔界[35]면 如日淸明이리라.

집착하는 견해를 도탈하여야
나머지가 다시 일어나지 않는다.
모든 마계魔界에서 초월하면
태양과 같이 청명하리라.

---

31 解: 이해理解의 뜻이다.

32 有: 절대絶對 상주常住인 무無에 대하여 생명 증감增減, 생사윤회의 상태로 존재하는 일.

33 不欺諸佛 不自欺己 不誑衆生 是爲菩薩第一至誠(『寶女所問經』)

34 着解: 집착하는 견해.

35 魔界: 악마의 경계.

14) 더 기억할 게 없으면 계戒이고, 의념意念하는 것이 없으면 정定이며, 허망하지 않으면 혜慧이고, 한 마음도 일어나지 않으면 계정혜를 구족함이니, 하나도 아니고 셋이라고 할 수도 없다.[36]

狂惑自恣하면 已常外避하고
戒定慧行은 求滿勿離하라.

광혹狂惑하여 스스로 방자하게 되면
항상 밖으로 벗어나게 된다.
계·정·혜를 수행함은
원만함을 구하는 것이니 벗어나지 말라.

15) 그릇된 것을 방지하고 악을 저지르지 않는 게 계戒이고, 육근이 경계를 넘어서 마음이 외재적 사물에 영향을 받지 않으면 정定이고, 마음과 경계가 모두 허공과 같이 영명靈明하고 본성을 관조하여 미혹함이 없으면 혜慧라고 한다.[37]

持戒清淨하면 心不自恣하고
正智已解하면 不覩邪部[38]니라.

36 無憶名戒 無念名定 莫妄名慧 一心不生 具戒定慧 非一非三也(『五燈會元』)
37 防非止惡謂之戒 六根涉境 心不隨緣名定 心境俱空 照覽無惑名慧(『五燈會元』)
38 邪部: 견성見性으로 정법正法 종지宗旨로 삼지 않는 모든 철학 내지는 종교.

지계하여 청정하게 되면
마음이 방자하지 않게 된다.
정지正智를 이해하게 되면
사부邪部는 쳐다보지도 않는다.

16) 몸으로 일체에서 옳게 행동하고, 입으로 일체에서 옳게 행동하며, 의지로 일체에서 옳게 행동하면, 이 사람은 위의행威儀行을 성취하였다고 한다.[39]

是往吉處하여 爲無上道[40]하고
亦捨非道하여 離諸魔界니라.

이 진리로 길상처에 가서
위없는 도 이루고
또한 그릇된 길을 버려
모든 마의 경계에서 벗어나라.

---

39 身一切善行 口一切善行 意一切善行 是名成就威儀行(『舍利弗阿毗曇論』)

40 無上道: 지극히 높고 무상無上한 진리를 말한다.

6. 유념품惟念品

惟念品者는 守微[1]之始이며
內思安般[2]이면 必解道紀[3]니라

유념품은
수미守微하는 것을 시작으로
마음으로 안반安般을 생각하면
반드시 도기道紀를 깨닫게 된다.

☞ 學道先須細識心 細中之細最難明
介中尋到無尋處 始信凡心卽佛(『華嚴綸貫』)
도를 배우기에 앞서 자기 마음을 자세히 인식하고
자세히 인식하는 중에 아주 미세한 마음에 이르면
이런 속에서 인식하는 게 인식하지 않는 곳에 이르러야
비로소 마음이 부처라는 것을 믿게 된다.

---

1 守微: 미微는 미세微細를 말하지만 여기서는 미묘微妙로 미묘법이다. 그러므로 수미守微는 미묘법인 진리를 지킨다는 말이다.

2 安般: 출입하는 숨을 관찰하여 마음의 적정寂靜을 얻게 되는 것을 말한다.

3 道紀: 불교의 진리, 즉 깨달음을 말한다.

1) 광미(狂迷: 광분과 미혹)한 심성心性이 저절로 가라앉으면 가라앉은 것 자체가 보리菩提이며, 수승하고 명정明淨한 마음은 다른 사람에 의해 획득하는 게 아니다.[4]

出息入息念을 具滿諦思惟하면
從初竟通利[5]하여야 安如佛所說이니라.

출식出息과 입식入息을 생각하고
원만하게 구족된 진리를 사유하며
처음부터 끝까지 관통하여 얻은 이익은
안온하여 부처님이 설한 바와 같다.

2) 청정한 마음을 끝까지 지키면 성불할 수 있다. 비유하면 거울을 닦는 것과 같아, 더러운 게 없어지면 깨끗함이 드러난다.[6]

是則炤世間이 如雲解月現이니
起止[7]學思惟하며 坐臥不廢忘[8]이니라.

4 狂性自歇 歇卽菩提 勝淨明心 不從人得(『능엄경』 4권)

5 通利: 증도證道의 이익을 이해하는 것이다.

6 淨心守志 可會至道 譬如磨鏡 垢去明存(『사십이장경』)

7 起止~坐臥: 행주좌와行住坐臥와 같은 의미이다. 사람이 살면서 하는 행동 전반을 말한다.

8 폐망廢忘: 잊어버리는 것.

진리가 세간을 비추는 것은
구름이 걷히면 달이 나타나는 것과 같다.
일어나 움직일 때 배우고 사유하며
앉거나 누울 때에도 잊지 않아야 한다.

3) 관심과 무심은 전도된 상으로부터 일어남이니 이는 생각하는 마음과 같으며, 망상을 따라 일어나면 허공에 부는 바람이 의지하고 멈출 곳이 없는 것과 같다.[9]

比丘立是念[10]이면 前利後則勝하며
始得終必勝하여 逝不覩生死니라.

비구가 옳은 생각을 가지면
먼저 이롭고 후에 수승하게 된다.
처음에 얻게 되면 끝에는 필승必勝하게 되어
생사를 보지 않음에 이를 것이다.

4) 성취하느냐 산란散亂하느냐 하는 것은 그대 마음의 오음五陰이 주재하고 있는데, 주인이 미혹하면 외경外境에서 허망한 생각이 파고든다.[11]

---

9 觀心無心 從顚倒想起 如此想心 從妄想起 如空中風 無所依止(『觀普賢菩薩行法經』)

10 是念: 올바른 생각으로, 오념五念을 의미한다. 즉 예배문禮拜門, 찬탄문讚歎門, 작원문作願門, 관찰문觀察門, 회향문廻向門이다.

11 成就散亂 由汝心中五陰主人 主人若迷 客得其便(『능엄경』)

若現身所住면 六更[12]以爲最니
比丘常一心[13]이면 便自知泥洹이니라.

만약 몸이 머무는 바를 나타내려면
육경六更이 최우선이다.
비구가 항상 오롯한 마음이면
스스로 니원泥洹을 알게 될 것이다.

5) 마음과 입으로 조업操業하면 비교적 가볍지만, 몸과 입과 마음으로 조업하면 무거워진다.[14]

已有是諸念이면 自身常建行[15]하라
若其不如是면 終不得意行이니라.

옳다는 여러 생각을 가졌다면
자신이 항상 굳건하게 실천해야 한다.
만약 진리와 같지 않으면

---

12 육경六更: 안眼·이耳·비鼻·설舌·신身·의意의 다른 이름이다. 안이비설신의 모든 근根을 폐색閉塞하면 징청澄淸하여, 산란하지 않게 육근을 수호하면 모든 견해를 받아들이지 않는다.(閉塞諸根 眼耳鼻舌身意諸根 澄淸不亂 守護六根 不受諸見)
13 一心: 다른 것을 생각하지 않는 전일專一한 마음.
14 若心口作 則名爲輕 身口心作 則名爲重(『대반열반경』)
15 建行, 意行: 행行은 신구의身口意의 조작造作을 말한다. 그러므로 건행建行은 건전한 행이고, 의행意行은 의義로운 행을 말한다.

끝내 의미 있는 행동일 수 없다.

6) 말을 길들이는 것과 같아 빨리 달리면 제어하고, 늦게 가면 채찍질하고, 길이 들었으면 느슨하게 한다. 수행하는 사람이 마음 다스리는 것도 역시 이와 같다.[16]

是隨本行[17]者는 如是度愛勞[18]하니
若能悟意念이면 知解[19]一心樂이니라.
應時等[20]行法이면 是度老死惱[21]이니라.

근본행根本行을 수순隨順하는 사람은
진실로 애로愛勞를 벗어날 수 있고
만약 의념意念을 깨달을 수 있으면
지해知解가 오롯한 마음의 즐거움이니
때에 응하여 평등하게 법 행하면
바로 노사의 고뇌를 도탈한다.

---

16 如調馬 若疾則制 若遲則策 若調則舍 行者調心亦復如是(『성실론』)

17 本行: 깨달음을 향한 수행. 구체적으로 말하면 안반수의安般守意, 부정관不淨觀, 정관淨觀 등을 말한다.

18 愛勞: 애욕愛欲으로 일어나는 걱정.

19 知解: 슬기로운 견해를 가진 것을 말한다. 즉 반야를 증득한 것을 말한다. 진본秦本에는 '解說'이라 하였다.

20 等: 평등平等으로 법보法寶를 대표하는 말이다.

21 老死惱: 진본秦本에는 '生死地'라 하였다.

7) 종지宗旨를 알지 못한 수행은 밑 빠진 독에 물 붓는 격이다.

比丘悟意行은 當令應是念이니라
諸念生死棄면 爲能作苦際[22]이니라.

비구는 의미를 깨닫고 수행하는데
당연히 진리라는 생각에 상응해야만 한다.
모든 탐욕과 생사를 포기하면
고제苦際할 수 있으리라.

8) 듣고 각오覺悟하여 슬기로워지면 자유자재한 대장부라네.

常當聽微妙[23]하며 自覺悟其意하라
能覺者爲賢이니 終始無所會[24]하니라.

항상 미묘법을 듣고
스스로 그 의미를 각오覺悟하라.
깨달으면 슬기로워져서
시종 회합會合하는 것도 없어진다.

---

22 苦際: 제際는 지至로 하여 고뇌가 그친다는 의미이다.

23 微妙: 불법佛法을 말한다.

24 會: 망상심妄想心에 의해 일어나는 것들을 말한다.

常當聽徹妙自覺悟
其意能覺者爲賢終
始無所會

9) 불법의 핵심은 번뇌를 벗어나는 것이다.

以覺意能應하며 日夜務學行하라
當解甘露要[25]하면 令諸漏得盡이니라.

뜻을 깨달아 받아들이며
밤낮으로 힘써 배우고 수행하면서
당연히 감로의 요체를 이해하게 되면
모든 번뇌가 다하게 된다.

10) 진정한 즐거움 속에 행복이 있다.

夫人得善利[26]면 乃來自歸佛[27]이라
是故當晝夜로 常念佛法衆[28]이니라.

사람들은 선리善利를 얻으려고
와서 스스로 부처님께 귀의한다.
그러므로 당연히 주야로

---

25 甘露要: 감로甘露는 감로법으로 여래가 훈시한 진리로 중생을 해탈 열반하게 한다는 교법이다. 요要는 요체要諦로 핵심을 말한다.

26 善利: 좋고 이익 되는 것으로 행복, 즐거움이라고도 할 수 있다.

27 歸佛: 부처님께 귀의하는 것.

28 佛法衆: 불법승佛法僧 삼보三寶를 말한다.

항상 불법승佛法僧을 생각해야 한다.

11) 불법은 자기가 진리를 깨닫는 것이지 남이 깨닫게 해주지는 못한다.

己知自覺意면 是爲佛弟子니

常當晝夜念하여 佛與法及僧이니라.

이미 스스로 깨달아 의미를 알면

이런 사람은 부처님의 제자이다.

항상 주야로

불법승을 생각할 뿐이다.

12) 공空, 불원不願, 무상無相은 삼삼매三三昧, 해탈문解脫門이라고도 한다.

念身念非常하고 念戒布施德하며

空不願無相을 晝夜當念是니라.

자신을 생각하고 비상非常을 생각하며,

계와 보시의 공덕을 생각하고

공空, 불원不願, 무상無相을

밤낮으로 마땅히 생각하라.

☞ 「구경일승보성론究竟一乘寶性論」에도 있는 문구이다.

7. 자인품慈仁品

慈仁[1]品者는 是謂大人과
聖人所履[2]이 德普無量이니라.

자인품이란
대장부와
성인이 실천하는 바를 말하니
덕이 넓고 무량하다.

☞ 大哉大悟大聖主 無垢無染無所著
天人象馬調御師 道風德香熏一切(『무량의경』)
위대하고 위대하시도다! 깨달으신 위대한 성주聖主여!
염구染垢하지도 않고 염착染著하는 것도 없구나.
하늘사람과 코끼리와 말도 조어調御하시는 스승
진리에서 풍기는 덕향德香은 일체에 스며든다.

---

1 慈仁: 자애慈愛롭고 어짊. 인자仁慈함.
2 리履: 실천을 말한다.

1) 불살不殺과 불사不死가 대비되어 있고, 섭신攝身과 무환無患이 대비되어 있다. 불생不生이어야 불사不死니, 바로 여래법如來法이다.

為仁不殺하고 常能攝[3]身하면
是處不死니 所適[4]無患이니라.

인자하면서 살생하지 않고
항상 자신을 올바르게 관리하면
이것이 불사不死하는 것이니
어디를 가나 환난이 없다.

2) 앞의 구절에서는 신身을 말하였으나, 여기서는 언어와 마음을 말하고 있다. 즉 말과 마음으로도 살생하지 않아야 한다.

不殺為仁하고 愼言守心하면
是處不死니 所適無患이니라.

살생하지 않아 인애仁愛하고
말을 신중하게 하고 마음을 수호하면
이것이 불사하는 것이니
가는 곳마다 환난이 없다.

---

3 攝: 관리管理로 번역하였다.

4 適: 지至로 번역하였다.

3) 정제整齊하는 것은 인내이고, 자인慈仁이 바로 범행梵行이다.

彼亂已整하고 守以慈仁하며
見怒能忍이면 是爲梵行[5]이라.

잡란雜亂함이 정제整齊되고
자인慈仁으로 수호하며
분노가 일어나도 참을 수 있다면
이를 범행이라 한다.

4) 분노는 불안하고 여유롭지 않은 마음에서 일어난다.

至誠[6]安徐[7]하면 口無麤言[8]이니라
不瞋彼所면 是謂梵行이니라.

진심으로 침착하고 여유가 있으면
입에서 거친 말이 없다.
분노하지 않는 게

---

5 梵行: 음욕과 같은 행위가 단절된 청정한 행위이다. 범행을 수행한 사람은 죽은 후 범천梵天에 태어난다는 것에서 유래된 말이다.

6 至誠: 진심眞心을 말한다.

7 安徐: 침착하고 여유가 있음.

8 추언麤言: 거친 말. 저속한 말.

바로 범행이다.

5) 무위법無爲法은 괴로움이 없는 법이고, 중생을 해롭게 하지 않는 게 범행梵行이다.

垂拱[9]無爲[10]하고 不害衆生하며
無所嬈惱[11]면 是應梵行이니라.

하는 일 없어야 무위에 이르고
중생을 해치지 않으며
마음이 괴롭지 않으면
이것이 범행이다.

6) 불교는 생사를 도탈度脫하는 것이고, 이는 지족知足과 지지知止에 있다.

常以慈哀[12]하고 淨如佛敎라
知足[13]知止[14]면 是度生死니라.

---

9 수공垂拱: 하는 일 없음을 말한다.

10 無爲: 인연因緣의 조작造作이 없는 것으로 진리를 말한다.

11 요뇌嬈惱: 마음이 몹시 괴로워하는 것.

12 자애慈哀: 애처로운 마음에서 일어나는 인애仁愛.

13 知足: 분수를 헤아려 만족할 줄 아는 것.

항상 자애慈哀하면서도

청정하여야 부처의 가르침과 같아진다.

지족知足하고 지지知止해야만

생사를 도탈度脫한다.

7) 탐욕, 미혹, 증오는 모든 사람이 싫어하는 것들이다.

少欲好學하고 不惑於利하며

仁而不犯하면 世上[15]所稱이니라.

탐욕이 적으면서 배우는 것을 즐기고

사리사욕에 미혹하지 않으며

인애仁愛하는 것에서 어긋나지 않으면

세상 사람들이 칭찬한다.

8) 불법에서 추구하는 것은 적정寂靜이다.

仁壽[16]無犯하고 不興變[17]快하며

人爲諍擾[18]하여도 慧以嘿安하라.

---

14 知止: 만족할 줄 아는 것.

15 世上: 세간世間과 같은 의미이다.

16 仁壽: 인덕仁德이 있어서 장수長壽함.

17 變: 죽음의 의미이다.

장수하면서 어긋남이 없고
죽음이 일어나지 않아야 즐거운 것이다.
사람들과 다툼으로 시끄러워져도
지혜로 조용히 편안하게 하라.

9) 자비가 없는 사람은 부처님이 될 수 없다. 자비에 바탕을 두지 않는 육바라밀은 쓸모가 없다.

普愛賢友하고 哀加衆生하며
常行慈心하면 所適者安이라.

고루 어진 벗을 사랑하고
애달픔을 더하여 중생을 생각하라.
항상 자애심으로 행하면
이르는 곳마다 편안하리라.

10) 모든 종교의 근본은 자애에 있다.

仁儒[19]不邪하며 安止無憂하니
上天衛之하여 智者樂慈니라.

---

18 諍擾: 쟁諍은 다툼이고 요擾는 소요騷擾를 말한다.

19 인유仁儒: 인仁의 덕德을 봉지奉持하고 가르치는 사람.

인유仁儒는 사악하지 않고
편안하게 머물러 걱정이 없으며
위에서는 하늘이 이를 보위保衛하니
슬기로운 사람은 자애慈愛를 즐긴다.

11) 불법은 수순법隨順法이다. 이를 어기면 음마陰魔가 드리운다.

晝夜念慈하고 心無尅伐[20]하며
不害衆生이면 是行無仇니라.

주야로 자애를 생각하고
마음에는 억지로 복종시킴이 없으며
중생을 해롭게 하지 않는
수행이어야만 원수가 없다.

12) 중생계의 놀음은 한바탕 연극일 뿐이니 빠져들지 않아야 한다.

不慈則殺하고 違戒言妄이라
過不與他하고 不觀衆生하라.

자애롭지 않아 살생을 하고

---

20 극벌尅伐: 강제로 복종시킴.

계를 어기고 말이 허망하다.
허물은 다른 사람에게 주지 말고
중생을 관찰하려고 하지도 말라.

13) 음주의 예를 들어 방일행放逸行을 하지 말라고 한다.

酒致[21]失志하여 爲放逸行하며
後墮惡道하나니 無修不眞이니라.

술이 취하게 되면 의지를 잃어
방일행放逸行을 하게 되고
사후에 악도에 떨어지나니
수행하지도 못하고 진실하지 않게 된다.

14) 인자함과 박애가 없이는 중생을 제도하지 못한다.

履仁行慈하며 博愛濟衆하면
有十一譽하고 福常隨身이라.

인을 행하고 자비를 행하며
박애로 중생을 제도하면

---

21 致: 궁진弓津의 의미이다.

열한 가지 영예가 있을 것이며
복이 항상 자신을 따른다.

15) 인간의 깨달음만이 인류 평화를 만든다.

臥安覺安하여야 不見惡夢이라
天護人愛하면 不毒不兵이니라.

누워도 편안하고 깨어도 편안하여야
악몽을 꾸지 않는다.
하늘이 보호하고 사람이 사랑하면
독의 해침도 없고 전쟁에서 해침도 없다.

16) 영원히 상실하지 않은 공덕은 어떤 것일까?

水火不喪하여 在所得利이라
死昇梵天[22]은 是爲十一이니라.

수재水災와 화재火災에도 상하지 않아
있는 곳마다 이익을 얻는다.
죽어서 범천에 올라가는 것은

---

22 梵天: 색계色界의 초선천初禪天을 말한다. 욕계의 음욕이 없이 적정 청정하므로 범천이라고 한다.

이에 열한 가지가 있다.

17) 자애심으로 세상을 제도하겠다는 마음은 죽음이 닥쳐도 변하지 않아야 한다.

若念慈心하고 無量不廢하면
生死漸薄하여도 得利度世니라.

자애심으로 생각하고
무량하여 없애지 않으면
생사가 점점 엷어져서
이익을 얻고 세상을 제도한다.

☞ 자애심만이 인류를 구제할 수 있다.

18) 인애와 자애, 그리고 연민의 감정은 부처의 종자種子이다.

仁無亂志하고 慈最可行이니
愍傷衆生이면 此福無量이라.

인애는 잡란雜亂한 의도가 없고
자애는 매우 올바른 행동이니
중생을 어여삐 여긴다면

이 복이 무량하다.

19) 종교인, 즉 목사·승려·신부 모두는 남을 섬기는 사람이지 군림하는 지위에 있지 않다.

假令[23]盡壽命토록 懃事[24]天下人하고
象馬以祠天도 不如行一慈이니라.

가령 수명이 다하도록
천하 사람들을 성심껏 섬기고
코끼리와 말을 희생犧牲으로 하늘에 제사 지내도
자비 하나를 실천한 것만 못하다.

23 假令: 가정하여 말한다면.

24 근사懃事: 힘을 다하여 섬기는 것을 말한다.

8. 언어품言語品

言語品者는 所以戒口이니
發說談論에 當用道理하라.

언어품은
입을 경계하는 바이니
발설하여 담론함에
응당 도리에 통해야 한다.

☞ 正直者順道而行 順理而言 公平無私 不爲安肆[1]志 不爲危揚行 (『한시외전』)
정직한 사람은 도道에 수순하여 행동하고, 이치에 수순하여 말하고, 공평무사하며, 즐거움에 빠져도 방종하지 않고, 위험한 행동을 하지 않는다.

---

1 안사安肆: 즐거움에 빠져서 방종함.

1) 언어폭력은 마음과 원망의 싹을 키워 언젠가는 해로움으로 돌아온다.

惡言[2]罵詈[3]하고 憍陵蔑[4]人하며
興起是行이면 疾怨[5]滋生이라.

나쁜 말과 꾸짖는 말로
교만하게 다른 사람을 능멸하며
이런 행동을 저지른다면
미움과 원망이 불같이 일어난다.

2) 말에서 미음과 원망이 일어나니 공손한 말과 수순히 따르는 말로 마음의 평화를 추구하라.

遜言[6]順辭[7]로 尊敬於人하며
棄結[8]忍惡하면 疾怨自滅이니라.

공손한 말과 수순한 말로

---

2 惡言: 무례한 말. 남을 중상하는 말.
3 매리罵詈: 욕, 욕하고 꾸짖음.
4 능멸陵蔑: 업신여기고 멸시함.
5 질원疾怨: 미워하고 원망함.
6 손언遜言: 공손한 말.
7 순사順辭: 신에게 바치는 축문祝文. 순순히 받아들이는 말.
8 결結: 번뇌의 다른 표현.

다른 사람들을 존경하며
번뇌를 버리고 증오를 인내하면
미움과 원망이 저절로 사라진다.

3) 말로 저지르는 죄는 바다와 같다.

夫士之生에 斧在口中이고
所以斬身은 由其惡言이니라.

무릇 사람이 태어남에
입안에 도끼가 있어
몸을 베는 바가 됨은
이는 악언으로 말미암은 것이다.

4) 사소한 이익에 목숨을 내놓고 다투지 말고 일대사인연一大事因緣에
목숨을 내거는 사람이 참다운 수행인이다.

諍爲少利는 如掩失財이니
從彼致諍하며 令意向惡이니라.

적은 이득을 위해 다투는 것은
잃은 재산을 숨기는 것과 같으니
치열한 쟁론을 따르다 보면

의도하는 바까지도 악하게 된다.

5) 능소能所의 법칙이다. 악하게 대하면 상대방도 악해지게 마련이다.

譽惡惡所譽며 是二俱爲惡이니라
好以口快鬪면 是後皆無安이니라.

악을 칭찬하고 악이 칭찬하는 바는
이 둘 모두가 악이 된다.
입으로 즐겨 다투는 것을 좋아하면
후에 모두가 편안하지 못하다.

6) 청정도를 몰라 우치하여도 인욕의 의미를 새기며, 정진하는 속에 사제四諦 진리에 어긋나지 않아야 한다.

無道[9]墮惡道[10]하여 自增地獄苦라
遠愚修忍意하며 念諦[11]則無犯이니라.

도가 없으면 악도에 떨어져
저절로 지옥고地獄苦가 늘어난다.

---

9 道: 진리 또는 법술法術이라고 번역한다.
10 惡道: 지옥, 아귀, 축생의 삼악도를 말한다.
11 諦: 사제四諦를 말한다.

어리석음을 멀리하고 인욕의 마음을 닦으며
사제四諦를 생각하면 어긋나지 않는다.

7) 진리를 이해하는 사람만이 해탈을 증득한다.

從善得解脫하고 爲惡不得解니라
善解者爲賢하니 是爲脫惡惱[12]니라.

선을 따르면 해탈하고
악하면 해탈을 얻지 못한다.
옳게 이해하는 사람은 현인이 되니
이에 악한 고뇌에서 벗어나게 된다.

8) 중도中道를 말한 게 의설義說이고 법설法說이다. 그러므로 이는 심사숙고한 속에서 나온 말이다.

解自抱損意하며 不躁言得中하고
義說如法說하며 是言柔軟甘이니라.

스스로 해치는 마음에서 벗어나
조급하지 않고 말이 중도中道를 얻어야

---

12 악뇌惡惱: 사악한 마음이 있어서 마음이 괴로운 것을 말한다.

의설義說이고 또한 법설法說이니
이것이 유연하고 감미로운 말이다.

9) 진리는 옳은 말로 전해진다. 그러므로 시時·처處·위位에 일치하는 말이어야 한다.

是以言語者는 必使己無患하고
亦不剋衆人하나니 是爲能善言이니라.

그러므로 언어는
반드시 자기에게 환난이 없어야 하고
또한 여러 사람을 이기려는 것도 아니니
이것이 옳게 말하는 것이다.

10) 악의도 없고 옳은 것을 말하는 게 항상하므로 상전常典이라 한다.

言使投[13]意可하여 亦令得歡喜하며
不使至惡意하여 出言衆悉可니라.

말이 던져지는 의도가 옳아야만
역시 환희를 얻게 된다.

---

13 投: 투척投擲하는 것을 말함.

言使投意可人令得
歡喜不使至惡意出
言衆悉可

악의가 미치지 않아야만
내뱉는 말이 모두 옳다.

11) 성제聖諦는 법의法義를 갖추어야 한다.

至誠甘露說은 如法而無過하고
諦如義如法이면 是爲近道立이니라.

진실한 감로 설법은
여법하여 허물이 없고
진리는 여의如義롭고 여법如法하여야 하니
이렇게 되어야 도에 가까이 갈 수가 있다.

12) 부처처럼 말하는 사람은 즉문즉설卽聞卽說인데, 이는 중도中道 사상에 근거를 두고 있다.

說如佛言者는 是吉[14]得滅度[15]니라
爲能作法[16]際면 是謂言中上이니라.

부처님 말과 같이 설법하는 사람은

---

14 吉: 양선良善. 어질고 착함으로 한다.

15 滅度: 열반의 다른 이름이다.

16 法: 고려대장경에 의해 浩를 法으로 바꾸었다.

양선良善하게 멸도滅度를 증득한다.
법제法際를 작위作爲할 수 있어야만
이는 최상의 중도中道라고 말한다.

9. 쌍요품雙要品

雙要品者는 兩兩相明이니
善惡有對하여 擧義不單이니라.

쌍요품은
둘씩 짝지어 상대하면서 분명하게 함이니
선악은 상대적인 것이어서
뜻을 들되 하나만 들지 않는다.

☞ 是光照世間 如月現雲消 人先爲放逸 後止而不犯
以善而滅之 是光照世間 若人爲罪惡 修善而能除(『법집요송경』)
광명이 세간을 비추려면
달은 구름이 없어져야 나타나는 것처럼
사람은 먼저 방일하지만
후에는 그쳐야만 어긋나지 않게 된다.
옳은 것으로 이를 없애버린다면
이는 광명이 세간을 비추는 것이다.
사람들이 죄악을 저질러도
옳은 것을 수습하면 없앨 수가 있다.

1) 악행의 자취는 없어지지 않고 존재한다.

心爲法本이고 心尊心使니라
中心念惡하여 卽言卽行이면
罪苦自追가 車轢于轍이니라. (파: 1)

마음은 법의 근본이니
마음이 주인이 되어 마음이 부린다.
마음에 사악한 생각이 있으면
곧 언행이 뒤따른다.
죄고罪苦가 저절로 따르는 것이
수레가 지나가면 수레바퀴 자국이 있는 것과 같다.

2) 선행의 자취는 항상 따라 다닌다. 이를 인과응보라 한다.

心爲法本이고 心尊心使니라
中心念善하여 卽言卽行이면
福樂自追가 如影隨形이니라. (파: 2)

마음은 법의 근본이고
마음이 주인이 되어 마음이 부린다.
마음속으로 올바르게 생각하면
곧 언행이 뒤따른다.

복락이 저절로 따르는 것이
그림자가 형체를 따르는 것과 같다.

3) 어리석음에서 가장 큰 어리석음은 자기를 과대평가하는 것이다.

隨亂意行하고 拘愚入冥하여
自大無法이면 何解善言이리요.

잡란雜亂한 뜻에 따라 행동하고
어리석음에 구애되어 어둠으로 들어가며
스스로를 위대하다고 하여 법도法度가 없으면
어찌 올바른 말을 이해하리요.

4) 입지立志가 올바르면 진리를 쉽게 이해할 수 있다.

隨正意行하고 開解[1]清明하여
不爲妬嫉이면 敏達[2]善言하라.

올바른 의도에 따라 행동하고
맑고 밝게 이해하여
시기하고 미워하지 않으면

---

1 개해開解: 훤하게 이해하는 것을 말한다.
2 민달敏達: 민첩하고 능숙한 것.

빠르게 올바른 말을 통달하리라.

5) 1구에서 성내는 것이 2구에서 원래는 성내지 않았음이다. 3구에서 성내지 않는 것마저 없어지는 것이 바로 불법이다.

慍於怨者면 未嘗無怨이나
不慍自除니 是道可宗이니라.

미워하는 사람에게 성내면
아직 미워함을 없애지 못한 것이다.
성내지 않는 것 저절로 없어지면
이 도야말로 으뜸이라네.

6) 회광반조廻光返照하는 수행이 중요하다.

不好責彼하고 務自省身하라
如有知此면 永滅[3]無患이니라. (파: 6)

남을 책망하기를 즐기지 말고
힘써 스스로 자신을 성찰하라.
이와 같이 알고 수행하면

---

3 永滅: 책망責望하는 마음이 없어지는 것이다.

영멸永滅하여 환난이 없으리라.

7) 수행자의 자세를 밝히고 있다.

行見身淨하여 不攝諸根하고
飮食不節하며 慢墮怯弱[4]하면
爲邪所制가 如風靡草리라. (파: 7)

몸을 청정한 것으로 보아 행하여
모든 근根을 제어하지 않고
음식을 절제하지 않으며
태만하고 겁약하게 되면
악함에 제어 받는 바가 되어
바람이 불면 풀이 쓰러지는 것과 같으리라.

8) 부정관不淨觀 수행을 말하고 있다.

觀身不淨하여 能攝諸根하며
食知節度하고 常樂精進이면
不爲邪動이 如風大山이니라. (파: 8)

---

4 겁약怯弱: 나약함.

몸이 청정하지 못함을 관하여
모든 근根을 제어하고
음식을 절제하고 한도를 알며
항상 정진함을 즐기면
삿됨에 움직이지 않는 것이
바람이 큰 산에 부는 것과 같으리라.

9) 삼독三毒을 다스리지 못하면 수행자일 수 없다.

不吐毒態[5]면 欲心馳騁[6]하며
未能自調면 不應法衣니라. (파: 9)

독한 기운을 버리지 못하고
욕심으로 이리저리 날뛰며
스스로 조어調御하지 못한다면
법의法衣를 입을 자격이 없다.

10) 계율을 수지受持하고 실천하는 수행자가 되라.

能吐毒態면 戒意安靜하며
降心已調면 此應法衣니라. (파: 10)

---

5 독태毒態: 독기毒氣가 있는 태도와 상태를 말한다. 독기는 삼독을 말한다.
6 치빙馳騁: 이리저리 뛰어다님.

독한 기운을 버리고
계율의 의지가 안정되며
망심을 항복하여 자기를 조어하면
법의를 입을 자격이 있다.

11) 전도된 상想을 일으키지 말라.

以眞[7]爲僞[8]하고 以僞爲眞이면
是爲邪計[9]니 不得眞利니라. (파: 11)

진제眞諦를 작위作爲로 삼고
작위를 진제로 삼으면
사계邪計가 되는 것이니
진제의 이익을 획득하지 못한다.

12) 직심直心으로 관조하면 모두가 아름답게 보인다.

知眞爲眞하고 見僞知僞면
是爲正計[10]이니 必得眞利니라. (파: 12)

---

7 眞: 진제眞諦를 말한다. 진실.
8 僞: 작위作爲한 것이다. 거짓.
9 邪計: 어긋나게 계략計略하는 것.
10 正計: 올바른 생각, 관념.

진제를 진제로 알고
작위한 것을 작위한 것으로 알면
이는 정계正計이니
반드시 진제의 이득을 획득한다.

13) 철저히 계율을 지키지 않으면 수행자라고 할 수 없다.

蓋屋不密이면 天雨則漏니라
意不惟行[11]이면 淫泆[12]爲穿이라. (파: 13)

촘촘히 엮지 않은 지붕은
비가 내리면 새게 된다.
의지가 사려 깊게 행동하지 않으면
음일淫泆한 게 파고든다.

14) 철저한 계행만이 깨달음을 증득할 수 있다.

蓋屋善密이면 雨則不漏라
攝意惟行이면 淫泆不生이니라. (파: 14)

촘촘히 엮은 지붕은

---

11 유행惟行: 사려 깊게 행동하는 것을 말함.
12 음일淫泆: 음일淫佚과 같고 마음껏 방탕하게 즐김.

비가 와도 새지 않는다.
제어하려는 의지로 깊이 생각하고 행동하면
음일한 마음이 일어나지 않는다.

15) 어리석지 말라. 어리석으면 미천해져서 잘못을 저지르고도 잘못한 것인지도 모르는 무지렁이가 되니 슬프지 않은가?

鄙夫[13]染人이 如近臭物[14]하여
漸迷習非[15]하여 不覺成惡이니라.

비부鄙夫가 다른 사람을 물들이는 것은
오물을 가까이하는 것과 같아
점점 미혹하여 그른 것을 배워
깨닫지 못하고 사악함이 무성하게 된다.

16) 앞 문구와 달리 여기서는 어진 사람을 예로 들었다. 즉 선택은 항상 자신에게 달려 있음이니 어떤 게 훌륭한 것인지는 그대가 알고 있지 않은가?

賢夫染人이 如近香熏하며

---

13 비부鄙夫: 비천하고 무식한 사람.
14 취물臭物: 냄새나는 물건.
15 습비習非: 그른 것을 익힘.

進智習善하며 行成潔芳[16]이니라.

현부賢夫가 다른 사람을 물들이는 것은
아름다운 향기를 가까이하는 것과 같아
지혜로워지고 옳은 것을 배우며
수행하면 순결한 방향芳香을 일으킨다.

17) 걱정거리는 바로 번뇌이고, 번뇌의 끝은 죄악이다.

造憂後憂하고 行惡兩憂니라
彼[17]憂惟懼이니 見罪心懅이니라. (파: 15)

현세에 만든 걱정 내세에도 걱정하고
악을 행하였다면 모두에서 걱정거리다.
저 걱정거리 생각하면 두려워지니
지은 죄를 보면 마음은 두렵다.

18) 항상 환희롭게 사는 인생은 아름답다. 오늘도 들판에 들꽃을 보면
마냥 즐거울 뿐이다.

造喜後喜하고 行善兩喜라

---

16 결방潔芳: 순결純潔한 향기.

17 彼: 송宋·명본明本에는 후後였으나 고려대장경에 의해 피彼로 고쳤다.

彼喜惟歡이니 見福心安이니라. (파: 16)

현세에 만든 희락喜樂 내세에도 희락이고
선을 행하면 모두에서 희락이다.
저 희락 생각하면 즐거워지니
지은 복을 보면 마음은 편안하다.

19) 회한悔恨이 이어져서 끝내 재앙이 되면 매우 고통스럽다.

今悔後悔하여 爲惡兩悔라
厥爲自殃하여 受罪熱惱[18]니라. (파: 17)

현세의 회한 내세에도 회한이고
악한 짓 하면 모두에서 회한이다.
저절로 재앙이 되어
죄를 받으니 매우 고통스럽다.

20) 이어지는 환희는 끝에 가서는 열락悅樂이 된다. 이런 삶이 아름답다.

今歡後歡하니 爲善兩歡하며
厥爲自祐[19]하면 受福悅豫[20]이니라. (파: 18)

---

18 열뇌熱惱: 매우 고통스럽게 하는 것을 말한다.

19 우祐: 복福으로 신의 도움을 말한다.

현세의 환희 내세에도 환희하며
선을 행하면 모두에서 환희롭다.
저절로 행복이 되어
복을 받으니 열락이다.

21) 교언巧言·방탕·음탕·분노·우치함으로 사는 뭇 중생과 달라야 지관止觀하는 수행자이다.

巧言多求하고 放蕩無戒하고
懷婬怒癡하여 不惟止觀하면
聚如群牛하여 非佛弟子니라.

교언巧言으로 많은 것을 구하려 하고
방탕하여 계율을 무시하며
음탕·분노·우치한 마음으로
지관止觀을 생각하지도 않으면
소떼가 모여 있는 것 같아서
부처의 제자가 아니다.

22) 계율을 지키며 불이관不二觀을 수행하라.

時言少求하고 行道如法하고

---

20 열예悅豫: 열락悅樂을 말한다.

除婬怒癡하며 覺正意解하여
見對[21]不起하면 是佛弟子니라. (파: 20)

항상 말을 적게 하려고 하고
여법하게 도를 수행하며
음탕·분노·우치한 마음을 없애
올바르게 깨달아 의해義解하여
대립적인 견해를 일으키지 않으면
진정한 부처의 제자이다.

◉ 원한을 간직하는 사람이 되지 말라.[22]

人若罵我하고 勝我不勝하니
快意從者라도 怨從不息이니라. (파: 3)

다른 사람이 나를 욕하고
나를 이겨도 이기지 못함이니
흔쾌한 마음으로 따른다 해도
원망이 따르는 것이 그치지 않는다.

---

21 對: 선악善惡에 대한 보응報應을 말한다.

22 ◉ 표시가 된 구절들은 法救가 찬한 『法句經』(T04n0210)의 내용이다. 이하도 같다.

◉ 인욕의 끝은 편안함이다.

人若致毁罵[23]하고 役勝我不勝하면
快樂從意者는 怨終得休息하네. (파: 4)

다른 사람이 나를 비방하고 욕하면서
나를 이기려 힘쓰지만 이기지 못함이니
즐겁게 따르는 의도는
원망이 끝내 휴식하게 하려 함이다.

◉ 원망을 갚지 않고 인욕하는 게 수행자의 삶이다.

不可怨以怨하면 終以得休息하라
行忍得息怨하리니 此名如來法이니라. (파: 5)

원망으로 원망을 갚는 것을 옳지 않으니
끝내 휴식시켜야만 한다.
인욕을 실천하면 원망이 없어지니
이를 여래법이라 한다.

---

23 훼매毁罵: 비방하고 욕하는 것을 말한다.

◉ 종지宗旨를 잃은 수행은 쓸모가 없다.

雖誦習多義하고 放逸不從正하면

如牧數他牛인저 難獲沙門果이니라. (파: 19)

경전에서 비록 많은 뜻을 외우고 익혀도

방일하여 옳게 따르지 않으면

목동이 남의 소를 세는 것과 같아

사문과沙門果를 증득하기 어렵다.

10. 방일품放逸品

放逸品者는 引律戒情[1]하고

防邪撿[2]失하여 以道勸賢이니라.

방일품은

계율을 끌어들여 욕정을 경계하며

삿된 것을 방어하고 과실을 단속하여

도道로 현명해지기를 권면한다.

☞ 如諸衆生及草木 一切生長咸依地

世及出世諸善根 皆依最勝尸羅[3]地(『화엄경』)

모든 중생과 초목에 미치기까지

일체 사물의 생장은 모두 대지에 의지하고 있다.

세간과 출세간의 모든 선근은

모두 매우 훌륭한 지계에 의지하고 있다.

---

1 情: 욕정欲情을 말한다.

2 검撿: 단속하다는 의미이다.

3 시라尸羅: 번역하면 청량淸涼 또는 계율이라고 하고, 삼업三業의 과악過惡의 본성은 열뇌熱惱하여 오로지 계율로 그 치연한 기세를 없앨 수 있음을 말한다.

1) 계율을 어기는 사람을 득도得道할 수 없다.

戒爲甘露道이고 放逸爲死徑이라
不貪則不死하고 失道爲自喪이니라. (파: 21)

계율은 깨달음의 길이요
방일은 죽음의 길이다.
탐내지 않으면 죽지 않고
도를 잃으면 스스로 죽게 된다.

2) 슬기롭게 사는 것은 계율에서 시작하여 환희에 이른다.

慧智守道勝[4]하고 終不爲放逸하라
不貪致歡喜면 從是得道樂이니라. (파: 22)

슬기로운 지혜로 훌륭한 도를 지키고
끝까지 방일하지 않아야만 한다.
탐욕하지 않고 환희에 이르면
이를 따라서 도락道樂을 증득한다.

---

4 道勝: 수승殊勝한 진리.

3) 정행正行을 강조하고 있다.

常當惟念道하여 自強守正行하라
健者得度世[5]하면 吉祥[6]無有上이니라. (파: 23)

항상 불도만 오롯이 생각하면서
스스로 굳세게 정행을 고수하라.
강건한 사람이 세상을 제도하면
길상은 더할 나위가 없다.

4) 정념正念에 의한 청정행을 주장한다.

正念常興起[7]하여 行淨惡易滅하라
自制以法壽하고 不犯善名增이니라. (파: 24)

항상 정념正念을 흥기하면서
청정하게 행하여 악을 쉽게 없애버려라.
자제自制하여 법의 수명 늘어나고
옳은 것에 어긋나지 않으면 명예가 증가한다.

---

5 度世: 세상을 제도하는 것.
6 吉祥: 안온安穩에 상응하는 말이다.
7 興起: 분기奮起하도록 노력하는 것을 말한다.

5) 망상을 조복하면 지혜로워진다.

發行不放逸하고 約以自調心하여

慧能作錠明[8]하면 不返冥淵[9]中이니라. (파: 25)

방일하지 않음을 실천하고

자기 스스로 마음을 조복調伏하여

지혜가 정명錠明 등불이 되면

다시는 명연冥淵함에 돌아오지 않는다.

6) 어리석은 사람과 슬기로운 사람의 차이를 밝힌다.

愚人意難解하여 貪亂好諍訟[10]이라

上智常重愼하여 護斯爲寶尊[11]이니라. (파: 26)

어리석은 사람은 뜻을 이해하기 어려워

탐란하고 쟁송爭訟하기를 좋아한다.

매우 지혜로운 사람은 항상 거듭 신중하며

이를 보호하여 보존寶尊으로 삼는다.

---

8 정명錠明: 들고 다니는 호롱불.

9 명연冥淵: 무명無明의 별명.

10 쟁송諍訟: 남과 다투거나 송사訟事하는 것.

11 寶尊: 보배롭고 존귀한 것으로 부처를 말한다.

7) 망상에 끌려다니는 인생은 고달플 뿐이다.

莫貪莫好諍하며 亦莫嗜欲樂[12]하라
思心不放逸이면 可以獲大安이니라. (파: 27)

탐내지 말고 쟁송을 좋아하지 말며
또한 욕락欲樂을 즐기려고도 하지 말라.
마음으로 방일하지 않으려 생각하면
큰 안락을 얻을 수 있다.

8) 지혜만이 안온함에 증입證入할 수 있다.

放逸如自禁하여 能却之爲賢이니
已昇智慧閣하여 去危爲卽安이니라
明智觀於愚는 譬如山與地니라. (파: 28)

방일을 스스로 금하여
방일을 물리치면 현인이 되니
이미 지혜당智慧堂에 올라
두려움을 걷어내고 편안하게 된다.
밝은 지혜로 어리석음 관찰하면

---

12 欲樂: 감각적인 쾌락.

마치 산과 대지와 같다.

9) 남을 해치지 않고 탐내지 않는다면 어찌 길리吉利가 아니겠는가?[13]

居亂而身正이면 彼爲獨覺悟이니
是力過師子[14]하여 棄惡爲大智니라.

난리를 당해도 자신을 방정方正하게 하면
홀로 각오覺悟하게 되니
이 힘은 사자師子를 넘어서서
악을 버리고 위대한 지혜를 성취한다.

10) 수면과 치명癡冥이 고뇌인지 모르면서 망상에 싸여 있는 삶은 괴롭다.

睡眠[15]重若山하여 癡冥[16]爲所弊하며
安臥不計苦니 是以常受胎[17]니라.

수면睡眠은 무겁기가 산과 같고

---

13 不忮不求 何用不臧(『시경』)

14 師子: 스승과 제자 관계.

15 睡眠: 무명을 말한다.

16 癡冥: 아주 어리석은 것을 말한다.

17 受胎: 윤회輪迴와 전생轉生을 말한다.

치명癡冥은 폐단이 된다.
편안하게 누워 고뇌를 계략計略하지 않으니
이는 항상 수태受胎하고 있음이다.

11) 용모는 공경해야 하고, 말함에 있어서는 사장詞章이 있어야 하며, 보는 것은 명심明審해야 하고, 다른 사람의 말을 들을 때는 시비를 살펴야 하며, 생각은 깊고 면밀해야 한다.[18]

不爲時自恣하라 能制漏得盡이라
自恣魔得便이 如師子搏鹿이니라.

항상 스스로 방자하지 않고
이를 제어하면 번뇌가 다하게 된다.
스스로 방자하면 악마가 기회를 얻음이
사자가 사슴을 잡는 것과 같다.

12) 자기 행동거지를 검사하고 상세히 반복하여 사고하면 좋은 일이 있다.[19]

能不自恣者는 是爲戒比丘라
彼思正靜[20]者는 常當自護心이니라.

---

18 貌曰恭 言曰從 視曰明 聽曰聰 思曰睿(『상서』)

19 視履 考祥其旋 元吉(『주역』)

스스로 방자하지 않으려 하는 사람은
계율을 지키는 비구가 된다.
올바른 적정을 생각하는 사람은
항상 자기 마음을 수호한다.

13) 익괘益卦는 군자는 옳은 것을 보면 바로 학습하고, 허물이 있으면 개정改正한다.[21]

比丘謹愼樂하고 放逸多憂愆[22]하며
變諍小致大하고 積惡入火焰하라. (파: 31)

비구가 근신謹愼하면 즐겁고
방일하면 걱정거리와 허물이 많아진다.
적은 쟁송爭訟도 변하여 크게 되니
쌓인 악 모두를 화염 속으로 들여보내라.

14) 군자는 끊임없이 자기를 반성하여 양심의 가책을 느끼지 않고 양심에 물어서 부끄러움이 없어야 한다.[23]

---

20 靜: 장요藏要에 정淨으로 되어 있으나 원·명본에 의해 정靜으로 바꾸었다.
21 益 君子以見善則遷 有過則改(『주역』)
22 우건憂愆: 걱정거리와 허물을 말한다.
23 君子內省不疚 無惡于志(『중용』)

守戒福致善하고 犯戒有懼心이라
能斷三界[24]漏면 此乃近泥洹이니라. (파: 32)

계율을 지키면 행복에 이르게 되고
계율을 범하면 두려운 마음이 있게 된다.
삼계의 번뇌를 단제斷除할 수 있으면
이는 니원에 가까이 가는 것이다.

15) 잘못을 뉘우쳐 개과천선改過遷善하면 사회가 밝아진다.

若前放逸도 後能自禁이면
是炤世間하리니 念定[25]其宜니라.

이전에 방일했어도
뒤에 스스로 방일을 금하면
이는 세간을 밝게 하는 것이니
마땅히 염정念定하여야 한다.

16) 선악이 분명한 사회가 정토淨土이다.

過失爲惡이라도 追覆以善이면

---

24 三界: 욕계欲界, 색계色界, 무색계無色界를 말한다.

25 念定: 정념正念과 정정正定이다.

是照世間이니 念善其宜니라.

과실로 악을 지었더라도
뒤따라 선으로 덮으면
이것은 세간을 밝게 함이니
마땅히 선을 생각하여야 한다.

17) 수행자는 세상을 구제하는 게 본분 사명이다.

少壯捨家하고 盛修佛教하면
是炤世間하여 如月雲消니라.

젊을 때에 집을 떠나서
왕성하게 부처님 가르침을 수행하면
이는 세간을 밝게 하는 것이니
달에서 구름이 사라진 것과 같다.

18) 참회는 바로 사회 정화로 이어진다.

人前為惡이라도 後止不犯하면
是炤世間하여 如月雲消이네.

이전에 죄를 저질렀어도

뒤에 그치고 다시 범하지 않으면
이는 세간을 밝게 하는 것이니
달에서 구름이 사라진 것과 같다.

19) 정政은 정正이니, 그대가 정도正道로 인도하면 누가 감히 부정不正하겠느냐?[26]

生不施[27]惱하고 死而不慼이면
是見道悍이니 應中[28]勿憂이네.

살면서 고뇌하지 말고
죽는 것도 슬퍼하지 말라.
이는 눈을 부릅뜨고 도道를 보는 것이니
도리에 맞아 근심할 것 없다.

20) 사람은 스스로 사랑한 후에야 다른 사람을 사랑할 수 있으며, 사람은 반드시 스스로 공경한 후에야 다른 사람을 공경할 수가 있다.[29]

斷濁黑法[30]하고 學惟清白하여

---

26 政者 正也 子帥以正 孰敢不正(『논어』)

27 施: 행行으로 한다.

28 應中: 중정中正의 도리에 맞는 것.

29 人必其自愛也 然後人愛諸 人必其自敬也 然後人敬諸(『법언』)

度淵不反하고 棄猗行止하며
不復染樂하면 欲斷無憂니라.

혼탁하고 사악한 법을 끊고
오로지 맑고 깨끗한 것을 배워
연못을 건넜으면 돌아오지 말고
의지함도 버리고 행함도 멈추며
다시는 쾌락에 물들지 않으면
욕락이 끊어져 근심이 없다.

◉ 스스로 슬기로워져야 한다.

不自放逸이면 從是多寤이니라
羸馬比良면 棄惡爲賢이니라.

스스로 방일하지 않으면
이를 따라 많은 깨달음이 있다.
야윈 말과 양마良馬를 비교하듯
악을 버리면 슬기로워진다.

---

30 黑法: 사악邪惡한 법을 말한다.

◉ 방일은 삶에서 있어서는 안 된다.

不殺而得稱이요 放逸致毁謗이니

不逸摩竭人[31]도 緣諍得生天이니라 (파: 36)

살생하지 않으면 칭찬 받고

방일하면 헐뜯고 비난을 받는다.

방일하지 않는 마갈인摩竭人은

멈춤의 인연으로 천상에 태어났다.

31 마갈인(摩竭人, Maghava): 너그럽고 어질다는 의미로 제석천의 다른 이름이다.

11. 심의품心意品

心意品者는 說意精神이
雖空無形이라도 造作無竭이니라.

심의품은
의지와 정신을 말하는데
비록 공하고 형상이 없어도
짓고 만드는 것은 다함이 없다.

☞ 譬如人在海洋依止於船 如是名身轉起依於色 譬如船行海中依於人 如是色身轉起依於名 人船相依行海中 如是名色共相依(『청정도론』)

비유하면 사람이 바다에 있을 때에는 배에 의지하는 것과 같아 이처럼 명신名身이 전기轉起하여 색色에 의지한다. 비유하면 배가 바다에 항해할 때 사람에 의지하는 것과 같아, 이처럼 색신色身은 전기하여 명名에 의지한다. 사람과 배가 서로 의지하여 바다를 항해하는 속에 이처럼 명名과 색色이 함께 의지하고 있다.

1) 어진 사람이 보면 인仁이라 하고, 지혜 있는 사람이 보면 지혜롭다 한다.[1]

意使作猶하면 難護難禁이라
慧正其本이면 其明乃大니라.

마음으로 개를 만들면
보호하기도 어렵고 금하기도 어렵다.
지혜로 그 근본을 바르게 하면
그 명철함이 크게 된다.

2) 일에서 동정動靜하며 그때를 잃지 않아야 수순한 결과에 이른다.[2]

輕躁[3]難持하고 唯欲是從이라
制意爲善하며 自調則寧이라. (파: 35)

경조輕躁한 것은 붙잡기 어렵고
오로지 욕락만 따를 뿐이다.
마음을 제어하여 올바르게 하며
스스로 조어하면 편안하다.

---

1 仁者見之謂之仁 知者見之謂之知(『주역』)

2 動靜不失其時 其道光明(『주역』)

3 輕躁: 경솔하고 조급함.

3) 지혜가 사적인 것에 있으면 아는 게 적어지고, 공적인 것에 있으면 아는 게 많아진다.[4]

意微難見하고 隨欲而行이라
慧常自護하며 能守卽安이니라. (파: 36)

마음은 미묘하여 볼 수가 없고
욕망을 따라 다닐 뿐이다.
지혜로 항상 스스로를 보호하고
지킨다면 안온하다.

4) 한량없이 떠도는 마음은 붙잡을 수 없으나 진리를 향한 의지만은 붙잡을 수 있다.

獨行遠逝라도 覆藏[5]無形이니
損意近道면 魔繫[6]乃解니라. (파: 37)

홀로 행하고 멀리 가더라도
복장覆藏하니 형체도 없다.
마음을 덜고 도에 가까워지면

4 智載於私 則所知少 載於公 則所知多矣(『尸子』)
5 복장覆藏: 도리어 숨어버리는 것을 말한다. 즉 비밀한 장소를 말한다.
6 마계魔繫: 악마의 결박. 바로 탐욕을 말한다.

마왕의 계박에서 벗어난다.

5) 학문은 다른 게 없고 선량한 본성을 구하는 것으로 마칠 뿐이다.[7]

心無住息이면 亦不知法하고
迷於世事하여 無有正智니라. (파: 38)

마음이 머물러 쉼이 없으면
또한 법을 알지 못하고
세상사에 미혹하여
바른 지혜가 있을 수 없다.

6) 화환禍患은 만족함을 알지 못한 것보다 큰 게 없고 허물은 욕망의 만족보다 큰 게 없다.[8]

念無適止면 不絕無邊이라
福能遏惡이면 覺者爲賢이니라. (파: 39)

생각을 적당하게 그치지 않으면
끊어지지 않아 끝이 없다.
복으로 악을 저지할 수 있으면

---

7 學問之道無他 求其放心而已矣(『맹자』)

8 禍莫大於不知足 咎莫大於欲得(『도덕경』)

깨달은 사람이며 슬기롭다 한다.

7) 진리를 얻고자 하는 도인道人은 지족知足하는 마음을 세우고 지향하여 추구하는 것은 그만둔다.[9]

佛說心法이 雖微非眞이니
當覺逸意하여 莫隨放心하라.

부처님이 말씀하시되 심법心法은
비록 미묘하여도 진실하지 않으니
의당 방일한 마음을 깨닫고
방종한 마음을 따르지 말다.

8) 지족知足하면 수욕羞辱을 당하지 않고, 지지知止하면 위험하지 않으면서 오래 살 수가 있다.[10]

見法最安하고 所願得成하다
慧護微意하여 斷苦因緣이라.

불법을 보았으니 아주 편안하고
원하는 바를 성취한다.

---

9 得道之士 建心於足 游志於止(『道德指歸論』)

10 知足不辱 知止不殆 可以長久(『도덕경』)

지혜로 미묘한 마음을 수호하여
괴로움의 인연마저 끊는다.

9) 이런 것을 진작 알았더라면 처음부터 애착하지 않았을 것을….

有身不久하여 皆當歸土니
形壞神去어든 寄住[11]何貪이리오.

몸은 머지않아
모두 대지로 돌아가고
형체는 무너지고 정신은 떠나는데
임시로 머물 곳을 어찌 탐내는가?

❖ 참고
是身不久하여 還歸於地이니
神識已離하면 骨幹獨存이니라. (파: 41)

이 몸은 머지않아
대지로 귀환한다.
신식이 떠나갔으니
골간骨幹만 홀로 남아 있다.

---

11 기주寄住: 의지하며 머물 곳.

10) 자유분방한 마음이 사벽邪辟하지 않게 하라.

心豫[12]造處는 往來[13]無端이니
念多邪僻[14]하면 自爲招惡이니라. (파: 42)

마음이 노닐며 만든 곳은
가고 오고 끝이 없으니
생각이 사벽邪辟함이 많으면
스스로 악을 초래한다.

11) 정견正見은 정사正邪를 올바르게 변별하는 데에서 출발한다.

是意自造요 非父母爲니
可勉向正하여 爲福勿回니라. (파: 43)

마음은 스스로 만드는 것이요
부모가 만든 게 아니다.
부지런히 정견正見을 지향하여
복을 짓고 되돌리지 말라.

---

12 예豫: 유遊로 한다.

13 往來: 생사윤회를 말한다.

14 사벽邪僻: 사악邪惡한 것을 말한다.

12) 지족知足한 사람은 도와 같은 덕을 체득하고 명리도 포기하며 자신을 무위에 세운다.[15]

藏六[16]如龜하고 防意如城하라
慧與魔戰하여 勝則無患이라.

여섯을 감춘 거북처럼
마음을 방어하기를 도성을 지키듯 하라.
지혜와 마귀의 전쟁에서
승리하여야 근심이 없다.

◉ 경박하고 조급한 마음은 수행에 도움이 되지 않는다.

心多爲輕躁면 難持難調護니라
智者能自正함은 如匠搦箭直이니라. (파: 33)

마음은 많이 경조輕躁하여
수지受持·조어調御·보호하기 어렵다.
슬기로운 사람이 스스로 바르게 하는 것은
장인이 화살을 곧게 하는 것과 같다.

15 知足之人 體道同德 絶名除利 立我于無(『도덕지귀론』)

16 藏六: 육근六根을 감춘 것을 말한다.

◉ 항상 경외하는 마음을 가진 수행자가 되라.

如魚在旱地면 以離於深淵이니
心識極惶懼[17]이면 魔衆而奔馳[18]니라. (파: 34)

비유하면 물고기가 메마른 땅에 있으면
심연深淵을 벗어나 있음이니
심식心識이 매우 두려워하면
마중魔衆들은 달아나 버린다.

◉ 공空 도리만이 진리이다.

觀身如空甁하고 安心如丘城하라
以慧與魔戰하여 守勝勿復失하라. (파: 40)

몸이 빈 병과 같음을 관찰하고
마음이 언덕 위 성과 같으면 편안하다.
지혜로 악마와의 전투에서
승리하면 지켜 다시는 잃지 말라.

---

17 황구惶懼: 두려워함.

18 분치奔馳: 내달림. 질주함. 분주함.

12. 화향품華香品

華香品者는 明學當行이며
因華見實하여 使僞反眞이니라.

화향품은
배우면 당연히 행하여
꽃으로 인하여 열매가 맺는 것처럼
작위作爲한 것을 진실로 반전시켜야 함을 밝혔다.

☞ 大乘經但有一法印 謂諸法實相 名了義經 若無實相印 卽是魔說(『대지도론』)
대승경大乘經에는 다만 하나의 법인法印만 있어 제법실상諸法實相이라 하고 요의경了義經이라고도 한다. 만약 실상인實相印이 없다면 바로 마설魔說이다.

1) 선택은 자유이지만 옳은 것이 어떤 것인지 넌지시 제시한다.

孰能擇地하여 捨鑑[1]取天이리오
誰說法句하여 如擇善華하리라. (파: 44)

누구든지 살 곳을 선택하라고 하면
지옥을 버리고 천당을 택할 것이다.
누구에게나 법구法句를 말하여
선화善華를 선택하게 하련다.

2) 덕화德華, 즉 누구든지 성스러운 품격을 갖춘 사람이고자 한다.

學者擇地하여 捨鑑取天하며
善說[2]法句하여 能採德華이니라. (파: 45)

배우는 자에게 살 곳을 선택하라고 하면
지옥을 버리고 천당을 택할 것이다.
누구에게나 법구法句를 잘 설하여
덕화德華를 채취採取하게 한다.

---

1 감鑑: 염마閻魔의 세계이다. 『법집요송경』에는 지옥地獄이라고 되어 있다.
2 善說: 올바르게 설명하는 것.

3) 세간에 영원한 존재는 없다.

知世坏[3]喻면 幻法[4]忽有하고
斷魔華敷[5]면 不覩生死니라.

세상을 굽지 않은 질그릇에 비유하면
환법幻法으로 허깨비가 있었음을 알게 된다.
악마의 꽃이 피는 것을 잘라버리면
생사를 보지 않게 된다.

4) 불법은 수순법隨順法이다.

見身如沫이면 幻法自然이라
斷魔華敷면 不覩生死니라. (파: 46)

몸을 물거품과 같이 보면
환법은 자연스러운 것이다.
악마의 꽃이 피는 것을 잘라버리면
생사를 보지 않게 된다.

---

3 배坏: 굽기 이전에 도기陶器를 말한다.
4 幻法: 환상幻相으로 일어나는 현상.
5 화부華敷: 꽃 피우는 것.

5) 사람이 묘약을 채취하는 것과 같이 오롯한 의지로 산란散亂하지 말라. 졸음으로 인하여 수표(水標: 급히 흐르는 물)를 만나면 별안간 염라대왕에게 떨어지게 된다.[6]

身病則痿는 若華零落하고
死命來至는 如水湍驟니라.

몸이 병들어 쇠약해지는 것은
꽃이 시드는 것과 같다.
목숨이 죽음에 이르는 것은
물이 급류에 휘말리는 것과 같다.

6) 사람이 묘약을 채취하는 것과 같이 오롯한 의지로 산란하지 말라. 의욕意欲은 만족하지 못하면 항상 괴로움으로 곤궁困窮하게 된다.[7]

貪欲無厭이면 消散[8]人念이니
邪致之財는 爲自侵欺[9]니라.

만족하지 못하는 탐욕은

---

6 如人採妙藥 專意不散亂 因眠遇水漂 俄被死王降(『법집요송경』)
7 如人採妙藥 專意不散亂 欲意無厭足 常爲窮所困(『법집요송경』)
8 消散: 방일과 같은 의미이다.
9 침기侵欺: 배반하여 기만하는 것을 말한다.

생각을 소산消散하게 한다.

사악하게 재물을 가지려는 것은

스스로가 법을 어겨 기만하는 것이다.

7) 불교의 목적은 무엇인가? 곁가지에 신경 쓰면 득도得道하기 어렵다.

如蜂集華하여 不嬈色香하고

但取味去하여 仁入聚然이라. (파: 49)

꿀벌이 꽃에 모여드는 것처럼

색과 향을 희롱하지 않고

단지 맛을 취하는 것이니

어진 사람이 모여드는 것도 그러하다.

8) 매일 자기 행동에서 삼덕三德을 체현體現하려면 밤낮으로 공경하도록 노력하는 게 집안에 있어야 한다.[10]

不務觀彼에 作與不作하고

常自省身하여 知正不正하라. (파: 50)

다른 사람이 하고 안 하고를

---

10 日宣三德 夙夜浚明有家(『상서』)

관찰하는 데 힘쓰지 말고
항상 스스로 자신을 살펴
옳고 그른지를 알아라.

9) 청정한 수행 없는 깨달음은 없다.

如可意華가 色好無香하여
工語如是하며 不行無得이니라. (파: 51)

마치 마음에 있는 꽃이
색은 좋지만 향기가 없는 것과 같이
교묘한 말도 이와 같아
실천하지 않으면 결실을 얻지 못한다.

10) 언행일치는 수행자의 근본이다.

如可意華가 色美且香하여
工語有行이면 必得其福이니라. (파: 52)

마치 마음에 있는 꽃이
색도 아름답고 향기도 있는 것과 같이
교묘한 말에 실천이 있으면
반드시 복을 얻으리라.

11) 군자는 훌륭한 덕德을 준수하는데, 작은 일에서부터 쌓아 높고 위대한 경지에 오르게 된다.[11]

多作寶花면 結步搖[12]綺하고
廣積德者는 所生轉好[13]니라.

보배스런 꽃을 많이 엮으면
보요步搖가 아름다운 것처럼
널리 덕을 쌓은 사람은
태어나는 바가 좋게 전변轉變된다.

12) 군자의 처세는 사회를 유익하게 하는 게 귀중하지 고담현론高談玄論으로 우아한 영예를 누리려고 하지 않는다.[14]

奇草芳花도 不逆風[15]熏하고
近道敷開[16]는 德人[17]遍香이니라.

---

11 君子以順德 積小以高大(『주역』)

12 보요步搖: 주옥을 늘어뜨린 부녀자의 머리 장식품의 일종.

13 전호轉好: 좋아지는 것.

14 君子之處世 貴能有益於物耳 不圖高談虛論 左琴右書(『안씨가훈』)

15 逆風: 거슬러 부는 바람.

16 도부개道敷開: 도의 꽃이 만개滿開한 상태이다.

17 德人: 덕이 높은 사람.

기초奇草와 방화芳花도
바람을 거스르면 향기가 없다.
도를 가까이해 만개하면
덕 있는 사람의 향기가 다가온다.

13) 윤리는 인간 삶의 기본이다. 이를 인식하지 못한 사회는 항상 도탄에 빠져 허덕인다.

旃檀多香과 青蓮芳花가
雖曰是眞이라도 不如戒香이라네. (파: 55)

전단나무의 많은 향과
청련青蓮의 향기로운 꽃이
비록 모두 진귀하다 말하지만
계향戒香만 못하다.

14) 적선積善한 집안은 반드시 경사가 있고, 적선하지 않은 집안은 반드시 재앙이 따른다.[18]

華香氣微하며 不可謂眞이나
持戒之香은 到天殊勝[19]이니라. (파: 56)

---

18 積善之家必有餘慶, 積不善之家必有餘殃(『주역』)

19 수승殊勝: 남달리 뛰어난 것.

꽃의 향기는 미약하여
진귀하다고도 말할 수 없으나
지계의 향기는
하늘에 이르도록 수승하다.

15) 고상한 덕행을 견지하고, 사심이 없으면 하늘과 같은 경지에 이른다.[20]

戒具成就하면 行無放逸하라
定意度脫하여 長離魔道하라. (파: 57)

계율을 구족하게 성취하면서
수행에서 방일하지 않아야 한다.
선정의 의지로 도탈度脫하여
영원히 마도魔道를 벗어나리라.

16) 충심忠心으로 덕을 좋아하면 매일 새로워지고, 홀로 있으면서 덕을 즐기면 마음의 희열이 형색形色으로 드러난다.[21]

如作田溝에 近于大道라도
中生蓮華하여 香潔可意[22]니라. (파: 58)

---

20 秉德無私 參天地與(『초사』)

21 忠心好德 而日新之 獨居樂德 內悅於形(『설원』)

22 可意: 마음에 드는 곳.

밭에 도랑을 만듦에
큰 길 가까이 있더라도
거기에서 생기는 연화는
순결한 향을 품고 있다네.

17) 변견邊見을 없애고 정견正見을 받아들이는 수행자가 되어야 한다.

有生死然이라 凡夫處邊에
慧者樂出하여 爲佛弟子니라. (파: 59)

나고 죽음도 그러하여
범부는 변견邊見에 처하지만
슬기로운 사람은 기꺼이 출가하여
부처님 제자가 된다.

◉ 마음이 산란하면 아무것도 이룰 수 없다.

如有採華하려면 專意不散하라
村睡水漂하면 爲死所牽이니라. (파: 47)

비유하면 꽃을 따려고 하면
오롯한 의지로 산란하지 않아야 하는 것과 같다.

마을에서 자다가 홍수를 맞이하게 되면
죽음에 이르게 된다.

◉ 지족知足한 마음으로 정진하여야 한다.

如有採華하려면 專意不散하라
欲意無厭이면 爲窮所困니라. (파: 48)

비유하면 꽃을 따려고 하면
오롯한 의지로 산란하지 않아야 하는 것과 같다.
탐내는 마음을 싫어하지 않으면
곤궁하게 되리라.

◉ 남에게 베푼 것은 언제든지 받게 되어 있다.

多集衆妙華로 結鬘爲步瑤하나
有情積善根은 後世轉殊勝이니라. (파: 53)

매우 신묘한 꽃을 많이 채집하여
꽃다발 엮어 보요步搖로 하듯이
유정有情이 선을 쌓은 근본은
내세에 수승함으로 전변한다.

◉ 덕을 갖추면 외톨이가 되지 않고 반드시 이웃을 얻는다.[23]

花香不逆風하고 芙蓉栴檀香과
德香逆風薰은 德人徧聞香하니라. (파: 54)

꽃향기는 바람을 거스르지 않고
부용과 전단의 향도 그렇다.
덕의 향은 바람을 거슬러 풍기니
덕인德人은 향기 널리 퍼지게 된다.

23 德不孤 必有隣(『논어』)

13. 우암품愚闇品

愚闇品者는 將以開矇하여

故陳其態하여 欲使闚明[1]하리라

우암품은

장차 무지몽매함을 개시開示하려고

그 상황을 늘어놓아서

규명하게 하고자 한다.

☞ 衆生迷惑失正道 常行邪徑入暗宅

爲彼大燃正法燈 永作照明是其行(『화엄경』 13)

중생은 미혹하여 정도正道를 잃고

항상 삿된 길을 가며 암택暗宅으로 들어가네.

그것들을 태워버리려고 정법正法의 등불로

영원히 그 행동을 조명照明하리라.

---

1 규명闚明: 살펴서 밝힘.

1) 도로 보면 사물에는 귀천이 없고, 사물로 보면 자기는 귀하고 남은 천하며, 속세로 보면 귀천은 자기에게 있는 게 아니다.[2]

不寐夜長하고 疲惓道長하며
愚生死長이니 莫知正法이라. (파: 60)

잠 못 들면 밤은 길게 느껴지고
지치고 피곤하면 길이 멀다.
어리석으면 생사가 기나니
정법正法을 알지 못함이다.

2) 부모가 말하는 게 그렇다고 하고 실천하면 옳지만 세속에서는 불초자不肖子라고 말하고, 군주가 말하는 것을 그렇다고 하면서 실천하는 게 옳지만 세속에서는 불초신不肖臣이라 한다.[3]

癡意常冥하여 逝如流川이라
在一行彊하여 獨而無偶니라.

어리석은 마음은 항상 어둡고
천류川流와 같이 흘러간다.

---

2 以道觀之 物無貴賤 以物觀之 自貴而相賤 以俗觀之 貴賤不在己(『장자』)

3 親之所言而然 所行而善 則世俗謂之不肖子 君之所言而然 所行而善 則世俗謂之不肖臣(『장자』)

혼자 있으면서 굳세게 행하면
홀로 있으면서 짝이 없게 된다.

3) 어리석음을 원적怨賊으로 여겨라.

愚人着數[4]하여 憂慼久長이라
與愚居苦하여 於我猶怨이라.

어리석은 사람은 이것저것 헤아리다
근심과 슬픔이 오래간다.
어리석음과 함께하면 고통스러워
나에게는 원적怨賊과 같다.

4) 사사로운 집착을 멀리하라.

有子有財하면 愚惟汲汲[5]이나
我且非我이니 何憂子財하리오. (파: 62)

자식이 있고 재물이 있으면
어리석은 사람은 생각하는 게 급급하다.
나조차 내가 아닌데

---

4 착수着數: 어떤 것을 헤아림을 말한다.
5 급급汲汲: 근심스럽고 불안한 모양.

어찌 자식과 재물을 걱정하리오.

5) 일체에 있는 현상인 존재에 의하여 심법心法이 일어나므로 일체 존재는 연기법이다.[6]

暑當止此하고 寒當止此라
愚多務慮나 莫知來變[7]이니라.

더워서 여기에 머물고
추우니 여기에 머문다.
어리석은 사람은 많은 걱정을 하지만
미래의 이변을 알지 못하고 있다.

6) 우매하면서 우매한 것을 모르는 것은 부처 종자種子가 없음이다.

愚曚[8]愚極이나 自謂我智라
愚而勝智면 是謂極愚니라.

우매하여 어리석음의 극치인데
스스로 나는 지혜롭다 한다.

6 由緣現前 心法方起 故名塵爲緣起法(『華嚴經義海百門』)

7 變: 이변異變으로 죽음을 말한다.

8 愚曚: 우몽愚蒙과 같다.

어리석음이 지혜를 넘어선 것으로
이를 매우 우매하다고 한다.

7) 우치한 범부는 오취五趣에 표류하다가 잠시 인신人身을 얻었으나, 진리를 만나는 것은 눈먼 거북이 떠 있는 나무를 만나는 것처럼 매우 어렵다.[9]

頑闇[10]近智는 如瓢[11]斟味하여
雖久狎習[12]이라도 猶不知法이라.

매우 우치한 사람이 지혜에 가까워지는 것은
표주박으로 맛을 보는 것과 같아
비록 오래 가까이하여도
법을 알지 못하는 것과 같다.

8) 청정심을 항상 기억하고 생각하며 탐애하지 말라. 우치의 깊은 연못을 건너려면 거위가 마른 연못을 지키는 것 같이 하라.[13]

---

9 愚癡凡夫 漂流五趣 暫復人身 甚難于盲龜浮木(『잡아함경』)

10 완암頑闇: 도리道理를 전혀 알지 못하는 것.

11 표瓢: 표주박이다.

12 압습狎習: 가까이 다가가는 것을 말한다.

13 淨心常憶念 無所有貪愛 已度愚癡淵 如鵝守枯池(『법집요송경』)

開達[14]近智는 如舌嘗味로
雖須臾[15]習이라도 卽解道要니라.

개달開達한 사람이 지혜에 가까워지는 것은
혀로 음식을 맛보는 것과 같으니
비록 잠깐 동안 익힐지라도
도道의 요체를 이해하게 된다.

9) 지극한 말은 세속을 거역하고 진어眞語는 반드시 중론과 어긋난다.[16]

愚人施行은 爲身招患하고
快心[17]作惡하면 自致重殃이라. (파: 66)

어리석은 사람이 베푸는 행동은
자신에게 환난을 초래하고
흔쾌히 악을 저지르면
스스로 무거운 재앙에 이르게 된다.

---

14 開達: 마음을 열고 진리를 통달하고자 하는 것을 말한다.

15 수유須臾: 잠깐만이라도.

16 至言逆俗耳 眞語必違衆(『포박자』)

17 快心: 기쁘게 생각하며 하는 행동.

10) 숙업宿業까지 참회하는 게 수행이다.

行爲不善이면 退見悔悋[18]하며
致涕流面하여 報由宿習[19]이니라. (파: 67)

행위가 옳지 않았으면
물러나 후회하는 마음을 드러내며
얼굴에 눈물을 흘리니
숙습宿習에 연유한 과보이다.

11) 사람이 싫은 것으로 다그치면 좋은 것을 잃게 되고, 좋은 것으로만 달려가면 싫은 것을 잊게 되어 도가 아니다.[20]

行爲德善이면 進覩歡喜하고
應來受福이니 喜笑悅習하라. (파: 68)

덕과 선을 실천하면
나아가 즐겁고 기쁜 일 보게 되고
상응하여 오는 복을 받으니
기쁘게 웃고 즐겁게 수습修習하여라.

---

18 회린悔悋: 후회하는 마음.

19 宿習: 전생에 훈습薰習한 업을 말한다.

20 人迫於惡 則失其所好 怵於好 則忘其所惡 非道也(『관자』)

12) 그릇된 것에 물들지 않는 인생은 숭고하다.

過罪[21]未熟이면 愚以恬惔[22]이나

至其熟處하면 自受大罪니라. (파: 69)

죄가 순숙醇熟해지지 않으면

어리석은 사람은 그저 담담하다가

죄가 순숙해지면

스스로 큰 죄를 받게 된다.

13) 어리석음은 바로 미망의 노예이니 전도된 삶이지만, 어떤 결과에 이르러 후회할 때가 되면 진리를 눈뜨게 된다.

愚所望處를 不謂適苦[23]라하나

臨墮厄地[24]하야 乃知不善이라네.

어리석은 사람은 바라는 곳을

괴로운 곳이라고 말하지 않으려 하나

재앙이 있는 곳에 이르러서야

---

21 過罪: 허물과 죄罪, 과실過失이다.

22 염담恬惔: 욕심이 없고 마음이 담담함.

23 적고適苦: 괴로운 곳.

24 액지厄地: 재앙이 있는 장소와 경우.

그른 것이었음을 안다.

14) 매우 무지한 사람은 부처도 어쩔 도리가 없다.

愚惷[25]作惡하여 不能自解하며
殃追自焚하여 罪成熾燃[26]이라.

어리석고 우매한 사람은 악을 지어도
스스로는 깨달을 수가 없어
재앙이 따르며 스스로 태우니
죄가 불처럼 활활 타오르게 된다.

15) 어리석은 사람이 미식을 좋아하다가 끝내 빠져나오지 못한다.

愚好美食하며 月月滋甚이며
於十六分도 未一思法이니라.

어리석으면 미식을 좋아하여
다달이 자양하는 게 심하며
1/16에서
하나라도 법을 생각하지 않는다.

---

25 우창愚惷: 매우 어리석은 것을 말한다.
26 치연熾燃: 불이 활활 타오르는 것을 말한다.

16) 어리석음으로 일어나는 과보는 지혜로 벗어나야 한다.

愚生念慮[27]하면 至終無利이니
自招刀杖[28]하여 報有印章[29]이니라. (파: 72)

어리석은 사람이 일으키는 생각은
끝에 가면 이로움이 없다.
스스로 형벌을 초래하여
그 과보로 인장만이 있을 뿐이다.

17) 어리석어도 무기지無記智에 떨어지지 않아야 한다.

觀處知其愚하나니 不施而廣求하며
所墮無道智하며 往往有惡行하나니

사는 것 관찰하여 그 어리석음을 아나니
베풀지 않으면서 많은 것을 구한다.
도와 지혜가 없는 곳에 떨어져
가끔씩 악행을 저지른다.

---

27 念慮: 생각함. 고려考慮함.

28 刀杖: 형벌.

29 印章: 행위와 그 과보. 도장의 흔적.

18) 사람의 감정은 눈으로는 색色을 보려고 하고, 귀로는 소리를 들으려 하며, 입으로는 맛을 살피려 하고, 지기志氣로는 욕망을 채우려고 한다.[30]

遠道近欲者는 爲食在學名이네
貪猗家居故로 多取供異姓하네.

도는 멀고 욕망이 가까운 사람은
먹을 것을 위해서 배움과 명예가 존재한다.
부드러운 집에 거주하는 것을 탐하는 까닭에
많이 취하여 다른 성을 가진 사람에게 공급한다.

19) 무소의 뿔처럼 묵묵히 깨달음의 길을 걸어가라.

學莫墮三望[31]하여 莫作家沙門하라
貪家違聖教하여 爲後自匱乏[32]하라
此行與愚同하면 但令欲慢增이리라.

배우면서 세 가지 욕망에 떨어지지 않고

---

30 人之情 目欲視色 耳欲聽聲 口欲察味 志氣欲盈(『장자』)

31 三望: 탐진치의 다른 이름이다. 秦本에는 二望인데, 고려대장경에 의거 三望으로 하였다.

32 궤핍匱乏: 부족함. 물자가 모자람. 모자라는 사람.

가정과 사문을 함께 이루지 말라.
가정을 탐내면 성교聖敎에 어긋나고
후에 저절로 궤핍匱乏하게 된다.
이런 행위는 어리석음과 같아
단지 욕망과 교만만 늘게 할 뿐이다.

20) 진정한 출가자는 애욕과 세습도 저버리고 생사에 끌려다니지 않는다.

利求之願異하고 求道意亦異니라
是以有識者는 出爲佛弟子니라
棄愛捨世習하고 終不墮生死니라.

이익을 구하는 소원이 다르고
구도求道의 의지 또한 다르다.
그러므로 의식 있는 사람은
출가하여 부처의 제자가 된다.
애욕을 버리고 세습世習도 버려
끝내 생사의 바다에 떨어지지 말라.

◉ 어리석으면서도 어리석음을 인정하지 않으면 큰 죄악이다.

愚者自稱愚하면 常知善黠慧[33]이며

愚人自稱智하면 是謂愚中甚이니라. (파: 63)

어리석은 사람이 스스로 어리석다 하는 것은
항상 바르고 영리하고 지혜롭게 알고 있음이다.
어리석은 사람이 스스로 지혜롭다 하는 것은
어리석은 속에서도 매우 어리석음이라고 한다.

◉ 자기가 느끼고 깨닫는 것만이 귀중하다.

愚人盡形壽하며 承事明智人하여도
亦不知眞法이면 如杓[34]酒酌[35]食이니라. (파: 64)

어리석은 사람이 삶을 다하도록
훌륭한 사람을 모시고 따라도
진리를 알지 못하는 것은
이는 국자가 술을 따르며 먹는 것 같다.

◉ 진리는 잠깐 동안이라도 느끼는 게 중요하다.

智者須臾間이라도 承事[36]賢聖人하여

---

33 힐혜黠慧: 교활하게 지혜로움.

34 표杓: 국자이다.

35 주작酒酌: 술을 따르는 것.

一一知眞法하면 如舌了衆味이니라. (파: 65)

슬기로운 사람은 잠시 동안이라도
성현을 공경하고 섬기며
낱낱의 진리를 아는 것은
혀가 여러 맛을 아는 것과 같다.

◉ 음식에서 진미眞味를 알지 못하면 의미가 없다.

從月至於月에 愚者用飮食하네
彼不信於佛이면 十六不獲一이니라. (파: 70)

다달이
어리석은 사람은 음식을 장만하는 데 힘쓰지만
부처를 믿지 않는다면
1/16도 획득하지 못한다.

◉ 어리석으면 항상 오욕五慾만 구한다.

愚人食利養하며 求望名譽稱하네
在家自興嫉하며 常求他供養하네. (파: 73)

---

36 承事: 공경하며 섬김.

어리석은 사람은 이양利養하려고 먹으며
명예와 칭찬을 갈구하여 바라고 있다.
집에서는 스스로 미움만 일으키며
항상 다른 사람의 공양을 구하려 한다.

◉ 욕망은 끝을 모르고 치닫는다.

勿猗此養하니 爲家捨罪이며
此非至意이면 用用何益이리오
愚爲愚計하니 欲慢用增이니라. (파: 74)

이 이양에 의지하지도 말고
집을 위해 죄 지음 버리며
이것이 지극한 마음이 아니면
필요에 따라 쓰니 어떤 이득이 있을까?
어리석으면 어리석은 계략만 일으키니
탐욕과 교만은 나날이 더해진다.

◉ 수행에 도움이 되지 않는 것 모두 버려라.

異哉失利와 泥洹不同이니
諦知是者는 比丘佛子여
不樂利養하여 閑居却意하라. (파: 75)

기이하구나! 이양을 상실하는 것과
니원泥洹은 같지 않나니
이와 같음을 상세히 아는 자는
비구와 불자로다.
이양을 즐기지 말고
한거하면서 그런 생각마저 그쳐라.

14. 명철품明哲品

明哲品者는 學智行者가
修福進道하며 法爲明鏡이니라.

명철품은
지혜롭게 수행하는 것을 배워
복을 닦고 도에 나아가게 하며
법法을 명경明鏡으로 삼아야 한다.

☞ 若得善巧方便門 離諸八難超彼岸
是故安心勿憂懼 應當懇念大慈尊(『심지관경』)
선교한 방편 법문을 얻게 되면
팔난八難을 저버리고 피안으로 나아가니
그러므로 안심하며 걱정하거나 두려워하지 말고
당연히 간곡히 대자존大慈尊이신 분을 생각하라.

1) 선악을 분명하게 아는 게 수행자의 근본이다.

深觀善惡하면 心知畏忌[1]하고
畏而不犯이면 終吉無憂니라. (파: 76)

깊이 선악을 관찰하면
마음으로 외기畏忌할 것을 알게 된다.
두려워하여 범하지 않으면
마침내 길吉하여 걱정이 없다.

2) 선악을 분명하게 인식하고 선善을 신봉하는 수행자가 되라.

故世有福이니 念思紹行[2]하며
善致其願하면 福祿[3]轉勝이라. (파: 77)

세상에는 복이 있으니
삼가하고 생각하여 이어받아 수행하며
옳게 그 원함을 이루어야만
복록福祿이 더욱 수승해진다.

---

1 외기畏忌: 조심하며 삼가는 것을 말한다.
2 소행紹行: 계승할 수행.
3 복록福祿: 행복. 복되고 영화로운 삶.

3) 도道와 상통相通하고 덕德과 상합相合하며, 예의도 없애고 예악도 포기한 성인의 마음은 정허靜虛하고 안정하다.[4]

信善作福하고 積行不厭하라
信知陰德[5]이면 久而必彰하니라.

선을 믿고 복을 지으며
수행을 쌓으면서 만족하지 않는다.
음덕陰德을 믿고 알아
오래되면 반드시 창연彰然하리라.

4) 불의不義는 벗과 연관되어 있다.

常避無義하고 不親愚人하며
思從賢友하고 押附[6]上士[7]하라. (파: 78)

항상 불의不義를 피하고
어리석은 사람과 벗하지 말라.
어진 벗을 따르기를 생각하며

---

4 通乎道 合乎德 退仁義 賓禮樂 聖人之心有所定矣(『장자』)

5 陰德: 드러나지 않은 덕.

6 押附: 압부狎附로 지나칠 정도로 가까워지는 것을 말한다.

7 上士: 덕德이 있고 현명한 사람. 스승.

덕이 있고 현명한 사람과 더욱 가까이하라.

5) 군자는 사람 사랑하기를 덕으로 하고, 소인은 사람 사랑하기를 임시변통으로 할 뿐이다.[8]

喜法臥安하니 心悅意淸이라
聖人演法하니 慧常樂行이니라. (파: 79)

진리를 좋아하면 누운 듯 편안하니
마음은 즐겁고 뜻은 맑아진다.
성인이 진리를 펼치니
지혜로운 사람은 항상 즐기며 수행한다.

6) 즐거이 계율을 지키며 법행法行을 배우면 어찌 반려자가 필요하리요. 용이 깊은 연못을 좋아하는 것과 같고, 코끼리가 광야에서 즐거이 뛰노는 것과 같다.[9]

仁人智者는 齋戒奉道하며
如星中月하여 照明[10]世間이니라.

---

8 君子之愛人也以德 細人之愛人也以姑息(『예기』)

9 樂戒學法行 奚用伴侶爲 如龍好深淵 如象樂曠野(『법집요송경』)

10 照明: 세상을 밝히는 것.

어진 사람과 지혜로운 사람은
재계齋戒하면서 도를 받들어
별 가운데 달과 같이
세간을 밝게 비춘다.

7) 될 수 있으면 남들보다 더 현명해져라. 그러나 그 일을 남에게 말하지 말라.[11]

弓工調角하고 水人調船하며
材匠調木함은 智者調身이라. (파: 80)

활을 만드는 사람이 뿔을 조절하고
뱃사공이 배를 조어하고
목수가 나무를 조절하듯이
지혜로운 사람은 자신을 조어한다.

8) 언설言說이 많아 실천하지 못할 것 같으면 나는 말하지 않고 다만 마음으로 보리菩提를 실천할 뿐이다.[12]

譬如厚石은 風不能移하듯
智者意重하니 毁譽[13]不傾니라. (파: 81)

---

11 Be wiser than other pople if you can, but do not tell them so.(Earl of Chesterfield)

12 言說多不行 我不以言說 但心行菩提(『마하지관』)

비유하면 두터운 돌은
바람이 움직이지 못하듯이
지혜로운 사람은 마음이 진중하여
비방과 칭찬에도 흔들리지 않는다.

9) 수행자의 마음은 심연深淵과 같아야 한다.

譬如深淵이 澄靜淸明하여
慧人聞道면 心淨歡然이니라. (파: 82)

비유하면 깊은 연못은
맑고 고요하며 깨끗하고 밝듯이
지혜로운 사람은 도를 들으면
마음이 청정하고 기쁠 뿐이다.

10) 오만하고 아는 체하며 독선적인 것은 젊은 지성을 지도하는 것을 직업으로 삼는 사람들의 병폐이다.[14]

大人體無欲이면 在所照然明이라

---

13 毁譽: 비장과 칭찬.

14 Arrogance, pedantry, and dogmatism are the occupational disease of those who spend their lives directing the intellects of the young.(Henry Seidel Canby: Aima Mater.)

雖或遭苦樂이라도 不高現其智하니라. (파: 83)

대인大人이 탐욕 없음을 체득하면
있는 곳마다 밝고 밝게 비춘다.
비록 혹 괴로움이나 즐거움을 만나더라도
그 지혜를 높이 드러내지 않는다.

11) 수행자는 계혜戒慧·정혜定慧·혜혜慧慧를 실천할 뿐이다.

大賢無世事하고 不願子財國하며
常守戒慧道하며 不貪邪富貴니라. (파: 84)

대현大賢은 세상사에 무관심하여
자식·재물·나라를 원하지 않는다.
항상 계戒·혜慧·도道를 준수하며
삿된 부귀를 탐내지 않는다.

12) 친척은 운명이 선택하지만 친구는 자신이 선택한다.[15]

智人知動搖는 譬如沙中樹라
朋友志未強이면 隨色染其素니라.

---

15 Fate chooses your relations, you choose your friends.(Abbe Jacques Delille; Matheur et pitie.)

지혜로운 사람은 동요하는 것을 아니
비유하면 모래에 심은 나무와 같다.
친구가 의지가 강하지 않으면
색色에 따라 그 본성을 물들인다.

13) 번뇌에 허덕이며 종지宗旨를 잃고 사는 사람만 있을 뿐 차분히 준비하며 해탈하려는 사람은 드물다.

世皆沒淵하면 鮮尅度岸이니라
如或有人하여도 欲度必奔이니라. (파: 85)

세상 사람들 모두 연못에 매몰되어
피안에 이른 사람이 매우 드물다.
간혹 그런 사람이 있다고 하여도
건너려고 하지만 분주할 뿐이다.

14) 수행자는 올바른 가르침으로 수행하는 게 지름길임을 알아야 한다.

誠貪道者는 覽受[16]正教하며
此近彼岸하여 脫死爲上이니라. (파: 86)

---

16 남수覽受: 살펴보고 받아들이는 것을 말한다.

진실로 도를 갈구하는 사람은
바른 가르침을 살펴 받아들여야 하며
이에 피안에 가까워져서
생사를 도탈하여 최상이 된다.

15) 신구의身口意 업이 청정하면 부처님이 출세出世함이고, 신구의 업이 청정하지 않으면 부처님이 멸도滅度하였다고 한다.[17]

斷五陰法[18]하면 靜思智慧니라
不反入淵하여 棄猗其明이니라. (파: 87)

오온법五蘊法을 끊으면
고요히 지혜롭게 생각하게 된다.
돌이켜 번뇌의 연못에 들어가지 말고
의존하는 것도 벗어나야 명철해진다.

16) 진여眞如와 범성凡聖 모두가 허황한 말이고 부처와 열반도 덧붙인 말이다. 선덕禪德은 스스로 살폈지, 다른 사람이 대신하지 않았다.[19]

抑制情欲하면 絕樂無爲[20]하며

---

17 身口意清淨是名佛出世 身口意不淨 是名佛滅度(『혜남선사 어록』)

18 五陰法: 오온법五蘊法을 말한다.

19 眞如凡聖 皆是夢言 佛及涅槃 幷爲增語 禪德直須自看 無人替代(『오등회원』)

能自拯濟[21]면 使意爲慧니라. (파: 88)

정욕을 억눌러 억제하면
무위無爲의 절대적인 즐거움이다.
스스로를 구제할 수 있으면
마음이 지혜롭게 한 것이다.

17) 수행의 단계를 드러내는 말이고, 마지막에 현세에서의 깨달음의 즐거움, 즉 열반의 가치를 드러낸다.

學取正智하고 意惟正道하여
一心受諦하며 不起爲樂하면
漏盡習除하여 是得度世니라. (파: 89)

배워서 바른 지혜를 얻고
마음은 정도正道를 생각하여
오롯한 마음으로 진리를 받아들이고
욕락(欲樂: 情欲)을 일으키지 않으면
번뇌가 다하고 숙습宿習까지도 없어져
세간을 도탈하였다 한다.

---

20 無爲: 자연적인 것으로 인공人工이 가해지지 않은 것을 말한다. 불교에서는 생멸과 변화가 없는 것을 말한다.

21 증제拯濟: 구제救濟함.

◉ 덕행德行에 대한 유일한 보수는 덕이며, 친구를 얻는 유일한 방법은 친구가 되어 주는 일이다.[22]

晝夜常精勤하고 牢持[23]於禁戒하라
爲善友所敬이면 惡友所不念이니라. (파: 77)

밤낮으로 항상 정근하며
금계를 굳게 지켜야 한다.
선우善友이면 존경을 받고
악우惡友이면 생각지도 않으려 한다.

---

22 The only reward of virtue is virtue; the only way to have a friend is to be one.(Ralph Waldo Emerson; Essays.)

23 뇌지牢持: 굳게 지키는 것.

15. 나한품羅漢品

羅漢[1]品者는 言眞人性이

脫欲無着[2]하여 心不渝變[3]이란다.

나한품은

진리를 깨달은 이의 성품을 말한다.

욕락을 벗어나고 염착하지도 않아서

마음이 변하지 않는다.

☞ 若欲成就眞智慧 親近菩薩及如來

樂聞出世妙理門 修達三明[4]斷二障(『심지관경』)

진실한 지혜를 성취하기 바라고

보살과 여래를 친근하며

출세出世하는 미묘한 이치 법문을 듣고

수행하여 삼명三明을 통달하여 두 가지 장애를 끊으련다.

1 羅漢: 성문승聲聞乘에서 최고의 지위로 살적殺賊, 무생無生, 응공應供의 뜻이 있다.

2 무착無着: 욕락欲樂이 없음을 말한다.

3 불투변不渝變: 변하지 않고 일정한 것을 말한다.

4 三明: 숙명통宿命通, 천안통天眼通, 누진통漏盡通을 말한다.

1) 시원해짐은 번뇌에서의 해방이다. 번뇌는 항상 열기를 품고 있다.

去離憂患[5]하고 脫於一切하라
縛結[6]已解하면 冷而無煖이니라. (파: 90)

우환憂患을 버리고
일체에서 벗어나라.
속박에서 해방되면
시원하여 따뜻한 기운이 없다.

2) 번뇌는 나쁜 갈고랑이, 사람을 견인牽引하여 자유롭지 않게 하며, 지옥의 병졸과 같아 사람을 탕화湯火에 집어던지는 것과 같다.[7]

心淨得念하면 無所貪樂[8]하고
已度癡淵이니 如鴈棄池니라. (파: 91)

마음이 청정하게 생각을 하면
탐욕과 욕락欲樂이 없고
이미 어리석음의 심연을 건넜음이니

---

5 우환憂患: 괴로움과 환난. 걱정 근심.
6 박결縛結: 속박.
7 心淨得念 無所貪樂 已度癡淵 如鴈棄池(『보리행경』)
8 貪樂: 탐욕과 욕락欲樂.

기러기가 연못을 떠난 것과 같다.

3) 일체 인연이 일어나게 하는 법성法性은 공적空寂하므로 이 가르침을 내가 말하기를 법신法身이라 한다. 만약 중생들이 이와 같은 인연의 의미를 요해了解하면 당연히 이런 사람은 부처를 보게 된다.[9]

量腹而食하면 無所藏積[10]하고
心空無想[11]이니 度衆行地[12]니라
如空中鳥가 遠逝無礙니라.

음식 먹는 배를 생각하면
감추고 쌓아둘 게 없고
마음이 공空하면 무상無相하여
여러 경지를 도탈度脫한다.
이는 허공의 새가
걸림 없이 멀리 나는 것과 같다.

---

9 一切因緣及所生法性空寂故 是教我說名爲法身 若有衆生解了如是因緣之義 當知是人卽爲見佛(『조탑공덕경』)

10 장적藏積: 감추어 쌓아두는 것을 말한다.

11 無想: 무상無相이면 더 정확하다.

12 行地: 경지境地로 한다.

4) 이 세상에 잠시 소풍 왔다 가는 것이라 느끼는 게 쉬운가?

世間習[13]盡하면 不復仰食이니
虛心無患이면 已到脫處[14]니
譬如飛鳥는 暫下輒逝니라.

세간의 습기習氣가 다하면
다시는 존앙尊仰하여 추구하지 않으니
허심虛心으로 근심이 없으면
이미 해탈한 곳에 이르렀음이니
비유하면 날아가던 새가
잠시 쉬었다가 갑자기 날아가는 것과 같다.

5) 이성적인 사람이 되어라.

制根[15]從止는 如馬調御니라
捨憍慢習이면 爲天所敬이니라. (파: 94)

모든 근根을 제어하면 그치는 것이
말을 조어하는 것과 같다.

---

13 習: 습기習氣로 한다.
14 脫處: 해탈의 경지.
15 根: 감각기관을 의미한다.

교만한 습기를 버리면
하늘도 공경하리라.

6) 비유하면 사람이 강을 건너는 것과 같아, 뗏목을 묶은 게 매우 견고해야 하고, 건너고 안 건너고를 말하자면 총명과 예지를 갖춘 사람만이 건널 수 있다고 말한다.[16]

不怒如地하고 不動如山하라
眞人無垢로 生死世絕이라. (파: 95)

대지와 같이 성내지 말고
산처럼 움직이지 말라.
진인眞人은 번뇌가 없어
생사가 있는 세상과 끊어졌다.

7) 세간에 애착하여 생각할 게 없으면 우고憂苦가 다하여 애써 생각할 것도 없다. 일체 우고憂苦가 소멸하여 다하는 것은 연꽃에 물이 묻지 않는 것과 같다.[17]

心已休息하면 言行亦止이니라
從正解脫이면 寂然[18]歸滅[19]이니라. (파: 96)

---

16 猶如人度河 縛筏而牢固 彼謂度不度 聰叡乃謂度(『법집요송경』)

17 若無世間愛念者 則無憂苦塵勞思 一切憂苦消滅盡 猶如蓮華不着水(『잡아함경』)

마음이 휴식하면
언행도 휴지休止하게 된다.
바르게 해탈을 따르면
적연하여 열반에 귀의한다.

8) 애욕과 탐진치, 이외의 욕망 모두 없어지면 적멸의 상태이다. 이를 증득한 사람이 부처이다.

棄欲無着하고 缺[20]三界障하라
望意已絕이면 是謂上人[21]이니라. (파: 97)

애욕을 버리고 염착하지 말고
삼계의 장애도 없애버려라.
욕망의 마음까지 끊어지면
상인上人이라고 말한다.

9) 아라한은 모두에게 도움을 주는 자비심을 실천한다.

在聚若野이나 平地高岸[22]이고

---

18 寂然: 마음이 징청澄淸하여 번뇌가 없어진 상태.
19 滅: 적멸寂滅로 열반涅槃을 뜻한다.
20 결缺: 폐廢로 새긴다.
21 上人: 성인聖人으로, 여기서는 부처를 말한다.

應眞[23]所過에 莫不蒙[24]祐니라. (파: 98)

취락에서나 숲에서나
평지에서나 고원에서나
아라한이 지나간 곳은
도움을 받지 않은 이 없다.

10) 일체 애욕을 끊고 오로지 부처님이 되었으니, 이에 다시 더러운 번뇌를 일으키지 않으련다.

彼樂空閑[25]하니 衆人不能이라
快哉無望[26]하며 無所欲求니라. (파: 99)

아라한들은 조용한 것을 즐기지만
여러 사람들은 그렇지 않구나.
상쾌하다네! 애욕이 없고
무엇을 얻고자 하는 게 없으니.

---

22 高岸: 높은 곳이라는 의미이다.
23 應眞: 아라한을 말한다.
24 몽蒙: '도움을 받다'로 새긴다.
25 空閑: 조용한 상태.
26 無望: 애욕을 구하는 게 없음을 말한다.

◉ 무상無相을 발원하며 수행하는 게 해탈의 길이다.

若人無所依하고 知彼所貴食하며
空及無相願하며 思惟以爲行이며
鳥飛虛空하면 而無足跡이라
如彼行人은 言說無趣니라. (파: 92)

만약 사람이 의지할 것이 없고
상대방을 음식과 같이 귀한 줄 알고
공과 무상을 원하여
오롯한 생각으로 수행하며
새가 허공을 나는 것과 같이 하면
족적이 없음이라.
저와 같이 행하는 사람은
언설에 취함이 없다.

◉ 선정禪定에 의하여 무념無念·무상無相·무념無念이 성취된다.

如鳥飛虛空하면 而無有所礙니라
彼人獲無漏하다면 空無相願定이라. (파: 93)

새가 허공을 날면

걸리는 게 있을 수가 없는 것처럼

사람들이 무루無漏를 얻으면

공空과 무상無相으로 선정禪定에 들어갈 것이다.

16. 술천품述千品

述千品者는 示學者徑이지만

多而不要이니 不如約明이니라.

술천품은

배우는 이에게 길을 보이지만

많은 것이 필요치 않으니

간단명료한 것만 못하다.

☞ 菩薩求佛道 應當學一切法 得一切智慧 所謂聲聞 辟支佛 佛智慧(『대지도론』)

보살이 불도佛道를 구하려면 당연히 일체법을 배워 일체 지혜를 획득해야만 한다. 말하자면 성문법聲聞法과 벽지불법辟支佛法과 불지혜佛智慧이다.

1) 종지宗旨를 모르는 수행은 사상누각일 뿐이다.

雖誦千言이라도 句義不正이면

不如一要를 聞可滅意[1]니라. (파: 100)

비록 천 마디 말을 외워도

구절의 의미가 바르지 않으면

하나의 요점을 듣고

멸의滅意를 이해하는 것만 못하다.

2) 비록 백 가지 게송을 말하여도 분명하지 않으면 어떤 이익이 있으리오!
하나의 뜻을 이해하고 개시開示하여 지식止息을 얻는 것만 못하다.[2]

雖誦千言하나 不義何益이리오

不如一義라도 聞行可度니라. (파: 101)

비록 천 마디 말을 외워도

깨닫지 못하면 어찌 이로울 것인가?

하나의 뜻을 듣고 수행하여

도탈度脫하는 것만 못하다.

---

1 滅意: 적멸寂滅의 의미.

2 雖說百伽陀 不明有何益 不如解一義 開乃得止息(『법집요송경』)

3) 어느 정도 인생 경험이 쌓여지지 않으면 책을 이해할 수 없다. 어찌 되었든 깊이 있는 내용의 책이면 적어도 그 내용의 일부를 모두 경험하기까지는 누구든지 이해한다고 할 수 없다.[3]

雖多誦經하나 不解何益이리오
解一法句라도 行可得道니라. (파: 102)

비록 많은 경을 외운다 해도
깨닫지 못하면 소용이 없다.
한 법구法句만이라도 깨달아
수행하면 득도할 수 있다.

4) 우리의 삶은 번뇌와의 전쟁이며 나와의 전투이다. 여기서 이기는 사람은 부처이고 지는 사람은 범부이다.

千千[4]爲敵하여 一夫勝之라도
未若自勝하여야 爲戰中上이니라. (파: 103)

백만 대군을 적으로 하여

---

3 Men do not understand books until they have had a certain they have had a certain amount of life, or at any rate no man understands a deep book, until he has seen and lived at least part of contents.(Ezra Loomis Pound)

4 千千: 1백만을 말한다.

한 장부가 이겼다 해도
자신과의 전투에서 이기는 것만 못하니
이것이 전투에서 제일 위대한 승리이다.

5) 굳은 의지로 자신을 다스리며 끝까지 이기는 사람이 대웅大雄이다.

自勝最賢하니 故曰人雄[5]이라
護意調身[6]하며 自損至終이라. (파: 104)

스스로를 이기는 게 제일 현명하니
그러므로 대웅大雄이라 일컫는다.
뜻을 지키고 몸을 조어하며
스스로 줄이되 끝까지 하라.

6) 자기를 이기는 사람이 부처이다. 그리고 그대도 그렇게 할 수 있으나 그렇게 하지 않고 있을 뿐이다.

雖曰尊天이나 神魔梵釋[7]이라도
皆莫能勝이 自勝之人이라. (파: 105)

---

5 人雄: 부처를 말한다.

6 調身: 몸을 다스리는 것이다.

7 마범석魔梵釋: 마魔는 Mara이고, 범梵은 Brahmā이며, 석釋은 제석천으로 Śakra 이다.

비록 하늘의 존귀한 이나
천신·마왕·범천·제석이라 하여도
모두 이길 수 없는 사람이
스스로를 이긴 사람이다.

7) 한 구절의 의의意義를 성취하려고 슬기로운 사람은 수학修學을 하고 어리석은 사람은 멀리 저버리는데, 부처님이 설한 것이 진리이다.[8]

月千反祠하며 終身不輟이라도
不如須臾라도 一心念法이라
一念道福이 勝彼終身이니라. (파: 106)

달마다 반복하여 제사 지내기를
종신토록 그치지 않아도
잠시 동안이라도
오롯한 마음으로 법을 생각한 것만 못하다.
한순간이라도 도를 생각한 복은
종신토록 제사 지낸 복보다 수승하다.

8) 인생의 올바른 의의를 아는 게 중요하다.

雖終百歲하여 奉事火祠라도

---

8 一句義成就 智者所修學 愚者好遠離 眞佛之所說(『법집요송경』)

不如須臾라도 供養三尊[9]이니라
一供養福은 勝彼百年이니라. (파: 107)

비록 백 세를 다하도록
불에 제사지내며 받들어 섬기더라도
잠시 동안이나마
삼존에 공양한 것만 못하다.
한 번이라도 공양한 복이
백 년 지낸 저 제사보다 수승하다.

9) 현자를 대접하는 게 신에게 제사지내는 것보다 낫다.

祭神以求福하고 從後觀其報나
四分未望一이니 不如禮賢者니라. (파: 108)

신에게 제사지내며 복을 구하고
후에 따라올 복보福報를 살펴보지만
1/4도 기대에 미치지 못하니
어진 사람에게 예를 갖추는 것보다 못하다.

---

9 三尊: 불법승佛法僧을 말한다.

10) 슬기로운 사람이 하는 것은 백성들의 소망에 따라 움직이므로 그 법도를 어기지 않는다.[10]

能善行禮節[11]하여 常敬長老者는
四福[12]自然增하나니 色力壽而安이니라. (파: 109)

올바르게 예절을 실천하고
항상 장로를 공경하는 사람은
네 가지 복이 저절로 늘어나서
색色·역力·수壽·안安을 이룬다.

11) 도덕관념이 없는 인생은 허무하다.

若人壽百歲라도 遠正不持戒면
不如生一日이나 守戒正意禪이니라. (파: 110)

만약 사람이 백세를 살아도
정의正義를 멀리하고 지계하지 않으면
하루를 살아도 계를 지키고
바른 의지로 선정禪定하는 것만 못하다.

---

10 知者之爲 故動以百姓 不違其度(『장자』)

11 禮節: 예의禮儀와 절도節度.

12 四福: 네 가지의 행복. 즉 용자容姿, 능력能力, 수명壽命, 안녕安寧.

12) 하루를 살아도 올바르게 살아야 한다.

若人壽百歲라도 邪僞無有智면
不如生一日이나 一心學正智니라. (파: 111)

만약 사람이 백세를 살더라도
삿되고 거짓되며 지혜롭지 않으면
하루를 살아도 오롯한 마음으로
올바른 지혜를 배우는 것만 못하다.

13) 헛되이 시간을 보내지 말라.

若人壽百歲라도 懈怠不精進이면
不如生一日이나 勉力行精進이니라. (파: 112)

만약 사람이 백세를 살더라도
해태懈怠하고 정진하지 않으면
하루를 살아도 부지런히 노력하고
행하여 정진함만 못하다.

14) 자연을 관조觀照하라. 그러면 진리의 미묘함을 알게 된다.

若人壽百歲라도 不知成敗[13]事면

不如生一日이나 見微知所忌니라. (파: 113)

만약 사람이 백세를 살더라도
성공하고 실패하는 일을 알지 못하면
하루를 살더라도 기미를 보고
꺼릴 것을 아는 것만 못하다.

15) 맛을 보아야 진정한 맛을 알게 되듯 철저한 수행만이 깨달음에 이른다.

若人壽百歲라도 不見甘露道면
不如生一日이나 服行[14]甘露味니라. (파: 114)

만약 사람이 백세를 살더라도
감로의 도를 보지 못하면
하루를 살더라도
감로의 도를 맛보는 것만 못하다.

16) 목적 없는 삶은 의미가 없다.

若人壽百歲라도 不知大道義면

---

13 成敗: 성공과 실패.

14 服行: 먹는 것을 말하니, 즉 복용함이다.

不如生一日이나 學推佛法要니라. (파: 115)

만약 사람이 백세를 살아도
대도의 뜻을 알지 못한다면
하루를 살더라도 불법의 요체를
배우고 추구하느니만 못하다.

17. 악행품惡行品

惡行品者는 感切惡人이
動有罪報하여 不行無患이니라.

악행품은
악인을 통절하게 느껴야 함이니
움직이면 죄의 과보가 있고
행하지 않으면 근심이 없다.

☞ 有四法 俗人在家得現法安樂 何等爲四 謂方便具足 守護具足 善知識具足 正命具足(『잡아함경』)
네 가지 법이 있으니, 속인이 재가에 있으면서 법에서 안락을 얻는 것인데, 어떻게 넷이냐 하면, 방편을 구족해야 하고, 수호를 구족해야 하며, 선지식을 구족해야 하고, 정명正命을 구족해야 한다.

1) 옳은 것을 향하는 무리는 적고 그른 것을 향하는 무리는 많다. 여실하게 이를 아는 사람은 빨리 원적圓寂을 구해야 한다.[1]

見善不從이면 反隨惡心하고
求福不正이면 反樂邪婬이라. (파: 116)

옳은 일을 보고 따르지 않으면
도리어 그릇된 마음 따르게 되고
복을 구하면서 올바르지 않으면
도리어 사음邪淫을 즐기게 된다.

2) 모든 행동은 염착染著하는 게 원칙이니, 악하면 악에 염착하고 착하면 착함에 염착한다.

凡人爲惡이라도 不能自覺이라
愚癡快意면 令後鬱[2]毒이라. (파: 117)

보통사람은 악을 저지르고도
스스로 깨닫지 못한다.
어리석어 마음으로 흔쾌히 여기면
후에 독이 쌓이게 하는 것이다.

---

1 趣善之徒少 趣惡之徒多 如實知此者 速求於圓寂(『법집요송경』)

2 울鬱: '쌓이다'로 한다.

3) 잔학무도한 죄복罪福은 그릇된 욕망에서 일어난다.

殉人[3]行虐하고 沈漸[4]數數[5]하여
快欲爲人은 罪報自然이니라.

악인은 잔인하게 행동하고
점점 빠져들면 자주 하게 된다.
이런 욕망을 즐기려는 사람은
죄의 과보가 저절로 있게 된다.

4) 탐욕을 저버리고 옳게 관찰하면 의려심疑慮心이 소제消除됨을 얻으며,
그런 탐애심貪愛心마저 버린다면 견고한 속박도 저절로 파괴되리라.[6]

吉人[7]行德하여 相隨積增하여
甘心[8]爲之면 福應自然이니라.

착한 사람의 행한 덕은
서로 수순隨順하며 쌓여서 늘어난다.

---

3 흉인殉人: 악인惡人을 말한다.
4 침점沈漸: 마음이 악습에 빠져 벗어나지 못하는 것.
5 삭삭數數: 자주 되풀이하는 것.
6 離貪善觀察 疑慮得消除 棄捨彼貪愛 堅固縛自壞(『법집요송경』)
7 吉人: 선인善人을 말한다.
8 감심甘心: 달가워하다, 만족해하다, '의도한 대로'의 뜻이 있다.

기쁘게 이를 행하면
복이 응하는 게 자연스럽다.

5) 내재된 죄의식이 외재된 죄의식으로 변하면 잔학한 죄를 받는다.

妖孽[9]見福은 其惡未熟이니
至其惡熟이면 自受罪虐[10]이니라. (파: 119)

사악한 사람이 복을 보게 되는 것은
그 사악함이 무르익지 않았음이며
사악함이 무르익게 되면
스스로가 죄학罪虐을 받는다.

6) 앞 장과 대립되는 맥락이고, 초래하는 결과는 다르다.

貞祥[11]見禍는 其善未熟이니
至其善熟하면 必受其福이니라. (파: 120)

올바른 사람이 화를 보게 되는 것은
그 선이 무르익지 않았음이며

---

9 요얼妖孽: 사악邪惡한 사람을 비유로 한 말이다.

10 죄학罪虐: 잔학殘虐한 죄에 대한 형벌.

11 정상貞祥: 올바른 생각을 가진 사람으로 앞의 요얼妖孽과 상대되는 말이다.

그 선이 무르익게 되면
반드시 복을 받게 된다.

7) 누워서 하늘을 향해 침을 뱉어 보아라.

擊人得擊하고 行怨得怨하며
罵人得罵하고 施怒得怒니라.

남을 때리면 때린 과보를 얻고
남을 미워하면 미워한 과보를 얻으며
남을 욕하면 욕한 과보를 얻고
성내면 성낸 과보를 얻는다.

8) 향내 나는 꽃은 늦게 자라고, 잡초는 빨리 자란다.[12]

世人無聞[13]하여 不知正法이라
生此壽少거늘 何宜爲惡이리오.

세상 사람들은 들은 게 없어
정법을 알지 못한다.
이 세상의 짧은 삶 속에서

---

12 Sweet flowers are slow and weeds make haste.(Shakespeare)

13 聞: 지식知識.

어이 악하게만 살려 하느냐?

9) 악은 덕보다 가까이 있다. 사악은 모든 일을 그르치는 지름길이다.[14]

莫輕小惡하여 以爲無殃하라
水滴雖微나 漸盈大器하나니
凡罪充滿은 從小積成이니라. (파: 121)

사소한 악이라도 가볍게 여기지 말아서
재앙이 되지 않게 하라.
물방울이 비록 적더라도
쌓이면 큰 그릇을 채우는 것과 같다.
무릇 죄가 가득 채워지는 것은
사소한 게 쌓여 이루어진 것이다.

10) 앞 장과 상대되는 입장에서 서술하였다.

莫輕小善하여 以爲無福하라
水滴雖微나 漸盈大器하나니
凡福充滿은 從纖纖[15]積이니라. (파: 122)

---

14 Wickedness is always easier than virtue, for it takes the short cut to everything.(Samuel Johnson)

15 섬섬纖纖: 매우 미세微細한 것을 말한다.

사소한 선이라도 가볍게 여기지 말아서
복이 없다고 하지 말라.
물방울이 비록 적더라도
쌓이면 큰 그릇을 채우는 것과 같다.
무릇 복이 가득 채워지는 것은
작은 것들이 쌓여 이루어진 것이다.

11) 묘목을 사랑하지만 김매지 않으면 좋은 열매가 견정堅貞하지 않으며, 탐심과 애심은 분별하지만 본래 다른 게 아니다.[16]

夫士爲行에 好之與惡하면서
各自爲身이면 終不敗亡이니라.

대개 사람들이 행함에
호오好惡가 있으면서
각자 자신을 위한다면
끝내는 패하여 없어지지 않을 것이다.

12) 악을 지으면 모두 고통을 받는데 어찌 뉘우치지 않는가? 탐욕의 성품이 처음에 씨앗이 되고 애욕의 성품이 포태胞胎하건만 중생들은 쉬지 않고 연모하여 가고 오면서 출리出離하지 못한다.[17]

---

16 愛苗若不耘 善果不堅貞 貪心與愛心 分別本無二(『법집요송경』)

17 造惡俱苦受 云何不生悔 貪性初爲種 愛性受胞胎 有情戀不息 往來難出離(『법집요

好取[18]之士는 自以爲可이나

沒取[19]彼者[20]는 人亦沒之[21]니라.

다른 사람의 재물을 빼앗기 좋아하는 사람은

스스로는 옳다고 생각하고 있다.

다른 사람의 재물을 모두 빼앗으려고 하면

다른 사람도 역시 내 재물을 빼앗으려고 한다.

13) 많은 위험한 유혹이 껍데기만 명랑하고 아름다운 색채에 숨어 우리들에게 다가오고 있다.[22]

惡不卽時가 如搆牛乳라

罪在陰伺[23]가 如灰覆火니라. (파: 71)

악이 즉시 일어나지 않는 것은

소의 젖이 이루어지는 것과 같다.

송경』)

18 好取: 다른 사람의 물건을 탈취하는 것을 즐기는 것.

19 沒取: 몰沒과 취取의 의미. 즉 모두 빼앗으려는 것이다.

20 彼者: 다른 사람의 물건.

21 之: 자신의 재물을 말한다.

22 Many a dangerous temptation comes to us in gay, fine colours, that are but skindeep.(Matthew Henry)

23 음사陰伺: 숨어서 엿보는 것.

죄가 숨어서 엿보고 있는 것은
재가 불씨를 덮고 있는 것과 같다.

14) 부처님이 말씀하시길 "지계는 지혜가 있어야 하고 지혜는 지계가 있어야 하는데, 지계는 지혜롭게 할 수 있고 지혜는 계율을 청정하게 한다. 사람이 세수하는 것처럼 좌우 손이 반드시 필요한 것과 같다."[24]

戲笑[25]爲惡이니 以作身行이면
號泣[26]受報하며 隨行[27]罪至니라.

희소戲笑도 악행이 되니
자신이 행동하여 지은 것이면
호읍號泣의 과보를 받나니
행함을 따라 죄가 되었다네.

15) 번뇌를 쉽게 제거하면 지혜롭다고 말할 수 있네. 나뭇가지는 치고 뿌리를 베지 않으면 비록 베어내어도 증장增長하기 마련이다.[28]

---

24 佛言 猶戒則有慧 有慧則有戒 戒能淨慧 慧能淨戒 如人洗手 左右相須(『장아함경』)

25 희소戲笑: 실없이 웃는 것을 말한다.

26 호읍號泣: 목 놓아 울부짖음.

27 수행隨行: 남을 따라가거나 함께 가는 것을 말한다.

28 彼煩惱易除 可說爲智者 代樹不伐根 雖伐猶增長(『법집요송경』)

作惡不覆이니 如兵所截하라
牽往乃知라도 已墮惡行하여
後受苦報가 如前所習이니라.

악을 지으면 덮지 못하니
병기로 다스리는 것과 같다.
끌려가서 알게 된 때는
이미 악행을 저질렀음이다.
후에 고苦의 과보를 받는 것은
이전에 수습修習한 것과 같다.

16) 처음에 삼보 바다에 들어가는 것은 믿음이 근본이고, 불가에 있어서는 계율이 근본이다.[29]

如毒摩瘡은 船入洄澓[30]이며
惡行流衍[31]이면 靡不傷尅[32]이라.

독으로 부스럼을 문지르는 것은
배가 소용돌이로 들어가는 것과 같으며

29 初入三寶海 以信爲本 住在佛家 以戒爲本(『보살영락경』)

30 회복洄澓: 물이 휘몰아치며 흐르는 것을 말한다.

31 유연流衍: 널리 퍼짐. 충만하여 넘침.

32 상극傷尅: 상해傷害, 즉 다치게 하고 해를 입힘.

악행이 널리 퍼지면
상해를 입지 않을 수 없다.

17) 탐애貪愛를 뿌리까지 발제하지 않으면 비록 베었다고 해도 다시 생기니, 탐욕은 씨 밭과 같아 이를 경작하면 잡예雜穢한 곳으로 간다.[33]

加惡誣罔[34]人이라도 淸白猶不汚니
愚殃[35]反自及하면 如塵逆風坌이니라. (파: 125)

무망인誣罔人이 악하게 하려 해도
청백淸白한 사람은 물들지 않는다.
우앙愚殃이 도리어 자기에게 미치는 것이
먼지가 역풍을 맞아 모여드는 것과 같다.

18) 지금 스스로 깨달을 것을 생각하고, 행할 때 허망함을 일으키지 말라. 실천에서 중요한 것은 수습修習과 안정이니, 진실할 때에 만들어 진다.[36]

過失犯非惡이라도 能追悔[37]爲善이니

---

33 拔貪不盡根 雖伐還復生 貪欲如種田 耕之去雜穢(『법집요송경』)

34 무망誣罔: 사실을 날조하거나 거짓된 말로 남을 속임.

35 우앙愚殃: 어리석음으로 야기된 재앙.

36 當念自覺悟 作時勿虛妄 行要修亦安 所造時眞實(『법집요송경』)

是明照世間하여 如日無雲曀[38]이니라.

과실로 잘못과 악을 범하더라도
지난 일을 참회하면 선이 된다.
이는 세간을 밝게 비추는 것이
구름이 끼지 않은 태양과 같다.

19) 사람은 당연히 방편을 구하여서 스스로 재보를 얻는다. 스스로 관하는 것 역시 그러하고, 염원은 곧 그 결과이다.[39]

大士所以行은 然後身自見이니
爲善則得善하고 爲惡則得惡이니라.

대사大士는 수행한 바로써
후에 자신을 드러낸다.
선을 행하면 선함을 얻게 되고
악을 행하면 악함을 얻게 된다.

20) 큰 길을 가고자 하면 오솔길을 제시提示하지 않으니, 큰 바다에서는 소발자국이 없고 태양빛이 반딧불과 같을 수 없다.[40]

---

37 추회追悔: 지나간 일을 참회懺悔함.

38 운에雲曀: 구름이 끼어 있는 것.

39 人當求方便 自致獲財寶 故自觀亦然 意願卽果之(『법집요송경』)

有識墮胞胎하고 惡者入地獄하며
行善上昇天하고 無爲得泥洹이니라. (파: 126)

식識이 있으면 포태에 떨어지는데
악한 사람은 지옥에 떨어지고
선을 실천하면 위로 승천하지만
무위無爲하면 니원泥洹을 증득한다.

21) 숙세의 재앙, 즉 자기가 저지른 것은 어디서든지 면할 수 없다.

非空非海中이고 非隱山石間이니
莫能於此處에 避免宿惡殃이니라. (파: 127)

허공도 아니고 바다 속도 아니며
산속 바위 사이에 숨을 수도 없으니
이런 곳에서 숙세의 악업 재앙을
피하여 면할 수 없다.

22) 슬기로운 사람은 죄의 바탕이 공空하다는 것을 알고는 평안하여 생사도 두려워하지 않는다.[41]

---

40 欲行大道 莫示小徑 無以大海內于牛迹 無以日光等彼螢火(『유마경』)

41 知者能知罪性空 坦然不怖于生死(『오등회원』)

衆生有苦惱하여 不得免老死니
唯有仁智者는 不念人非惡이니라.

중생은 고뇌가 있어
노사老死를 면하는 것을 획득할 수 없다.
오로지 어질고 지혜로운 사람만이
다른 사람의 잘못과 악을 생각하지 않는다.

◉ 복을 지으면 복을 받게 되고 즐거움도 함께한다.

人能作其福은 亦當數數造하라
於彼意須樂이니 善受其福報이니라. (파: 118)

사람이 복을 짓되
그것을 자주자주 되풀이하여라.
그 속에 즐거움이 있으니
복의 과보 받는 것이 선이니라.

◉伴少而貨多면 商人怵惕懼니라
嗜欲賊害命이니 故慧不貪欲이니라. (파: 123)

동반자가 적고 재물이 많으면

장사꾼은 빠르고 위태한 길을 피하려 한다.
탐욕의 도적은 생명을 해치므로
지혜로운 사람은 탐욕을 피하려 한다.

◉ 부드러운 대답은 분노를 쫓아버린다. 그러나 마음이 아픈 참기 어려운 말은 분노를 자극한다.[42]

有身無瘡疣하여 不爲毒所害하라
毒奈無瘡何한데 無惡所造作하랴. (파: 124)

몸에 상처가 없다면
독으로 해를 입을 수가 없다.
독이 어찌 상처를 입힐 것인가?
악이 만들고 지은 것이 없는데.

42 A soft answer turns away wrath; but grievous words stir up anger.(O. Test)

18. 도장품刀杖品

刀杖品者는 教習慈仁하여

無行刀杖[1]하여 賊害[2]衆生이니라.

도장품은

자애와 인애를 가르쳐 익혀

칼이나 몽둥이로 행하여

중생을 죽이거나 해치지 않게 함이다.

☞ 佛心者 大慈悲是 以無緣慈[3]攝諸衆生(『관무량수경』)

불심佛心은 위대한 자비이고, 무연자비로 모든 중생을 감싸 안는다.

---

1 도장刀杖: 칼과 몽둥이. 오형五刑 중의 하나이기도 하다.

2 적해賊害: 죽이거나 해치는 것을 말한다.

3 無緣慈: 無緣慈悲. 아무런 차별이 없는 절대평등의 자비를 말한다.

1) 죽음도 두렵고, 고통이 가해지는 것은 더욱 두렵다.

一切皆懼死하여 莫不畏杖痛이라
恕己可爲譬하여 勿殺勿行杖하라. (파: 129)

일체중생 모두는 죽음을 두려워하니
장형杖刑의 고통을 두려워하지 않을 수 없다.
자기를 용서함에 비유해 보아
죽이거나 몽둥이찜질을 하지 않아야 한다.

2) 정치는 국민의 안녕을 실현하는 데 있다.

能常安群生하여 不加諸楚毒[4]하면
現世不逢害[5]하고 後世長安隱이니라.

항상 중생을 편안하게 하여
여러 가지 혹형을 가하지 않으면
현세에서 화환禍患을 당하지 않고
후세에 오래 안온하다.

---

4 초독楚毒: 혹형酷刑, 고초苦楚, 괴로움.

5 害: 화환禍患을 말한다.

能常安羣生不加諸
楚毒現世不逢害後
世長安隱

☞ 국민에게 가혹한 부담을 주지 않아야 국민들이 자유롭고, 국민이 자유로우면 문화가 발전하여 삶이 윤택해진다. 이로써 그 나라는 위대한 나라가 된다.

3) 말의 노예가 되지 말라.[6]

不當麤言[7]하며 言當畏報하라
惡往禍來니 刀杖歸軀니라. (파: 133)

응당 거친 말 하지 말며
말할 때는 응당 과보를 두려워하라.
악하게 하면 화환禍患으로 돌아오니
도장刀杖은 자신에게 미친다.

☞ 한마디 말로 천 냥 빚을 갚는다.

4) 언어는 물론 인류에 의해 쓰인 매우 강력한 약이다.[8]

出言以善이면 如叩鐘磬[9]하여

---

6 Be not the slave of Words.(Thomas Carlyle)

7 추언麤言: 거친 말. 저속한 말.

8 Words are, of course, the most powerful drug used by mankind.(Rudyard Kipling)

身無論議하고 度世則易니라. (파: 134)

말을 선하게 하는 것은
종과 경쇠를 두드리는 것과 같아서
자신에 대해 논하거나 책잡힘이 없어
세상을 제도하는 게 쉬워진다.

☞ 가는 말이 고우면 오는 말도 곱다.

5) 악행으로부터 몸을 지키려면 스스로 바르게 호신護身하며 행동해야 한다. 악한 것으로부터 몸을 지키려면 항상 몸으로 선행을 실천해야 한다.[10]

歐杖良善하고 妄讒無罪면
其殃十倍하여 災迅無赦니라. (파: 137)

선량한 사람을 매질하거나
죄 없는 사람을 거짓을 꾸며 참소讒訴하면
그 재앙은 10배가 되어
재앙이 신속하게 되어 용서할 길이 없다.

---

9 종경鐘磬: 종鐘과 경쇠로 소리가 심금心琴을 울리는 것을 말한다.

10 守護身惡行 自正護身行 守護身惡者 常修身善行(『법집요송경』)

☞ 인과법因果法은 어김이 없음을 생각하고 행동하라.

6) 사람들의 삶을 그렸다. 생生·노老·병病의 고통을 서술하였다.

生受酷痛[11]하여 形體毁折[12]하여

自然惱病[13]하고 失意恍惚[14]이라. (파: 138)

(첫째) 태어날 때 혹독한 아픔을 겪었고

(둘째) 늙어지니 형체는 시들어가고

(셋째) 자연스럽게 병들어 고통 받고

(넷째) 의지도 잃게 되고 황홀해진다.

7) 앞 장에 이어서 살아가면서 일어나는 고뇌이다.

人所誣咎하고 或縣官厄[15]하며

財產耗盡하고 親戚離別이니라. (파: 139)

(다섯째) 다른 사람에게 비방 받고 책망 받고

---

11 혹통酷痛: 혹독하게 아픈 고통.

12 훼절毁折: 부서짐. 파괴됨.

13 뇌병惱病: 병이 들어 괴로워하는 것.

14 황홀恍惚: 흐릿하여 판단하기 어려운 상태.

15 관액官厄: 관재官災를 말한다.

(여섯째) 관액官厄에 떨고

(일곱째) 재산을 모두 없애버리고

(여덟째) 친척과 이별한다.

8) 앞 장에 이어지는 과보이다.

舍宅所有가 災火焚燒하고

死入地獄이니 如是爲十이니라. (파: 146)

(아홉째) 가지고 있는 사택도

화재에 타버리고

(열째) 죽으면 지옥에 들어가니

이와 같이 열 가지이다.

9) 수행자의 모양은 갖추었으나 어리석으면 모든 게 헛것이니, 어리석음에서 벗어나야 한다.

雖倮剪髮하고 長服草衣하고

沐浴踞石이라도 奈癡結何[16]이리오. (파: 141)

비록 옷을 벗고 머리도 자르고

16 奈~何: ~을 어찌하려느냐?

초의를 길게 걸치고
목욕하고 바위에 앉아 있어도
어리석음이 맺히는 것을 어찌하려느냐?

10) 적을 죽이거나 없애 승리의 마음을 느끼기보다, 모든 사람을 인애仁愛하며 원증怨憎의 감정을 없애는 게 진정한 마음의 평화이다.

不伐殺燒하고 亦不求勝하며
仁愛天下면 所適無怨이니라.

죽이거나 태워 없애려고 하지 않고
또 이기기를 구하지 않으며
천하를 인애仁愛하면
가는 곳마다 원망이 없다.

11) 참괴慚愧를 아는 사람은 발전할 수 있지만, 그렇지 못한 사람은 항상 제자리걸음만 한다.

世儻有人하여 能知慚愧[17]면
是名誘進[18]이니 如策良馬하라
如策善馬하여 進道能遠하리라. (파: 143)

---

17 참괴慚愧: 부끄러워하는 마음.

18 유진誘進: 유인誘引하여 나아가게 하는 것을 말한다.

세상에는 빼어난 사람이 있어
참괴함을 알고 있으면
이는 유진誘進이라 하니
훌륭한 말을 채찍질하는 것과 같다.
훌륭한 말도 채찍을 가해야만
먼 길을 갈 수 있는 것과 같다.

12) 진리에 대한 믿음, 윤리, 침잠함에서의 정진, 이 모두가 지혜롭게 되는 필요조건이다.

人有信戒하고 定意精進하여
受道慧成하면 便滅衆苦니라. (파: 144)

사람에게 믿음과 계율이 있고
안정된 마음으로 정진하여
도道를 받아들여 지혜를 성취하면
바로 여러 고뇌가 없어진다.

13) 사문이라 말하면 마음을 쉬고 의상意想도 없애 예구穢垢가 모두 소제消除되었으므로 출가하였다고 한다.[19]

自嚴以修法하고 滅損受淨行하여

---

19 所言沙門者 息心滅意想 穢垢盡消除 故說爲出家(『법집요송경』)

杖不加群生이면 是沙門道人이니라. (파: 142)

스스로 엄격하게 법을 닦고
죄를 없애면서 청정행을 받아들이며
중생들에게 매질하지 않으면
이를 사문 도인이라고 한다.

14) 고귀한 소질, 가장 열악한 사람에 대해서 품는 동정, 다른 인간뿐만 아니라 가장 미천한 생물에게조차 베푸는 박애, 태양계 운동과 구조까지 꿰뚫어보는 신과 같은 지성, 이 모든 숭고한 능력에도 불구하고 인간은 그래도 자기 육체 속에 지울 수 없는 자신의 미천한 기원의 낙인을 짊어지고 있다.[20]

無害於天下면 終身不遇害하고
常慈於一切면 孰能與爲怨이리오.

천하에 손해를 끼치지 않으면

---

20 Man with all his noble qualities, with sympathy that feels for the most debased, with benevolence which extends not only to other men but to the humblest living creature, with his god-like intellect which has penetrated into the movements and constitution of solar system … with all these exalted powers … still bears in his bodily frame the indelible stamp of his lowly origin.(Charles Darwin)

종신토록 손해를 만나지 않게 된다.
항상 모든 중생에게 자애로우면
누가 원적怨賊이 될 것인가?

◉ 자비와 박애는 모든 생명을 평등하게 여기는 데에서 출발한다.

遍於諸方求하려면 念心中間察하라
頗有斯等類는 不愛己愛彼이라
以己喩彼命하면 是故不害人이니라. (파: 130)

모든 생명들이 두루 구하는 것을
염하는 마음으로 살펴보아라.
이런 부류의 사람들이 자못 있으니
자기를 사랑하지 않고 남을 사랑하는구나.
자기를 다른 생명과 견주어보게 되면
다른 사람을 해치지 않는다네.

◉ 탐욕에 의한 행복은 허상이다.

善樂於愛欲하고 以杖加群生하며
於中自求安하나 後世不得樂이니라. (파: 131)

애욕을 즐기고 좋아하며
모든 뭇 생명들을 때리거나 죽이고
그 속에서 스스로 편안함을 구하지만
후세에 즐거움을 얻지 못한다.

◉ 살생은 인간이 추구할 게 아니다. 전쟁은 인류에게 일어나서는 안 된다.

人欲得歡樂하려면 杖不加群生하라
於中自求樂이면 後世亦得樂이니라. (파: 132)

사람들이 기쁨과 즐거움을 얻으려면
뭇 생명을 때리거나 죽이지 말라.
그 속에서 스스로 즐거움을 구하면
훗날 즐거움도 얻을 것이다.

◉ 죽을 때까지 모든 게 삶이다.[21]

譬人操杖은 行牧食牛이니
老死猶然도 亦養命去니라. (파: 136)

21 Until death, it is all life.(SP)

비유하면 사람이 채찍을 드는 것은
먹을 소를 방목하는 것과 같으니
늙음과 죽음도 역시 그러하여
사람의 목숨을 쉼 없이 몰고 간다.

◉ 자신을 망각하는 자는 바보이다.[22]

愚惷作惡하면 不能自解하여
殃追自焚이니 罪成熾然이니라. (파: 136)

어리석은 사람이 어리석어 죄를 지으면
스스로 벗어날 수가 없어서
재앙이 닥쳐오면 스스로 불길로 들어가니
죄의 불길에 휩싸여버린다.

◉ 훌륭한 의사는 독수리의 눈, 사자의 심장, 부인의 손을 가져야 한다.[23]

弓工調絃이요 水人調船이며
材匠調木이며 智者調身이니라. (파: 145)

활을 만드는 사람은 활줄을 조율하고

---

22 He is a fool that forgets himself.

23 A good surgeon must have an eagle's eye, a lion' heart, and a lady's hand.

뱃사공은 배를 조정한다.

목수는 나무를 조절하고

어진 사람은 자신을 조율한다.

19. 노모품老耗品

老耗品者는 誨人懃仂[1]하여

不與命競이면 老悔何益이리오.

노모품은

사람들에게 부지런히 힘쓸 것을 일깨운다.

목숨과 더불어 경쟁하지 않고

늙어 후회한들 무슨 이익이 있을 것인가?

☞ 多有行衆惡 必爲身作累 施善布恩德

此事甚爲難 善哉修善者 傷哉爲甚惡(『出曜經』)

많은 사람들이 여러 그른 것을 시행하면

반드시 자신에게 쌓이게 되리라.

옳은 것을 실천하고 은덕을 베푸는 것은

매우 어려운 일이다.

옳구나! 선을 닦는 사람!

애달프구나! 악을 저지르는 사람!

---

1 懃仂: 부지런히 노력함.

1) 지혜로운 사람은 계박繫泊을 저버리고 항상 정념正念으로 관찰하네. 항상 생각하는 게 무루도이니, 이를 말하여 참으로 지혜롭다고 한다.[2]

何喜何笑리오 命常熾然[3]인데
深弊幽冥[4]이니 如不求錠[5]이라네. (파: 146)

어찌 기쁘고 어찌 웃으랴.
목숨은 항상 불타고 있는데.
그윽한 어두움에 깊이 빠져 있으면서
등불을 구하려 하지 않는 것과 같다.

2) 겉치장을 추구하는 어리석음은 궁극에 사람을 병들게 한다.

見身形範[6]하고 倚[7]以爲安이나
多想致病하니 豈知非眞이리오. (파: 147)

자신의 겉모양을 보고

---

2 智者能離繫 恒正念觀察 常思無漏道 是名眞智者(『법집요송경』)

3 치연熾然: 치연熾燃과 같다.

4 유명幽冥: 암매暗昧하다는 뜻이다. 즉 무명無明을 말한다.

5 정錠: 등불을 말한다.

6 형범形範: 겉모양.

7 의倚: 의존依存을 말한다.

이에 의지하여 편안하지만
많은 생각은 병을 초래하나니
어찌 진실이 아님을 알까?

3) 몸골은 변하면 늙고 쇠약하고, 집을 그리워하면 지옥에 있는 것과 같다. 죽음이 다가오는 줄 깨닫지 못하니 어리석은 사람은 알지도 못한다. 비록 수명이 100살이라 해도 역시 죽음은 따르는 것, 노병老病이 핍박하게 되고 질병의 끝은 죽음이다.[8]

老則色衰하고 病無光澤[9]하며
皮緩肌縮하여 死命[10]近促[11]이라. (파: 148)

늙으면 몸골이 쇠약해지고
병들면 광택이 없어지며
피부가 늘어지고 근육이 축소되어
죽음이 닥쳐오는 것이다.

---

8 色變爲老耆 戀家如在獄 不覺死來侵 愚夫不能知 雖壽滿百歲 亦被死相隨 爲老病所逼 患終至後際(『법집요송경』)

9 광택光澤: 피부색을 말한다.

10 死命: 죽음과 같다.

11 근촉近促: 다가왔음을 말한다.

4) 형상에 의지하는 것은 허무하다.

身死神徙면 如御棄車하여
肉消骨散이니 身何可怙리오. (파: 149)

몸이 죽으면 넋이 떠나가는 것은
수레꾼이 수레를 버리는 것과 같다.
살과 뼈는 사라지고 흩어지는데
몸을 어찌 믿고 의지할 것인가?

5) 쌓인 에한과 오만이 윤회를 이끈다.

身爲如城하니 骨幹肉塗니라
生至老死에 但藏恚慢[12]이니라. (파: 150)

몸은 도성都城과 같고
골육은 기둥과 진흙과 같다.
태어나 늙어 죽게 되기까지
다만 에한恚恨[13]과 오만傲慢만 쌓인다.

12 에만恚慢: 에한恚恨과 오만傲慢.
13 성냄과 원한을 품음.

6) 늙는다는 자체가 고뇌이다. 그러나 이 고뇌를 잊는 게 바로 불법이다.

老如形變은 喻如故車니라
法能除苦하나니 宜以力學하라. (파: 151)

늙으면 모양이 변하는 게
비유하면 낡은 수레와 같다.
불법은 고뇌를 없앨 수 있나니
마땅히 힘써 배워야 한다.

7) 살찐 돼지보다 야윈 소크라테스가 낫다.

人之無聞이면 老若特牛[14]이니
但長肌肥하고 無有福慧니라. (파: 152)

사람이 듣는 게 없으면
늙어서 수소와 같으니
다만 크고 살만 쪄서
복혜福慧가 있을 수 없다.

14 특우特牛: 수소를 말한다.

8) 번뇌가 파괴될 때에 진여가 항상 드러난다.[15]

生死無聊[16]면 往來艱難[17]이라
意猗貪身하면 生苦無端이니라.

생사는 지루하고
왕래는 간난艱難하다.
마음이 몸에 의존하여 탐내면
고뇌를 일으켜 옳지 못하다.

9) 욕망으로 인하여 번뇌가 일어나고 욕망으로 인하여 두려움이 생긴다. 욕망을 저버린다면 해탈을 얻어 두려움과 번뇌가 없으리라.[18]

慧以見苦하여 是故棄身이라
滅意斷行하며 愛盡無生[19]하라.

지혜로 고뇌를 보아
이로 인하여 몸을 포기한다.

---

15 煩惱破壞時 眞如恒顯現(『찬법게송』)
16 무료無聊: 지루함. 심심하고 따분함.
17 간난艱難: 힘들고 고생스러운 것을 말한다.
18 因慾生煩惱 因慾生怖畏 離慾得解脫 無怖無煩惱(『법집요송경』)
19 無生: 불생불멸不生不滅의 의미이고 열반涅槃의 도리이다.

뜻을 멸하고 행을 끊으면
애욕이 다하면 무생無生이 된다.

☞ 애욕을 끊으려는 삶이 수행이다.

10) 젊었을 때에 부지런히 일하여 부를 축적해야 늙어서 남에게 푸대접을 받지 않는다.

不修梵行[20]하고 又不富財면
老如白鷺가 守伺空池[21]니라. (파: 155)

(젊었을 때에) 범행을 닦지 않고
부와 재물을 축적하지 않으면
늙으면 마치 백로가
빈 연못을 지키며 먹을 것을 찾는 것과 같다.

11) 진리를 즐기며 계를 성취하고, 믿음을 성립하여 즐거이 수습修習하라. 자신을 훈계한다면 다른 사람의 애경愛敬을 받게 된다.[22]

旣不守戒하고 又不積財하며

---

20 梵行: 청정한 행위.

21 空池: 빈 연못. 즉 먹을 게 없는 것을 말한다.

22 樂法戒成就 成信樂而習 能誡自身者 爲人所愛敬(『법집요송경』)

老羸[23]氣竭[24]하면 思故何逮이리오. (파: 156)

계를 지키지 않고
또 재물도 쌓아놓지 않다가
늙고 야위어 기운마저 없어지게 되면
옛날을 생각한들 어찌 미치겠는가.

☞ 늙어서 후회하지 않으려면 젊을 때에 매사에 부지런해야 한다.

12) 늙어서 수명이 다하는 것을 보면 지팡이에 의지하고도 지친 걸음걸이, 보살은 스스로 생각하기를 '나도 언젠가는 이 재난을 면하지 못하겠지.'[25]

老如秋葉하여 何穢鑑錄[26]이리오
命疾脫至면 亦用後悔니라.

늙으면 가을 낙엽과 같은데
어찌 더러움을 윤택하다 하겠는가.
수명이 빠르게 탈각脫却에 이르면

23 노리老羸: 늙어서 몸이 약해지는 것.
24 기갈氣竭: 기운이 없어지는 것.
25 見老命將盡 拄杖而羸步 菩薩自思惟 吾未免此難(『장아함경』)
26 감록鑑錄: 송·명 대장경에는 남루襤褸로 되어 있다.

나중에 후회한들 소용없다.

13) 사람이 죽은 것을 보고 다시 살아날 줄 알았으나, 정묵靜默하여 스스로 생각하기를 '나도 이런 환난을 면하지 못하는구나.'[27]

命欲日夜盡하니 及時可懃力이니라
世間諦非常하니 莫惑墮冥中하라.

수명은 밤낮으로 다하여 가니
때가 되면 가히 힘써 노력하라.
세간은 항상하지 않음을 체찰諦察하고
미혹하여 무명에 떨어지지 않아야 한다.

14) 심오하고 미묘한 법을 선택하고 사문을 따라 출가하여 은애恩愛의 옥문獄門을 저버리고 여러 결박을 없애리라.[28]

當學燃意燈[29]하고 自練求智慧하라
離垢勿染污하고 執燭觀道地하라.

마땅히 배우려는 의지로 등불을 켜고

---

27 始見人有死 知其復更生 靜默自思惟 吾未免此患(『장아함경』)

28 選擇深妙法 彼聞隨出家 離於恩愛獄 無有衆結縛(『장아함경』)

29 연의등燃意燈: 마음의 등불을 켜는 것을 말한다.

스스로 연마하며 지혜를 구하여라.
번뇌를 저버리고 오염되지 않고
등불을 들고 도의 자리를 관찰하라.

◉ 탐애貪愛로 인한 윤회를 말한다.

生死有無量하고 往來無端緖니라
求於屋舍者하며 數數受胞胎하네. (파: 153)

나고 죽는 것은 무량하고
가고 옴에는 처음과 끝이 없다.
옥사屋舍에서 구하는 사람은
자주자주 포태에 들어간다.

◉ 법의 성품은 언론言論에 있지 않고, 말도 없고 말을 떠나서 항상 고요하니 열 가지 힘의 경계 성품 또한 그러해서 어떤 말로도 설명하지 못한다.[30]

以親此屋하며 更不造舍하니
梁棧已壞하고 臺閣摧折니라

30 法性不在於言論 無說離說恒寂靜 十力境界性亦然 一切文辭莫能辨(『화엄경』)

心已離行하니 中間已滅이니라. (파: 154)

내가 가까이한 이 집은
다시 집을 지을 수가 없나니
서까래는 이미 부수어지고
기둥마저도 부러졌다네.
마음이 이미 행을 저버렸으니
중간도 이미 없어졌다.

20. 애신품愛身品

愛身品者는 所以勸學은

終有益己하며 滅罪興福이니라.

애신품은

배우기를 권면하는 까닭은

결국 자기에게 이익되며

죄가 없어지고 복이 흥성하기 때문이다.

☞ 身當修善行 修口善亦然

及修意善者 無欲盡諸漏(『법집요송경』)

몸으로 당연히 선행을 익히고

입으로 선행을 익히는 것도 또한 그러하며

의意로 선행을 익히는 사람은

탐욕이 없어 모든 번뇌를 다하게 된다.

1) 믿음은 진인眞人의 장점으로 불법을 생각하며 안주한다. 친근하는 사람은 깨닫게 되고, 슬기롭게 사는 속에서 현명해진다.[1]

自愛身者는 愼護所守하고
悕望[2]欲解하니 學正不寐니라. (파: 157)

스스로 자신을 사랑하는 사람은
근신謹愼·호신護身하기를 지키며
희망하는 것은 해탈하고자 함이니
진리를 배워 깨어 있어라.

2) 배움은 자신을 이롭게 하고 자신보다 못한 사람을 깨우치는 것이니, 이를 실천하는 사람이 대장부이다.

爲身第一이니 常自勉學하고
利乃誨人하여 不惓則智니라.

자신이 제일 소중하니
항상 스스로 부지런히 배워야 하고
자리自利로 다른 사람을 가르쳐
싫증내지 않으면 지혜롭다.

---

1 信者眞人長 念法所安住 近者應得上 智壽中中賢(『법집요송경』)

2 희망悕望: 송·원 대장경에는 희망希望으로 되어 있다. 여기서는 이를 따랐다.

3) 믿음은 진인眞人의 장점으로 불법을 생각하며 안주한다. 열매는 득의得意하는 데 있고, 슬기롭게 사는 속에서 현명해진다.[3]

學先自正하고 然後正人하라
調身入慧면 必遷爲上이니라.

배워서 먼저 자신을 올바르게 하고
그런 후에 타인을 올바르게 하여라.
자신을 길들여 지혜에 증입證入하면
반드시 대장부가 될 수 있다.

4) 심신心身이 올바르게 조섭調攝되어야 한다.

身不能利하고 安能利人이리오
心調體正하면 何願不至리오.

자신을 이롭게 하지 못하면서
어찌 타인을 이롭게 하리요!
마음을 조섭하여 진리를 체득하면
어찌 바라는 것에 이르지 못하리오?

---

3 信者眞人長 念法所安住 實者意得上 智壽壽中賢(『법집요송경』)

5) 내가 조작한 일은 항상 꿰어져 있으니 선악과善惡果는 내가 만든 것이다.

本我所造는 後我自受니
爲惡自更[4]은 如剛[5]鑽珠니라. (파: 161)

본래 내가 지은 것은
후에 내 스스로 받나니
악한 일을 저질러 스스로 받는 것은
금강석으로 구슬을 꿰는 것과 같다.

6) 믿음은 계를 성취하게 하며 또한 수명과 지혜를 획득하게 한다. 있는 곳마다 실천하고 곳곳에서 공양하라.[6]

人不持戒면 滋蔓[7]如藤이니
逞情[8]極欲[9]하면 惡行日增이니라. (파: 162)

---

4 경更: 경험하고 보상을 받음이다.

5 강剛: 금강석을 말하고 구슬을 꿰는 것을 말한다.

6 信使戒成就 亦獲壽及慧 在在則能行 處處見供養(『법집요송경』)

7 자만滋蔓: 자라서 퍼짐.

8 영정逞情: 뜻에 맡겨 행동하는 것.

9 극욕極欲: 정도定度를 지나친 욕망.

사람이 지계하지 않으면
자라서 퍼지는 것이 등나무와 같아지니
감정이 왕성하고 욕망이 극에 이르면
악행도 나날이 늘어난다.

7) 즐겨 믿든 즐겨 믿지 못하든 적묵寂默함에 스스로 적응하여 생각하라. 무신無信도 멀리 버리고 믿음과 인자함으로 수행에 응하라.[10]

惡行危身이나 愚以爲易하며
善最安身이나 愚以爲難이라. (파: 163)

악행은 자신을 위태롭게 하는데
어리석으면 쉽게 여기며
선행은 자신을 매우 편안하게 하는데
어리석으면 어렵게 여긴다.

8) 가사를 어깨에 걸쳐 입고 있으면서 악함은 덜거나 포기하지 않는구나. 항상 악한 일을 저지르면 악도에 떨어진다고 생각하라.[11]

如眞人教하여 以道法[12]身하면

---

10 樂信與不樂 寂默自應思 遠離無信者 信仁應行之(『법집요송집』)

11 袈裟在肩披 爲惡不損棄 常念行惡者 斯則墮惡道(『법집요송집』)

12 法: 이는 명본明本에 의하여 활活로 바꾸어 한다.

愚者疾之하며 見而爲惡이라
行惡得惡이니 如種苦種이니라. (파: 164)

진인眞人이 가르치는 것과 같이
도道로써 자신을 살리는데
어리석은 사람은 이것을 질투하며
이를 보고서 악행을 한다.
악하게 행동하면 악을 얻으니
입에 쓴 씨앗을 심는 것과 같다.

9) 인과응보는 누가 대신할 수 없다.

惡自受罪하고 善自受福이라
亦各須熟이니 彼[13]不自代니라
習善得善이 亦如種甜이니라. (파: 165)

악하면 스스로 죄를 받고
선하면 스스로 복을 받는다.
또한 각자 순숙純熟한 것이니
다른 사람이 대신할 수도 없다.
선을 닦으면 선한 보응을 얻는 것이

13 彼: 타인을 말한다.

역시 맛이 단 종자를 심는 것과 같다.

10) 다문多聞하여 옳게 실천하고 옳은 것을 수습하면 번뇌가 없어지고, 업장을 소멸한다면 사문은 신묘한 과보를 얻는다.[14]

自利利人은 益而不費라
欲知利身이면 戒聞爲最니라.

자기에게도 이롭고 남에게도 이로운 것은
유익한 것이어서 헛되지 않다.
자신에게 이로운 것을 알고자 하면
지계와 다문多聞이 최상이다.

11) 어리석고 미혹하여 깨닫지 못하면서도 사멸死滅하지 않는 법을 즐겨 실천하며, 법을 옳게 이해하고 아는 사람은 질병도 파초나무와 같다고 한다.[15]

如有自憂[16]하며 欲生天上이면
敬樂聞法하고 當念佛敎니라.

---

14 多聞善能行 修善無煩惱 所行業障消 沙門獲妙果(『법집요송경』)
15 愚迷不覺知 好行不死法 善解知法者 病如芭蕉樹(『법집요송경』)
16 憂: 이는 문맥상 맞지 않아 송·명본에 의하여 애愛로 한다.

스스로 애착하는 게 있어
천상에 태어나고자 하면
공경하며 법을 듣기를 즐기고
응당 부처님의 가르침을 생각하라.

12) 매사에 기획·진지함·시기를 잃지 않으면 성공한다.

凡用必豫慮하여 勿以損所務하라
如是意日修면 事務不失時니라. (파: 166)

무릇 시행하기 전에 반드시 미리 생각하여
일하는 데 소홀히 하지 말라.
이런 마음으로 매일 닦으면
해야 할 일에 시기를 잃지 않는다.

13) 진리를 생각하고 이해하여 추진하는 사람이 지도자이다.

夫治事之士는 能至終成利니라
眞見[17]身應行하면 如是得所欲이니라.

대저 일을 잘 관리하는 지도자는

---

17 眞見: 진실을 고려하여 올바르게 이해함을 말한다.

凡用必豫慮以損
所務如是意日條事
務不失時

끝에 가서 이익을 성취한다.
올바르게 이해하여 자신이 실천하면
이와 같이 바라는 것을 성취한다.

◉ 이해하지 못한 공부는 겉도는 공부이다.

學當先求解하여 觀察別是非하라
受諦應誨彼면 慧然不復惑이니라. (파: 158)

배움은 당연히 먼저 이해함을 요구하고
관찰하여 시비를 분별한다.
진리를 받아들여 다른 사람을 가르치면
지혜로워서 다시 마음이 움직이지 않는다.

◉ 남의 모범이 되어야만 가르칠 수 있다.

當自剋修하고 隨其敎訓하라
己不被訓이면 焉能訓彼리오. (파: 159)

바로 자신을 극복하며 수행하며
그 교훈을 따르라.
자기가 교훈을 받아들이지 않고

어찌 남을 가르칠 수 있으랴?

◉ 몸의 업이 청정함을 이루 말할 수 없고, 말의 업이 청정함을 이루 말할 수 없으며, 뜻의 업이 청정함도 이루 말할 수 없고, 신해信解가 청정함도 이루 다 말할 수 없다.[18]

自己心爲師하고 不隨他爲師하라
自己爲師者는 獲眞智人法이니라. (파: 160)

자기 마음이 스승이니
다른 것을 스승으로 따르지 말라.
자기를 스승으로 삼으면
진리를 획득한 지혜로운 사람의 모범이다.

---

18 身業淸淨不可說 語業淸淨不可說 意業淸淨不可說 信解淸淨不可說(『화엄경』)

21. 세속품世俗品

世俗品者는 說世幻夢[1]하여

當捨浮華[2]하고 勉修道用[3]이니라.

세속품은

세속의 일들은 몽환이라 말하니

응당 부화浮華를 버리고

부지런히 수도에 힘써야 한다.

☞ 比丘諍處 離於塵垢 精勤不懈 斷諸有結

此是諸佛 本末因緣 釋迦如來 之所演說(『장아함경』)

비구야! 쟁처諍處에서 진구塵垢를 저버리고

정근하고 해태하지 않으면서 여러 번뇌를 단제斷除하라.

이는 여러 부처님들의 본말本末 인연이니

석가여래께서도 연설하신 바이다.

---

1 幻夢: 몽환夢幻이라고도 하며, 환상과 같은 허황한 꿈. 또는 허깨비와 꿈.

2 浮華: 실질적인 게 없이 겉만 화려함. 헛된 부귀영화.

3 道用: 진리에 맞는 수행.

1) 비구야! 이렇게 생각하여라. 현재에도 이익이면서 미래에는 수승하여야 비로소 끝에 가서 최승을 증득함이니, 생사를 돌보지 말고 묵묵히 걸어가라.[4]

如車行道인데 捨平大途면
從邪徑[5]敗[6]이니 生折軸憂니라.

수레로 길을 가는데
평탄한 큰 길을 버리면
좁은 길로 가다가 부서지니
바퀴 축이 부러져 걱정이 생긴다.

☞ 좁고 구부러진 길에서 운전을 조심해야 하듯, 삶의 길도 그렇다.

2) 만약 자신이 머무는 바를 보면 육촉六觸을 최승으로 하지만, 비구는 항상 일심을 지녀야만 스스로 원적圓寂을 깨닫게 된다.[7]

離法如是하여 從非法增하면
愚守至死하면 亦有折患이니라.

4 苾芻立是念 現利未來勝 始得終最勝 逝不覩生死(『법집요송경』)

5 사경邪徑: 좁고 굽은 길로 골목길을 말한다.

6 패敗: 괴壞의 뜻이다.

7 若見身所住 六觸以爲最 苾芻常一心 便自知圓寂(『법집요송경』)

법을 저버림이 이와 같아
법 아닌 것을 따르는 게 늘어나
어리석게 지키다가 죽음에 이르면
또한 꺾어지는 걱정이 있다.

3) 항상 신묘한 법을 듣고 나서 자각하여야 그 의의를 깨닫는다. 깨달아서 현명해지면 시종 두려움이 없어진다.[8]

順行正道하여 勿隨邪業하라
行住臥安하여 世世無患이니라.

정도正道로 순행順行하고
삿된 업을 따르지 말라.
걷거나 앉거나 눕거나 편안하여
대대로 우환이 없다.

☞ 순풍에 돛을 다는 것은 바로 정도를 따라 수순하게 실천하는 것이다.

4) 의의意義를 깨달아 상응하게 되려면 주야로 배워 닦는 것이 뒤따라야 하며, 해탈 감로의 요지는 결정적으로 무루無漏를 증득함이다.[9]

---

8 常當聽妙法 自覺寤其意 能覺之爲賢 終始無怖畏(『법집요송경』)

9 以覺意得應 晝夜慕習學 解脫甘露要 決定得無漏(『법집요송경』)

萬物如泡요 意如野馬이며
居世若幻인데 奈何樂此리오.

모든 사물은 포말泡沫과 같고
마음은 야생마와 같으며
세상에 사는 게 허깨비와 같은데
어찌 여기에서 즐거우리오!

☞ 세상사는 무상無常하다.

當觀水上泡하고 亦觀幻野馬하라
如是不觀世면 亦不見死生이니라. (파: 170)

물거품 같다고 세상을 관찰하고
또한 허깨비와 야생마 같다고 관찰하라.
이처럼 세상을 관찰하지 않으면
역시 생사를 볼 수가 없다.

5) 옳게 알고 자각하려는 사람은 바로 능인能仁의 제자이니, 응당 주야에 일심으로 고요한 곳을 생각한다.[10]

10 善知自覺者 是能仁弟子 應當於晝夜 一心念靜處(『법집요송경』)

若能斷此하여 伐其樹根하라
日夜如是면 必至于定이니라.

만약 그것(번뇌)을 끊으려거든
나무뿌리를 베는 것과 같이 하라.
밤낮으로 이렇게 하면
반드시 선정에 이르게 된다.

☞ 야생마, 포말과 같은 환상을 일으키지 않아야 선정禪定이다.

6) 옳게 알고 자각하는 사람은 바로 능인의 제자이니, 응당 주야에 일심으로 무상無相을 생각한다.[11]

一施如信하며 如樂之人이니
或從惱意하여 以飯食衆이면
此輩日夜라도 不得定意이라.

한 번의 보시는 믿음을 따르며
그것을 즐기는 사람과 같아야 하니
간혹 번거로운 감정에 따라
대중에게 음식을 먹이면

11 善知自覺者 是能仁弟子 應當於晝夜 一心念無相(『법집요송경』)

이런 무리들은 밤낮으로 해도
선정禪定의 마음을 얻지 못한다.

☞ 번거로운 마음은 좋든 나쁘든 깨달음에 도움이 되지 않는다.

7) 옳게 알고 자각하는 사람은 바로 능인의 제자이니, 응당 주야에 일심으로 출세出世를 생각한다.[12]

世俗無眼이니 莫見道眞이라
如少見明하면 當養善意하니라.

세속 사람들은 안목이 없어
진리인 도를 볼 수가 없다.
조금이라도 견해가 밝아지면
응당 선의가 자란다.

☞ 눈을 크게 뜨고 살피는 수행자가 되어라.

8) 마음이 기사棄捨하였으면 하늘을 빙빙 돌다가 허공으로 올라감이니, 수행하여 출세出世하여야만 많은 마귀의 무리를 물리친다네.[13]

---

12 善知自覺者 是能仁弟子 應當於晝夜 一心念出世(『법집요송경』)

13 彼心旣棄捨 翶翔昇虛空 修行出世間 能破魔羅衆(『법집요송경』)

如鴈將群하며 避羅高翔하니
明人導世하여 度脫邪衆하라. (파: 175)

마치 기러기가 무리를 이끌며
그물을 피하여 높이 나는 것처럼
현명한 사람은 세상을 인도하여
삿된 무리들 제도하여 해탈케 한다.

9) 어린아이가 어둠 속을 걸어가는 것을 두려워하듯 사람은 죽음을 두려워한다.[14]

世皆有死하여 三界無安이라
諸天雖樂이라도 福盡亦喪이니라.

세상 어디에나 죽음이 있고
삼계는 편안하지 않구나.
제천諸天이 즐겁다 해도
복이 다하면 또한 잃게 된다.

☞ 죽음으로 불안해하지 않아야 깨달은 사람이다.

---

14 Men fear death, as children fesr to go in the dark.

10) 진리에 모든 생각이 있으므로 자신이 항상 수행한다. 만약 이와 같지 않으면 끝내 의도된 수행이 되지 못한다.[15]

觀諸世間하면 無生不終[16]이라
欲離生死하려면 當行道眞[17]하라.

여러 세간을 관찰하니
생멸하지 않는 게 없다.
생사를 저버리려면
응당 도의 진수眞髓를 행해야 한다.

☞ 생멸하는 것에서 생멸하지 않는 게 무엇일까? 이 대답을 구하는 게 수행이다.

11) 옳게 알고 자각하는 사람은 바로 능인의 제자이니, 응당 주야에 일심으로 의락意樂을 생각하라.[18]

癡覆天下하고 貪令不見하여
邪疑却道하니 苦愚從是이니라. (파: 174)

---

15 以有是諸念 自身恒逮行 若其不如是 終不得意行(『법집요송경』)

16 終: 멸滅로 새겨야 한다.

17 道眞: 불교의 진수眞髓를 말한다.

18 善知自覺者 是能仁弟子 應當於晝夜 一心念意樂(『법집요송경』)

어리석음이 천하를 덮고
탐욕이 보지 못하게 하여
사견邪見과 의심은 진리를 팽개치니
괴로움과 어리석음이 이를 따른다.

☞ 탐진치의 결과는 어리석게 살게 할 뿐이다. 이로 인하여 업이 생긴다.

12) 세간을 제도하는 사람이 복을 얻는 게 한량이 없는 까닭은, 비유하면 더럽고 거친 밭에서 진에瞋恚가 무성하게 자라는 것과 같다.[19]

一法脫過[20]라하면 謂妄語人이며
不免後世이니 靡惡不更이니라. (파: 176)

한 법에 구애되지 않는다고 하면
거짓말하는 사람이며
다음 세상을 면할 수 없으니
악을 바꾸지 못한다.

☞ 인간의 삶은 미묘한 진리에 얽혀 있다. 이에 구애되지 않는다고 하는 인간은 어리석기 그지없다.

19 故施度世者 得福無有量 猶如穢惡田 瞋恚滋蔓生(『법집요송경』)

20 탈과脫過: 어떤 조직, 견해에 구애되지 않는 것.

13) 진에瞋恚를 저버린 까닭으로 보시한 과보는 한량이 없을 것이다. 더럽고 거친 밭에서는 우치愚癡의 넝쿨만 자라난다.[21]

雖多積珍寶하여 嵩高至于天하고
如是滿世間하여도 不如見道迹[22]이니라.

비록 진귀한 보배를 많이 쌓아
하늘에 이르도록 높고 높으며
이와 같이 세간에서 채우더라도
도적道迹을 보는 것만 못하다.

☞ 부귀영화보다 지혜롭게 사는 게 더 낫다.

14) 지혜는 출세出世를 길게 하고, 쾌락은 무위無爲를 증명하고. 바른 가르침을 알고서 받아들이면 영원히 생로병사를 다한다네.[23]

不善像如善하고 愛如似無愛하며
以苦爲樂像은 狂夫[24]爲所厭[25]이니라.

---

21 是故當離恚 施報無有量 猶如穢惡田 愚癡滋蔓生(『법집요송경』)

22 道迹: 성자의 위치에 들어가는 것을 말한다. 도의 자취.

23 智爲出世長 快樂證無爲 知受正敎者 永盡生老死(『법집요송경』)

24 狂夫: 미치광이.

25 厭: 여기서는 만족滿足함을 말한다.

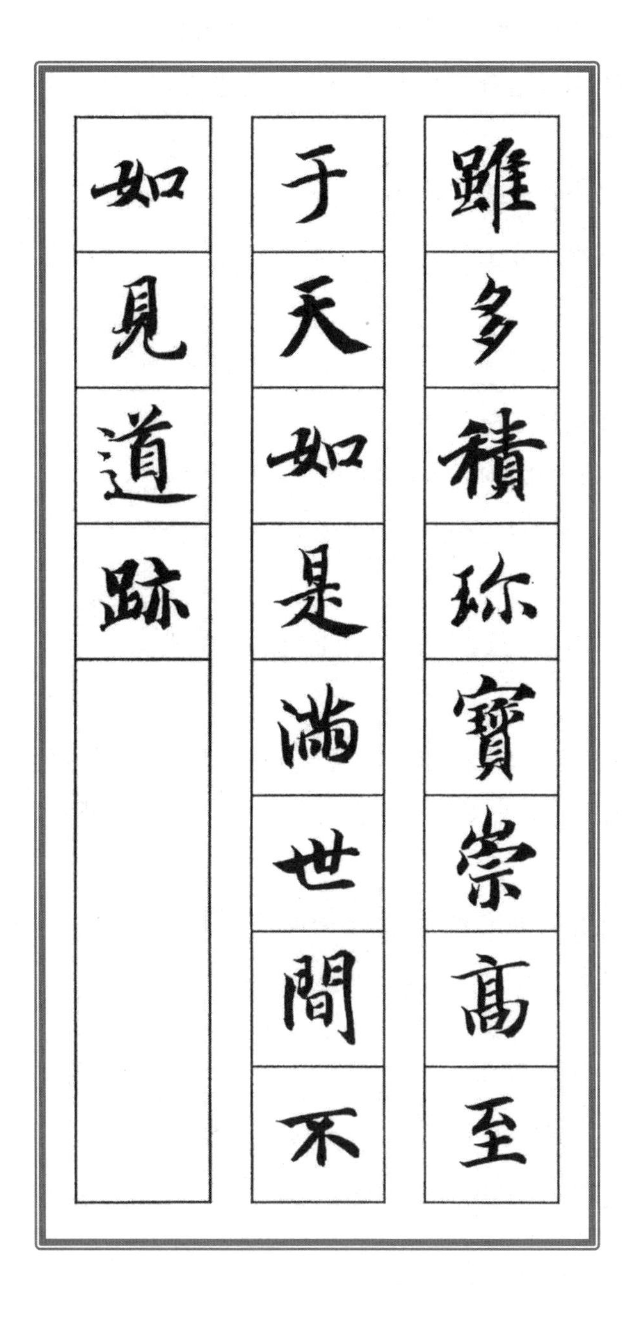
雖多積珎寶崇高至
于天如是滿世間不
如見道跡

착하지 않으면서 착한 것 같은 모습을 하고
애욕이 있으면서 애욕이 없는 것처럼 하며
괴로우면서 즐거운 모습으로 함은
광부狂夫가 만족하게 하는 바다.

☞ 진리는 가면을 쓰지 않고 다가온다.

◉ 오탁악세에 물들지 말라.

不親卑漏[26]法하며 不與放逸會하며
不種邪見根하며 不於世長惡하라. (파: 167)

천박한 진리에 가까이하지 말라.
방일한 모임에 참여하지 말라.
사견의 뿌리를 심지 말라.
세상의 악함에 함께하지 말라.

◉ 지혜는 열매를 추구하고 어리석음은 꽃을 추구한다.[27]

隨時不興慢하고 快習於善法하라

26 卑漏: 비루鄙陋와 같다.
27 Wisdom asks fruit, but folly flowers.

善法善安寐이니 今世亦後世이니라. (파: 168)

때에 따라 교만한 마음을 일으키지 말고
올바른 진리를 흔쾌히 수습修習하라.
옳은 법은 정당하여 편안하게 잠을 자나니
이 세상에서나 저 세상에서도.

◉ 여러 옳은 일들을 갖추어 실천하여 세상을 청정하게 하라.[28]

樂法樂學行하며 愼莫行惡法하라
能善行法者는 今世後世樂이니라. (파: 169)

진리를 즐겨 배우고 수행하는 것도 즐겨라.
매사에 신중하며 악행을 저지르지 말라.
진리를 올바르게 실천하는 사람은
금생에서나 내생에서 즐거움을 누린다.

◉ 생사와 열반, 범부와 부처 모두가 공화상空華相이다.[29]

如是當觀身하면 如王雜色車라
愚者所染著하나 智者遠離之니라. (파: 171)

---

28 具行衆善 淨諸世界(『화엄경』 명법품)

29 生死與涅槃 凡夫及衆生 同爲空華相(『원각경』)

이와 같이 마땅히 자신을 관찰하면
왕의 잡색차雜色車와 같다.
어리석은 사람은 염착하려고 하지만
슬기로운 사람은 이를 저버린다.

◉ 과거의 원인을 알고자 하면 현재의 결과를 보라. 미래의 결과를 보고자 하면 현재의 원인을 보라.[30]

人前爲過이나 後止不犯하고
是照世間하면 如月雲消이니라. (파: 172)

사람이 이전에 잘못을 저질렀으나
후에 멈추고 다시 저지르지 않고
이것이 세간을 비추면
달에서 구름이 걷힌 것과 같다.

◉ 사악한 것은 선한 것의 이웃이다.[31]

人前爲惡하나 以善滅之하고
是照世間하면 如月雲消니라. (파: 173)

---

30 欲知過去因者 見其現在果 欲知未來果者 見其現在因(『인과경』)

31 Evil things are neighbors to good.(Latin)

사람이 이전에 악을 저질렀으나
이후에 선으로 이를 없애버리고
이것이 세간을 비추면
달에서 구름이 걷힌 것과 같다.

◉ 덕행을 쌓는 사람은 명성을 얻으리라.[32]

愚不修天行하고 亦不譽布施하네
信施助善者하며 從是到彼安니라. (파: 177)

어리석으면서 천행天行을 닦지도 않고
또한 보시를 기리려고 하지도 않는다.
믿음과 보시는 옳은 것을 유익하게 하며
이를 따라 피안의 편안함에 이르게 된다.

---

32 He that sows virtue shall reap fame.

존자 법구 찬尊者法救撰

오 천축 사문 유지난 등 역吳天竺沙門維祇難等譯

22. 술불품述佛品

述佛品者는 道[1]佛神德이
無不利度하며 明爲世則이니라.

술불품은
부처님의 신덕神德을 말함이니
제도하여 이익되지 않음이 없으며
밝게 세상의 법칙이 되었음이다.

☞ 自心發菩提 卽心具萬行 見心等正覺 證心大涅槃 發起心方便 嚴淨心佛國 從因至果 皆以無所住而住其心(『大日經義釋』)
자심自心으로 보리를 일으키니 바로 마음이 만행을 구족하고, 마음이 정각正覺과 같음을 드러내니 마음이 대열반을 증득함이며, 마음이 방편을 발기하니 엄정심嚴淨心이 불국토이고, 인因을 따라 연緣에 이르니 모두가 머무는 바가 없는 곳에 그 마음이 머문다.

1 道: 동사로 '말한다'로 한다.

1) 세계는 강인한 마음과 예리한 칼을 가진 사람들에게 계속하여 빛나는 찬사를 준다.[2]

己勝[3]不受惡하고 一切勝世間하여
叡智[4]廓無彊하여 開曚[5]令入道니라. (파: 179)

자기를 이겨 악업을 받지 않고
모든 것이 세간보다 뛰어나
총명한 지혜는 둘러싼 강역이 없어
무명을 깨치고 불도에 들어간다.

2) 애욕과 번뇌에 집착하지 않는 사람이 대자유인이다.

決網[6]無罣礙[7]하고 愛盡無所積하라
佛意深無極하여 未踐迹令踐이니라. (파: 180)

그물망을 쳐놓아도 걸리지 않고

2 The world continues to offer glittering prizes to those who have stout hearts and sharp swords.(Frederick Edwin Smith Birkenhead)
3 己勝: '아위승我爲勝'을 말한다.
4 叡智: 총명한 지혜.
5 開曚: 몽매함을 열어주다.
6 網: 애욕과 번뇌의 그물을 말한다.
7 괘애罣礙: 집착하지 않는 것을 말한다.

애욕이 다하여 쌓인 바도 없다.
부처 마음 심오하고 끝이 없으니
불도를 따르지 않았으면 따르게 된다.

3) 용맹정진의 의의意義는 번뇌의 뿌리를 뽑아버리는 데 있다.

勇健立一心[8]하고 出家日夜滅하며
根斷無欲意하니 學[9]正念清明이라. (파: 181)

용맹스럽고 오롯한 마음으로
집을 떠나 밤낮으로 번뇌를 끊으며
뿌리(감관)를 끊고 애욕의 마음마저 없애니
배우는 게 올바르고 생각은 청명하다.

4) 삶은 고뇌의 연속이지만 이 고뇌의 뿌리를 없애는 것이 수행자의 몫이다.

見諦淨無穢이면 已度五道[10]淵이라
佛出照世間이면 爲除衆憂苦[11]이니라. (파: 195)

---

8 一心: 마음을 한 곳에 집중하는 것을 말한다.
9 學: 깨달을 가능성을 고려하고 배우는 것을 말한다.
10 五道: 육도 윤회에서 아수라도를 제외한 것을 말한다.
11 憂苦: 고뇌를 말한다.

진리를 깨닫고 청정하여 번뇌가 없으면
이미 오도五道의 늪에서 벗어났다.
부처님이 태어나 세간을 비추는 것은
모든 고뇌를 없애기 위함이다.

5) 진리는 듣기 어렵지만 찾으려고 노력을 하는 게 수행이다.

得生人道難하고 生壽亦難得이라
世間有佛難하니 佛法難得聞이라. (파: 182)

인도人道에 태어나기 어렵고
오래 살기는 더욱 어렵다.
세간에 부처님이 있기 어려우니
불법 듣기는 더욱 어렵다.

6) 무사지無師智를 이룬 분을 부처라 한다.

我旣無歸保하고 亦獨無伴侶이니
積一行得佛하며 自然通聖道니라.

나는 이미 돌아가 보호할 것이 없고
또 혼자이니 반려자도 없다.
오롯이 수행이 쌓여 부처가 되었으며

저절로 성스러운 도를 통달하게 되었다.

7) 부지런한 사람만이 걸림 없는 열매를 딸 수가 있다.

船師能渡水하고 精進爲橋梁[12]이라
人以種姓[13]繫하여 度者爲健雄[14]이니라.

뱃사공이 강을 잘 건너려면
힘써 나아감이 다리가 되어야 한다.
사람들은 종성種姓에 계박되어 있는데
이를 벗어나는 사람이 대장부이다.

8) 구경의 도가 청정하면 이미 생사의 원천도 끊어진다. 변재辯才는 변계邊界에 있지 않고, 명견明見은 당연히 진리를 말할 뿐이다.[15]

壞惡度爲佛이요 止地爲梵志[16]이며
除饉[17]爲學法하고 斷種爲弟子니라.

---

12 橋梁: 다리를 말하는데 여기서는 노력의 산물産物을 말한다.

13 種姓: 소성素性을 말한다.

14 健雄: 부처와 같은 의미이니 여기서는 대장부라 번역한다.

15 究竟道淸淨 已盡生死源 辯才無邊界 明見宜說道(『법집요송경』)

16 범지梵志: 범천梵天에 태어나기를 원하는 사람, 재가로서의 바라문, 일체 외도로 출가인을 말하는데, 여기서는 둘째를 선택한다.

17 除饉: 비구를 말함. 수행으로 복전을 이루어 굶주림이 없다는 의미.

악을 부수고 건너면 부처가 됨이요
그런 지위에 머물면 범지이며
비구는 법을 배우고
종자를 끊어 부처의 제자가 된다.

9) 비구가 사리사욕을 버리지 않으면서 하열한 속에서도 열등한 것을 즐기는 것, 한 법만을 관찰해야지 좁은 지혜로는 해탈하기 어렵다.[18]

觀行[19]忍第一이요 佛說泥洹最라
捨罪作沙門하여 無嬈害[20]於彼[21]니라.

관행에서는 인욕이 제일이요
부처님은 니원泥洹이 제일이라 말씀하셨다.
죄를 버리고 사문이 되었으면
다른 사람에게 해를 끼치지 않아야 한다.

10) 근신하면서 항상 계에 의지하고 탐욕이 없이 슬기로운 사람은 칭찬받는다. 청정한 수행과 정근正根하는 능력으로 응당 스스로 사유하라.[22]

---

18 苾芻不捨利 下劣中劣喜 一法應觀察 少智難得脫(『법집요송경』)
19 觀行: 몸과 마음을 닦음. 마음으로 진리를 관조하여 이를 몸소 실행함.
20 요해嬈害: 해로움을 끼치는 것을 말한다.
21 彼: 타인他人을 말한다.
22 謹愼常依戒 無貪智者讚 淨行正根力 應當自思惟(『법집요송경』)

不嬈亦不惱하여 如戒一切持하며
少食捨身貪하고 有行幽隱[23]處하여
意諦以有黠[24]이면 是能奉佛教니라. (파: 185)

괴로워하지도 않고 근심하지도 않으며
일체 계율을 지키고
소식하며 몸의 탐심을 버리고
혼자 조용한 곳에서 수행하여
뜻을 살펴 선정에 들면
이것이 부처님 가르침을 받드는 것이다.

☞ 지계하고 오롯이 진리로 취향趣向하며 부처의 가르침을 봉행하라.

11) 일체 세간의 여러 선법이 모든 여래가 성취한 것에 미치면서, 거기에서 모두 총섭하여 남김도 없게 되면 모든 게 수희隨喜로 중생을 이익되게 하는 것이다.[25]

諸惡莫作하고 諸善奉行하며
自淨其意하면 是諸佛教니라. (파: 183)

---

23 유은幽隱: 아주 은밀한 곳으로, 즉 혼자 조용히 있을 때를 말한다.

24 유힐有黠: 요가를 음역音譯한 것이다. 선정, 삼매를 말한다.

25 一切世間衆善法 及諸如來所成就 於彼悉攝無有餘 盡以隨喜益衆生(『화엄경』)

온갖 악행을 저지르지 말고
온갖 선행을 부지런히 실천하며
스스로 그 뜻을 청정하게 하면
이것이 모든 부처님의 가르침이다.

☞ 선악을 변별하고 거기에도 염착하지 말라는 게 부처님의 가르침이다.

12) 일체에서 바른 깨달음은 진실한 법이 자신이 되어 법계法界가 청정하니, 이를 여래라고 한다.[26]

佛爲尊貴라 斷漏無婬하여
諸釋中雄이니 一群從心이니라.

부처님은 존귀한 분으로
번뇌를 끊어 음욕이 없으시며
모든 석씨釋氏 중에서 으뜸이시니
한 무리들이 마음으로 따른다.

13) 무량한 자애심으로 진에를 버리고, 이익 되는 공덕으로 바르게 수행하며, 신명身命을 아끼지 않으면 옳게 모든 번뇌를 해탈하리라.[27]

---

26 一切正覺 眞法爲身 法界淸淨 是名如來(『금광명경』)

27 無量慈心捨瞋恚 功德利益正修行 於身於命無所慳 善能解脫諸煩惱(『大集大虛空

快哉福報여 所願皆成이며
敏於上寂[28]하여 自致泥洹이니라.

흔쾌하구나! 복의 과보여!
바라는 바를 성취하고
재빨리 최상의 적정에 올라
스스로 니원泥洹에 이른다.

☞ 수행하여 목적을 이룬 기쁨은 그 어느 것과 비교할 수 없다.

14) 이 모든 만들어진 색법色法들은 혹난惑亂으로 건립된 것들, 혹난에서 일어나는 것은 사슴이 아지랑이를 보는 것처럼 하라.[29]

或多自歸하여 山川樹神하거나
廟立圖像하여 祭祠求福이라. (파: 188)

많은 사람들 스스로 귀의하되
산이나 내, 나무신으로
사당을 건립하고 상像을 그려놓고
제사 지내며 복을 빌고 있다.

藏菩薩所聞經』)

28 寂: 적멸寂滅, 적정寂靜을 말한다.

29 是諸作衆色 惑亂而建立 所起於惑亂 如鹿見陽燄(『大乘密嚴經』)

☞ 모든 작위된 상相에 미혹하지 말라.

15) 본래 있다가 지금 없고 본래 없다가 지금 있으니, 삼세의 유위법은 '이것이다'라고 할 게 없다.[30]

自歸如是는 非吉非上이니
彼不能來하여 度我衆苦니라. (파: 189)

스스로 귀의함이 이와 같으면
길상吉祥도 아니고 최상의 것도 아니다.
다른 것에서 오는 것이 아니어서
내가 여러 고뇌에서 벗어나야만 한다.

☞ 스스로 만든 유위법에 얽매인 인생은 고달프다.

16) 삼보에 귀의하고 사제법四諦法을 관찰하여 정혜正慧를 얻어라.

如有自歸하여 佛法聖衆이면
道德四諦로 必見正慧이라. (파: 190)

어떤 사람이 스스로 귀의하되

---

30 本有今無 本無今有 三世有法 無有是處(『열반경』)

불佛·법法·승僧이면
도덕道德과 사제四諦로
반드시 바른 지혜를 보게 된다.

17) 비구가 즐거이 출가하였으면 삼업을 조복調伏받아야 한다. 사명邪命하지 않고 자활自活하면서 옳은 마음으로 항상 사유하여라.[31]

生死極苦이나 從諦得度라
度世八道[32]는 斯除衆苦니라. (파: 191)

생사는 매우 고통스러운 것이나
진리를 따르면 벗어날 수 있다.
세간을 벗어나게 하는 팔정도는
이런 여러 가지 고뇌를 없애버린다.

☞ 고뇌의 원인을 규명하여야 제거할 수 있다.

18) 참다운 귀의만이 고뇌를 벗어날 수 있다.

自歸三尊[33]이 最吉最上이라

---

31 苾芻說出家 三業應調伏 不邪命自活 心善常思惟(『법집요송경』)

32 八道: 팔정도八正道를 말한다. 곧 정견正見·정사유正思惟·정어正語·정행正行·정명正命·정정진正精進·정념正念·정정正定이다.

唯獨有是하여 度一切苦니라. (파: 192)

스스로 삼존三尊에 귀의하면
매우 길상하다.
오로지 홀로 이렇게 한다면
일체 고뇌를 벗어난다.

19) 정행正行하고자 한다면 여래의 항상함을 수행해야 하며, 항상 여시법如是法을 관조하여 오래 보존하여 변역變易하지 말라.[34]

士如中正[35]하여 志道不慳이라
利哉斯人하여 自歸佛者니라. (파: 196)

사람이 중정中正하면
마음을 도에 두어 간탐慳貪하지 않는다.
영리하구나! 이런 사람은
스스로 부처님께 귀의한 것이다.

---

33 三尊: 불법승佛法僧 삼보를 말한다. 서방 삼존三尊은 아미타불阿彌陀佛·관음보살觀音菩薩·대세지보살大勢至菩薩이고, 약사 삼존불은 약사불藥師佛·일광불日光佛·월광불月光佛이며, 석가모니 삼존불은 석가불釋迦佛·문수보살文殊菩薩과 보현보살普賢菩薩이다.

34 若欲自正行 應修如來常 常觀如是法 長存不變易(『열반경』)

35 中正: 어느 한쪽으로 치우치지 않고 올바름.

☞ 부처는 중정中正한 상태에서 청정한 마음을 소유한 사람이다.

20) 불경을 보게 된다면 제일의第一義를 통달하여야 한다. 옳게 해석하면 진실한 의의를 이해하게 된다.[36]

明人難值하고 亦不比有이니
其所生處에 族親蒙慶이니라. (파: 193)

명철한 사람은 만나기 어렵고
또한 비견할 만한 사람도 없으니
그가 태어나는 곳에서는
친족들이 경사慶事를 만난다.

21) 삼보를 말하면서 항상 화합과 편안함을 추구하는 것이 불자의 사명이다.

諸佛興快하고 說經道快며
衆聚[37]和快이니 和則常安이라. (파: 194)

여러 부처님이 흥기하니 통쾌하고
경전을 설하여 말하니 유쾌하며

---

36 有但見佛經 通達第一義 有得善解釋 而解實義者(『십주비바사론』)

37 중취衆聚: 집단적集團的으로 모여 있음이다. 즉 승단僧團을 말한다.

여럿이 모여 화합하니 상쾌하고
화합하니 항상 안락하다.

◉ 욕망이 끝이 없다는 것을 아는 것만으로도 현자이다.

天雨七寶하고 欲猶無厭이며
樂少苦多하면 覺者爲賢이니라. (파: 186)

하늘에서 칠보가 비처럼 내려와도
욕망은 만족할 줄 모른다.
즐거움은 잠시이고 고뇌는 많으니
이를 깨닫게 되면 현명해진다.

◉ 천복天福도 탐내지 않고 은애심恩愛心도 저버리면 불제자이다.

雖有天欲이라도 慧捨無貪이라
樂離恩愛이어야 爲佛弟子이니라. (파: 187)

하늘이 내린 욕망이 있더라도
지혜로이 버리고는 탐내지 않는다.
즐거이 은애심恩愛心도 여의어야
부처의 제자가 되었다고 한다.

23. 안녕품安寧品

安寧品者는 差次[1]安危[2]니
去惡卽善이면 快而不墮니라.

안녕품은
안위의 차별을 말함이니
악을 제거하면 곧 선하니
즐겁고 (악도에) 떨어지지 않는다.

☞ 衆生常欲得安樂 而不知修安樂因
如來能教令修習 猶如慈父愛一子(『화엄경』)
중생은 항상 안락하기를 바라면서
안락의 인자因子를 수습修習할 줄 모른다.
여래께서 가르쳐 수습하게 하는 것은
자애로운 아버지가 외아들을 사랑하는 것과 같다.

---

1 차차差次: 차별을 말한다.
2 安危: 안전安佺함과 위태危殆스러움.

1) 애욕에서 우수憂愁가 일어나고 애욕에서 포외怖畏가 일어난다. 애욕하는 바가 없다면 어찌 우수와 포외가 일어나겠느냐?[3]

我生已安하니 不慍於怨이라
衆人有怨하여도 我行無怨하리라. (파: 197)

나는 편안하게 살고 있으니
원한에도 성내지 않는다.
사람들은 원한에 사무쳐 있지만
내 행에는 원한이 없다.

☞ 원한이 있으면 안녕하지 못하다. 즉 원한 없이 사는 게 안녕이다.

2) 나는 식상食想을 저버렸으니 끝내 기갈의 걱정이 없다. 내가 이제 그대를 위하여 수순隨順한 원願을 말하겠다.[4]

我生已安이니 不病於病이라
衆人有病이라도 我行無病이니라. (파: 198)

나는 편안하게 살고 있으니
질병 속에서도 괴롭지 않다.

---

3 愛處生憂愁 愛處生怖畏 若無所愛樂 何愁何怖畏(『법집요송경』)

4 我已離食想 終無飢渴患 我今當爲汝 說其隨順願(『열반경』)

사람들이 질병으로 괴로워하지만
내 행에는 괴로움이 없다.

3) 대개 사람들은 우수憂愁를 가지고 있지만 세상에는 아름다운 일들이 무량하다. 우수는 은애恩愛를 생각함에 연유한 것이지만 생각마저 없다면 우수도 없다네.[5]

我生已安이니 不慼於憂니라
衆人有憂이라도 我行無憂이니라. (파: 199)

나는 편안하게 살고 있으니
근심 속에서도 걱정하지 않는다.
사람들이 근심이 있더라도
내 행에는 근심이 없다.

4) 생각을 일으키지 않아야 하니, 생각하면 증오를 쌓아가는 것, 이에 모든 속박이 없어지면 생각도 하지 말고 생각하지 않음도 없어야 하리라.[6]

我生已安이니 清淨無爲[7]이니라

---

5 夫人懷憂愁 世善無數量 斯由念恩愛 無念則無愁(『법집요송경』)

6 是故不生念 念者是惡累 彼則無諸縛 無念無不念(『법집요송경』)

7 無爲: 인연적인 조작이 없음을 말한다.

以樂爲食하니 如光音天[8]이라네. (파: 200)

나는 편안하게 살고 있으니
청정하고 무위하다.
즐거움으로 음식을 삼으니
마치 광음천과 같다.

☞ 청정무위에 안녕이 있다.

5) 만약 색色에 집착하여 좋아한다면 방일에 끌려다니는 것이니, 스스로를 생각하고자 한다면 악과 함께하지 않아야 한다.[9]

我生已安이니 澹泊[10]無事라
彌薪國[11]火인들 安能燒我리오.

나는 편안하게 살고 있으니
담박한 생활로 아무 일이 없다.
미신국彌薪國의 큰 불인들
어찌 나를 태울 것인가?

---

8 光音天: 색계色界 이선천二禪天이다.

9 若謂樂著色 放逸之所使 夫自念欲者 不與惡共居(『법집요송경』)

10 澹泊: 담박淡泊과 같다.

11 彌薪國: 대화재로 유명한 옛날 인도의 밭이랑.

☞ 진정한 안녕은 담박한 생활과 무사함에 있다.

6) 즐거움도 극에 이르면 해롭고 죽음의 왕으로 기록된다. 사람들아! 주야로 색色에 염애念愛하는 것을 소멸하라.[12]

勝則生怨이고 負則自鄙니라
去勝負心하여 無爭自安하라. (파: 201)

이기면 원한을 일으키고
지면 스스로 비굴해진다.
승부욕을 없애버려
다툼이 없으면 스스로 편안하다.

☞ 삶은 투쟁이다. 그러나 물욕을 향한 투쟁은 원한만 초래한다.

7) 스스로 깊은 근원을 파헤쳐도 죽음으로 가는 길을 넘어설 수 없다. 선하건 선하지 않은 형색이건 색을 애착하면서도 말로는 애착하지 않는다고 한다.[13]

熱無過婬하고 毒無過怒하며
苦無過身하고 樂無過滅[14]이니라. (파: 202)

---

12 樂極而害至 爲死王所錄 若人處晝夜 消滅念愛色(『법집요송경』)

13 自掘深根源 不越死徑路 不善形善色 愛色言非愛(『법집요송경』)

치열한 것으로는 음욕을 넘어서지 못하고
악독한 것으로는 성냄을 넘어서지 못하며
고통으로는 몸을 넘어서지 못하고
즐거움으로는 적멸을 넘어서지 못한다.

☞ 적멸의 낙을 즐길 줄 아는 수행자가 되자.

8) 삼보를 계략計略하면서 항상 함께 진제眞諦에 머물라. 이것이 모든 부처의 최상의 서원이다.[15]

無樂小樂과 小辯小慧[16]를
觀求大者하니 乃獲大安이니라.

소락小樂·소변小辯·소혜小慧를
즐기지 않고
관조觀照하여 대락大樂·대변大辯·대혜大慧를 구하면
바로 큰 안락을 얻는다.

☞ 위대한 웅지雄志로 인류를 생각하라.

---

14 滅: 적멸寂滅, 열반涅槃을 말한다.

15 若能計三寶 常住同眞諦 此則是諸佛 最上之誓願(『열반경』)

16 樂, 辯, 慧: 안락, 변설辯舌, 지혜를 말한다.

9) 여래는 중생을 위하여 고행을 수행하고, 육도六度를 성취하여 구족하고 원만히 하였다. 마음은 삿된 바람에도 조금도 흔들리지 않았으므로 훌륭한 세간의 스승이 되었다.[17]

我爲世尊이라 長解無憂이고
正度三有[18]하니 獨降衆魔하니라.

나는 세상의 존귀한 이 되었으니
길이 벗어나 걱정이 없고
삼유三有를 바르게 제도하니
홀로 여러 마귀들을 항복시켰다.

10) 강물이 반복하여 도는데 매몰된 중생은 무명에 눈멀어 벗어날 줄 모르네. 여래는 자신을 제도하고 남도 제도하였으므로 부처를 위대한 선사(船師: 항해사)라고 말한다.[19]

見聖人快하고 得依附[20]快하며
得離愚人하니 爲善獨快니라. (파: 206)

---

17 如來爲衆修苦行 成就具足滿六度 心處邪風不傾動 是故能勝世大士(『화엄경』)

18 三有: 욕계欲界, 색계色界, 무색계無色界를 말한다.

19 有河廻復沒衆生 無明所盲不知出 如來自度能度彼 是故稱佛大船師(『열반경』)

20 의부依附: 의지하려고 가까이 다가감.

성인을 보니 기쁘고
의지하여 다가갈 곳 얻으니 기쁘다.
어리석은 사람을 멀리하니
옳은 일 하여 홀로여도 기쁘다.

☞ 선망羨望하는 사람이 없으면 슬픈 인생이다.

11) 방일하지 않으려는 생각으로 비구계를 구족하고 스스로 총섭總攝하는 선정禪定의 마음, 그 마음을 수호하라. 내 법에서 방일하지 않는 사람은 고뇌의 근본이 없어지며 생生·노老·사死를 끝낸다.[21]

守正道快하고 巧說法[22]快하며
與世無諍하고 戒具常快니라.

바른 도 지키니 기쁘고
공교工巧한 설법도 기쁘며
세상 사람들과 더불어 다투지 않고
계율을 구족하니 항상 기쁘다.

☞ 수행자가 가져야 할 것을 말하였다.

---

21 念無放逸 比丘戒具 自攝定意 守護其心
若於我法 無放逸者 能滅苦本 盡生老死(『장아함경』)

22 巧說法: 훌륭한 설법.

12) 복을 좋아하여 선을 실천하는 사람은 이를 따라 피안에 이르러 스스로 많은 복 받으리니 친한 이가 오는 것과 같이 기쁘다.[23]

依賢居快가 如親親會로구나
近仁智者하니 多聞高遠[24]이니라.

현인에 의지하여 함께 있는 기쁨이
친척이나 친근한 벗을 만난 것 같구나.
어질고 슬기로운 사람을 가까이하면
다문多聞하여 고원高遠해진다.

13) 다른 사람들에게 존경을 받는 연유는 모두 자기가 만든 것에 따르는 것이니, 현세에서는 명예를 얻고 내생에서는 천상에 태어난다.[25]

壽命鮮少[26]하여 而棄世[27]多니라
學當取要해야 令至老安이니라.

수명은 길지 않아서

---

23 好福行善者 從此達於彼 自受多福祚 如親厚來喜(『법집요송경』)

24 高遠: 뜻과 포부가 고상하고 원대함.

25 爲人所敬故 皆由己所造 現世得名譽 後生於天上(『법집요송경』)

26 선소鮮少: 얼마 되지 않음.

27 기세棄世: 세상을 버림, 곧 죽음을 말한다.

죽는 사람이 많다.
배움에서 요지要旨를 취해야만
늙어서도 편안해진다.

☞ 노인은 죽음으로 다가가지만, 죽음은 젊은이를 찾아간다.[28]

14) 가르침을 수습修習하고 품수稟受하면서 법행法行이 아닌 것은 제지制止하라. 옳은 것만 생각하고 그른 것은 당연히 저버려야 한다.[29]

諸欲得甘露[30]이면 棄欲滅諦[31]快이라
欲度生死苦이면 當服甘露味니라.

모두가 감로를 얻고자 한다면
애욕을 버리고 멸제滅諦를 얻어야 기쁘다.
생사의 고뇌를 벗어나려면
마땅히 감로미甘露味를 먹어야만 한다.

☞ 불법은 적멸寂滅을 이상理想으로 한다.

---

28 Old men go to death, but death comes to young men.

29 敎習使稟受 制止非法行 善者之所念 惡者當遠離(『법집요송경』)

30 감로甘露: 여래가 말한 진리의 교법敎法을 말함.

31 멸제滅諦: 사제四諦의 하나로 번뇌가 없는 이상적인 상태이다.

◉ 적정寂靜은 음욕과 탐욕이 없어진 상태이다.

解知念待味는 思將休息義니라
無熱無饑想하면 當服於法味하리라. (파: 205)

견해·알음알이·생각으로 기대하는 맛은
앞으로 고요한 적정의 의의意義를 생각한다.
음욕과 탐욕하는 상想이 없어져야만
마땅히 법미法味를 맛보게 되리라.

◉ 슬기로운 사람은 거룩한 진리를 수호하려고 미혹을 취하지 않으며, 탐욕하지 않으면 기쁘고 즐겁다고 하니 이는 거룩한 진리이다.

與愚同居難은 猶與怨同處라
當選擇其居는 如與親親會이네. (파: 207)

어리석은 사람과 함께 있기 어려운 것은
마치 원수와 함께 있는 것과 같다.
마땅히 그 함께함을 선택하는 것은
마치 친한 친척이 함께하는 것과 같아야 한다.

◉ 다문多聞으로 견문을 넓히고 지계로 번뇌를 끊는 수행은 아름답다.

是故事多聞하고 幷及持戒者는
如是人中上이니 如月在衆星이니라. (파: 208)

그러므로 법문을 많이 들으려고 하고
아울러 지계하는 사람은
이와 같으면 사람 중에서도 훌륭하니
달이 뭇별 속에 있는 것과 같다.

24. 호희품好喜品

好喜品者는 禁人多喜하며

能不貪欲하면 則無憂患이니라.

호희품은

사람이 즐거움을 중히 여김을 금하니

탐욕하지 않으면

근심 걱정이 없어진다.

☞ 心不住止息[1] 亦不知善法

迷於出世事 無有正知見

마음이 지식止息에 머물지 않으면

역시 선법을 알 수가 없다.

출세사出世事에 미혹하면

올바른 지견이 있을 수 없다.

---

1 止息: 멎음, 멈춤, 머물러 쉼.

1) 온갖 애욕하는 마음과 자신까지 버리고도 버렸다는 생각조차 없어야 신행이라 할 수 있다.

違道則自順하고 順道則自違하며
捨義取所好면 是爲順愛欲이니라. (파: 209)

어긋난 진리에 스스로 순종하고
수순隨順한 진리에 스스로 어긋나며
의義를 버리고 좋아하는 바를 취하면
이는 애욕을 따르는 게 된다.

2) 애욕은 깨달음의 적이다.

不當趣所愛하고 亦莫有不愛하라
愛之不見憂이고 不愛見亦憂이라. (파: 210)

응당 애욕하는 바에 향하지 말고
또한 애욕하지 않음도 없도록 하라.
애욕하는 것을 보지 못하면 근심이고
애욕하지 않는 것을 보면 또 근심거리이다.

3) 애욕은 애증을 낳아 번뇌를 만들게 된다.

是以莫造愛하라 愛憎惡所由이니
已除縛結[2]者는 無愛無所憎이니라. (파: 211)

그러므로 애욕을 만들지 말라.
애욕으로 말미암아 증오가 생기니
이미 결박을 없앤 사람은
애욕이 없고 미워하는 바도 없다.

4) 증애심憎愛心을 없애면 성불한다.

愛喜[3]生憂하고 愛喜生畏하니
無所愛喜면 何憂何畏이리오. (파: 213)

사랑하고 기뻐함이 근심을 낳고
사랑하고 기뻐함이 두려움도 낳는다.
사랑하고 기뻐하는 바가 없으면
어찌 근심스럽고 두려울 것인가.

---

2 縛結: 박縛과 결結은 속박束縛의 의미로, 바로 번뇌를 말한다.
3 愛喜: 애욕愛欲에 의한 기쁨. 또는 사랑과 기쁨.

5) 호락好樂도 성불의 장애물이다.

好樂生憂하고 好樂生畏이니
無所好樂이면 何憂何畏이리오. (파: 212)

좋아하고 즐거워함이 근심을 낳고
좋아하고 즐거워함이 두려움도 낳는다.
좋아하고 즐거워하는 바가 없으면
어찌 근심스럽고 두려울 것인가.

6) 모든 유정들아, 마음으로 선정을 즐기지 탐욕의 의지를 즐기지 말라. 매우 수승한 용약踊躍의 의지는 역시 내가 있음도 보지 못한다.[4]

貪欲生憂하여 貪欲生畏니라
解無[5]貪欲이면 何憂何畏이리오. (파: 216)

탐욕은 근심을 낳고
탐욕은 두려움을 낳는다.
깨달아 탐욕이 없으면
어찌 근심스럽고 두려울 것인가.

4 諸有心樂禪 不樂於欲意 最勝踊躍意 亦不見有我(『법집요송경』)
5 解無: 팔리어 경전에서는 '無所'로 되어 있다.

7) 계율을 갖추어 원만한 인격이 형성되어야 많은 사람들의 존경을 받는다.

貪法戒成하고 至誠知慚하여

行身[6]近道면 爲衆所愛니라. (파: 217)

불법을 갈망하여 계율을 성취하고

지극한 정성으로 부끄러움을 알며

몸으로 행함이 도에 가까워지면

뭇사람에게 사랑을 받게 된다.

8) 마음은 항상 청정하며 보시를 행하면서 보리菩提를 구하며 보답을 바라지도 않는다. 베푸는 것으로 환희하며 후회하지 않는 이는 미묘한 보시로 해탈을 얻는다.[7]

欲態不出하고 思正乃語하며

心無貪愛면 必截流[8]渡니라. (파: 218)

애욕의 모습 드러내지 말고

---

6 行身: 입신출세立身出世하여 세상에서 처세하는 것을 말한다.

7 心常淸淨恒行施 爲求菩提不望報 施已歡喜無追悔 是爲妙施得解脫(『허공장보살소문경』)

8 절류截流: 세속 세계에 있어서의 욕망을 끊는 것을 말한다.

바른 생각하고 말하며
마음에 탐애함이 없으면
반드시 욕망의 흐름을 끊어 건너가게 된다.

9) 인생을 즐거운 여행이어야 한다.

譬人久行하여 從遠吉還하고
親厚[9]普安하면 歸來喜歡이니라. (파: 219)

비유하면 사람이 멀리 갔다가
무사히 돌아오는 것과 같아
친후親厚들이 두루 편안해져서
무사히 돌아온 것을 환희한다.

10) 스스로 환희에 이르게 되면 신身·구口·의意 삼업三業이 상응한다. 평등한 해탈을 증득함으로 비구는 통쾌한 마음일 뿐이다.[10]

好行福者는 從此到彼하여
自受福祚는 如親來喜이니라. (파: 220)

복을 행하기를 좋아하는 사람은

---

9 친후親厚: 친척親戚을 말한다.

10 自則致歡喜 身口意相應 以得等解脫 苾芻息意快(『법집요송경』)

차안에서 피안에 이르러
스스로 복을 지어 받는 게
친척이 오면 반가운 것과 같다.

☞ 복은 자기가 짓고 자기가 받는다.

11) 지키려는 의지는 저절로 장엄하고 남이 질투하여도 열심히 하며, 근심을 만나도 환고患苦하지 않으니 슬기로운 사람은 진리를 살펴서 머문다.[11]

起從聖教하여 禁制[12]不善하라
近道見愛하고 離道莫親하라.

성스러운 가르침을 따르기로 하였으면
옳지 못한 것은 저지르지 말라.
도를 가까이하는 사람은 사랑하고
도를 저버린 사람은 가까이하지 말라.

☞ 진리를 신봉하지 않는 사람과는 사귀지 말라.

---

11 護意自莊嚴 嫉彼而營己 遭憂不患苦 智者審諦住(『법집요송경』)

12 禁制: 어떤 행위를 하지 않게 하는 것.

12) 사람이 마음을 수호하지 않고 사견邪見으로 해를 끼치면서 더불어 즐기기만 하려는 의지를 가진다면 이들은 죽음의 길로 나아간다.[13]

近與不近은 所住者異니
近道昇天하고 不近墮獄니라.

진리에 친근하냐 그렇지 않느냐에 따라
머무는 곳이 다르다.
친근하면 하늘에 오르고
친근하지 않으면 지옥에 떨어진다.

◉ 일체 애욕과 환락에서 벗어나라.

愛樂生憂하고 愛樂生畏니라
無所愛樂하면 何憂何畏이리오. (파: 214)

사랑하고 좋아함으로부터 근심이 생기고
사랑하고 좋아함으로부터 두려움이 생긴다.
사랑하고 좋아함이 없으면
어찌 근심과 두려움이 있으리오.

13 人不守護心 爲邪見所害 兼懷掉戱意 斯等就死徑(『법집요송경』)

◉ 애욕은 오염되는 것이니 이를 갖지 말라.

愛欲生憂하고 愛欲生畏니라

無所愛欲하면 何憂何畏이리오. (파: 215)

애욕으로부터 근심이 생기고

애욕으로부터 두려움이 생긴다.

애욕할 게 없다면

어찌 근심과 두려움이 있으리오.

25. 분노품忿怒品

忿怒品者는 見瞋恚害라도
寬弘[1]慈柔[2]하면 天祐人愛니라.

분노품은
진에瞋恚의 해침을 보더라도
너그러운 도량과 자애로움으로 다독이면
하늘이 돕고 사람들이 사랑한다.

☞ 盡智無生淸淨忍[3] 於境不染意成就
內外寂靜無所依 心淨忍辱虛空等(『허공장보살소문경』)
지극한 지혜는 청정인淸淨忍을 일으키지도 않고도
경계에 염착하지 않으면서 의지를 성취한다.
내외가 적정하여 의지할 게 없고
마음이 청정한 인욕은 허공과 같다.

---

1 관홍寬弘: 마음이 너그럽고 도량이 큼.
2 자유慈柔: 자애로 다독이는 것을 말한다.
3 청정인淸淨忍: 자성自性이 청정한 것을 말한다.

1) 사람이 성내고 분노하는 마음을 일으키면 모든 선업을 일으키지 못한다. 후에 성내는 마음이 없어지려면 지혜의 불이 더욱 치성해야 한다.[4]

忿怒不見法하고 忿怒不知道이니
能除忿怒者는 福喜[5]常隨身이니라.

분노가 일어나면 법을 보지 못하고
분노가 일어나면 도를 알지 못한다.
능히 분노를 제거한 사람은
복과 기쁨이 항상 따라 다닌다.

☞ 분노는 어리석음으로 시작해서 후회로 끝난다.

2) 분노를 없애고 아만我慢을 없애면서 모든 번뇌를 멀리 저버려라. 명색名色에 염착하지 말고 원가怨家와 함께 있지 말라. 성냄을 없애면 편안하게 잠을 이룰 수가 있으며 성냄이 없어지면 근심이 없어진다.[6]

貪婬[7]不見法하고 愚癡意亦然이니

---

4 人興恚怒心 作諸不善業 後恚若得除 智火漸熾盛(『법집요송경』)

5 복희福喜: 행복과 희열.

6 除瞋去我慢 遠離諸煩惱 不染彼名色 寃家無有伴 除恚得善眠 恚盡不懷憂(『법집요송경』)

除婬去癡者는 其福第一尊이니라.

탐음貪婬이 일어나면 법을 보지 못하고
어리석은 마음 역시 그렇다.
탐음을 없애고 어리석음 제거하면
그 복이 제일 존귀하다.

3) 성냄은 근본을 병들게 하여 비구에게는 달콤하지만 성현은 모두 없애버렸고, 그것을 다 끊으면 편하게 수면睡眠한다.[8]

恚能自制하여 如止奔車면
是爲善御이니 棄冥入明하리라. (파: 222)

성냄을 스스로 억제하여
마치 달리는 수레를 멈추듯 하면
이는 훌륭한 마부라 하니
어둠을 버리고 밝음으로 들어간다.

☞ 분노를 자제하는 사람은 자기와의 투쟁에서 이긴 사람이다.

4) 참괴慚愧하지 않으면 다시 즐겨 진노瞋怒를 일으킨다. 진노가 얽히고설

---

7 貪婬: 탐욕과 음탕함.

8 恚爲毒根本 苾芻爲甘甛 賢聖悉能除 斷彼善眠睡(『법집요송경』)

켜 어두운 것은 밝은 등불을 잃었음이다.[9]

忍辱勝恚하고 善勝不善이라

勝者能施하고 至誠勝欺니라. (파: 223)

인욕은 성냄을 이기고

옳은 것은 그른 것을 이긴다.

이긴 사람이 능히 보시하고

지극한 정성은 기만을 이긴다.

☞ 참고 기다리는 인생은 가치가 있다.

5) 진리를 말하고 성내지 말며, 구걸하는 사람에게는 베풀려고 생각하라. 셋은 분명히 정해진 곳이 있으니, 저절로 천궁天宮에 머무른다.[10]

不欺不怒하고 意不多求하여

如是三事면 死則上天이니라. (파: 224)

기만하지 않고 성내지 않으며

마음으로 많은 것을 구하지 않는

이와 같은 세 가지 일로도

---

9 無慚復無愧 復好生瞋怒 爲瞋所纏縛 彼闇失明燈(『법집요송경』)

10 諦說不瞋恚 乞者念以施 三分有定處 自然處天宮(『법집요송경』)

죽으면 하늘에 올라간다.

6) 의도함이 없으면 어떻게 성냄이 있으리오. 스스로 살펴보면 삶이 명랑해지고, 평등·지혜·선정·해탈을 알게 되면 진에가 없어진다.[11]

常自攝身하고 慈心不殺이면
是生天上하여 到彼無憂니라. (파: 225)

항상 자기 몸을 다스리고
자애로운 마음으로 살생하지 않으면
이로써 천상에 태어나는데
그곳에 이르면 근심이 없다.

7) 항상 슬기로운 분의 가르침을 익히고 어리석은 사람의 모임에는 함께하지 말라. 추악하고 천박한 말을 참을 수 있으면 인욕 중의 최상이라 말한다.[12]

意常覺寤하고 明慕勤學이면
漏盡意解하여 可致泥洹[13]이니라. (파: 226)

---

11 息意何有恚 自撿壽中明 等智定解脫 知已無有恚(『법집요송경』)

12 常習智者教 不與愚人集 能忍穢陋言 故說忍中上(『법집요송경』)

13 니원泥洹: 열반涅槃을 말한다.

마음은 항상 깨어 있고
밝음을 흠모하여 부지런히 배우면
번뇌가 다하고 마음도 자유로워져
니원에 이를 수 있다.

☞ 항상 깨어 있으면서 정진하면 목적을 성취할 수 있다.

8) 자신과 다른 사람을 구제하지 못할 것을 크게 두려워한다. 다른 사람의 진에를 아는 것과 같이 자기 안의 허물을 없애버려라.[14]

人相謗毁[15]하여 自古至今이라
旣毁多言하고 又毁訥忍하며
亦毁中和[16]하니 世無不毁니라. (파: 227)

사람들이 서로 헐뜯고 비난하는 것은
예전부터 지금에까지 이르렀다.
이미 말이 많다고 헐뜯고
또 어눌하여 못한다고 헐뜯으며
또 그 중간으로 조화로워도 헐뜯으니
세간은 헐뜯지 않는 것이 없다.

---

14 自我與彼人 大畏不可救 如知彼瞋恚 宜滅己中瑕(『법집요송경』)

15 방훼謗毁: 헐뜯고 비난함.

16 中和: 한쪽으로 치우치지 않는 성정으로, 즉 진리를 말한다.

9) 분노하는 힘은 힘이 될 수 없는데, 성냄으로써 힘이 된 것이다. 성냄은 썩어버리는 법法이어서 옳게 향응響應할 줄 모른다.[17]

欲意非聖이니 不能制中[18]이면

一毀一譽가 但爲利名이니라. (파: 228)

욕심내는 마음은 성스럽지 않으니

이 둘을 절충할 수 없다.

한 번 헐뜯음과 한 번 칭찬이

단시 명리를 위함이다.

10) 훼예毁譽가 있더라도 희노喜怒하지 않고 분별하지 않아 고하高下도 없애라. 인욕은 평지와 같음을 알면 문지방이 없어져 가르침에 의해 인욕으로 유정有情을 제도한다.[19]

明智所譽는 唯稱是賢이요

慧人守戒하며 無所譏謗[20]이니라.

---

17 彼力非爲力 以恚爲力者 恚爲凡朽法 不知善響應(『법집요송경』)

18 制中: 중도中道로 억제함이니, 즉 절충折衷을 말한다.

19 設有毀譽無喜怒 無所分別無高下 知忍如地無門閫 依教忍辱度有情(『허공장보살소문경』)

20 기방譏謗: 비웃고 헐뜯음. 비방함.

명석하고 지혜로운 사람이 받는 명예는
오로지 현인이라 일컬어지는 것일 뿐이다.
지혜로운 사람은 계율을 지켜
비방 받는 바가 없다.

11) 일체 법성法性이 공하다는 것을 알게 되면 인상·아상·수자상이 없는 게 분명하다. 인연과 조작도 멀리하지 않으면서 인욕하는 게 진실행에서 제일이다.[21]

如羅漢[22]淨하여 莫而誣謗[23]이면
諸人咨嗟[24]하여 梵釋[25]所稱이니라. (파: 230)

마치 아라한처럼 청정하여
함부로 속이고 헐뜯지 않으면
모든 사람들이 찬양하여
제석천이 칭찬한다.

☞ 하나의 허물도 가까이하지 않는 청정한 마음은 고귀하다.

---

21 雖知一切法性空 無人無我無壽明 不遠因緣及造作 此忍最爲眞實行(『허공장보살소문경』)

22 羅漢: 아라한을 말함.

23 무방誣謗: 없던 일을 꾸며 헐뜯음.

24 자차咨嗟: 찬양하고 감탄함.

25 梵釋: 제석천帝釋天을 말한다.

12) 인욕은 원망을 이기고 옳은 것은 그른 것을 이긴다. 훌륭한 사람은 옳게 베풀고 참으로 성심誠心이면 거짓 선을 이긴다.[26]

常守愼身하여 以護瞋恚하고
除身惡行하여 進修德行하라. (파: 231)

항상 몸을 삼가고 지키며
진에를 다스려라.
몸으로 짓는 악행을 없애고
나아가 덕행을 닦아라.

13) 성내지 않으면 해를 입지 않으니 항상 생각하여 진실하게 살아라. 어리석은 사람은 스스로 성내고 원망을 만들면서 살아가고 있다.[27]

常守愼言하여 以護瞋恚하며
除口惡言하며 誦習[28]法言[29]하라. (파: 232)

항상 말을 삼가고 지켜
진에를 다스려라.

---

26 忍辱勝於怨 善勝不善者 勝者能施善 眞誠勝欺善(『법집요송경』)

27 無恚亦不害 恒念眞實行 愚者自生恚 結怨常存在(『법집요송경』)

28 誦習: 외워서 익힘.

29 法言: 진리인 말.

입으로 짓는 악한 말을 없애고
법언法言을 외우고 익혀라.

☞ 법언을 항상 외우고 익히는 게 성불하는 길이다.

14) 유화宥和로 분노를 이기고, 정의正義로 불의를 이기며, 보시로 간탐慳貪을 이기고, 진실로 허위를 물리쳐라.

常守愼心하여 以護瞋恚하고
除心惡念하며 思惟念道하라. (파: 233)

항상 마음을 수호하여 신중하며
진에를 다스려라.
마음에서 악념惡念을 없애고
사유하며 도를 염두에 두어라.

☞ 잠시도 성불하겠다는 의지를 버리지 말라.

15) 성취한 모든 인욕을 말할 것 없고, 무생법인도 말할 게 없다. 구족한 적정寂靜을 말할 것 없고, 적정한 곳에 머무는 것도 말할 것 없다.[30]

---

30 成就諸忍不可說 無生法忍不可說 具足寂靜不可說 住寂靜地不可說.

節身愼言하고 守攝[31]其心하여

捨恚行道하라 忍辱最強이니라. (파: 234)

몸을 절제하고 말을 신중히 하고

마음을 수호하고 굳게 지키며

진에를 버리고 도를 행하라.

인욕하는 게 가장 강하다.

☞ 청정심에 파랑波浪을 일으키지 않는 게 인욕이다.

16) 회향하며 보시를 실천하고 또 금계禁戒를 견지하며, 오래 정진하여 항상 두려움도 없고 인욕하며 유화柔和하니 부동심不動心이다.[32]

捨恚離慢하고 避諸愛會하며

不著名色하면 無爲滅苦이라. (파: 221)

진에를 버리고 교만함도 여의고

모든 사랑하는 것과의 만남도 벗어나며

명색名色에 염착하지도 않으면

함이 없어 괴로움도 없다.

---

31 수섭守攝: 다스려 굳게 지키는 것. 수호와 같은 의미이다.

32 如其廻向行布施 亦復堅持於禁戒 精進長時無退怯 忍辱柔和心不動.

☞ 청정심에서 나오는 행위는 수순법隨順法이다.

17) 자기에게 승리하여 악을 받아들이지 않으니 일체 세간에서 수승하구나. 예지가 둘러싼 게 끝없으니 꾀어내려 하였지만 내가 승리하였다.[33]

起而解怒하고 婬生自禁하여
捨不明健[34]하면 斯皆得安이라네.

청정심이 일어나 분노를 벗어나고
음욕이 생기면 스스로 금하여
무명의 뿌리를 버려버리면
모두가 안온락安穩樂을 얻는다.

☞ 무명의 뿌리까지 발제拔除하였으니 항상 안온한 즐거움만 있다.

18) 슬기로운 사람은 어리석게 굴지 않고 세상을 관찰하고는 수순隨順하게 교화한다. 구적垢迹이 없음을 말하지만 영원히 없애버려 더 이상이 있을 수 없다.[35]

瞋斷臥安하고 恚滅婬憂[36]하라

---

33 己勝不受惡 一切世間勝 叡智廓無邊 誘蒙吾爲勝(『법집요송경』)
34 불명건不明健: 『出曜經』에서는 무명근無明根이라 하여 이로써 번역하였다.
35 智人不處愚 觀世而隨化 說於無垢迹 永息無有上(『법집요송경』)

怒爲毒本이니 軟意梵志[37]하며
言善得譽하고 斷爲無患이니라.

진에가 없어지니 누워도 편안하고
진에가 없어지니 근심도 없어졌다.
분노는 삼독의 근본이니
유연한 마음을 가진 범지는
옳은 말로 영예를 얻고
유위를 단제하니 우환이 없다.

☞ 탐진치는 유위법有爲法이니, 이를 단제斷除하면 저절로 안양국安養國이다.

19) 용맹스러운 사자후와 정법正法은 여래라고 하고, 법설法說과 의설義說에 이르기까지 깨달으면 영원히 안녕하다.[38]

同志相近하며 詳爲作惡이면
後別餘恚하며 火自燒惱니라.

---

36 瞋斷臥安 恚滅婬憂: '賢聖能惡除 斷彼善睡眠'이라고 진秦나라 책에 되어 있다. 이를 참고하여 번역하였다. '음婬'은 '무無'가 아닌가 생각하는 것도 같은 맥락이다.
37 梵志: 바라문을 말한다.
38 勇猛獅子吼 正法名如來 法說及義說 覺者永安寧(『법집요송경』)

뜻이 같아 서로 가깝더라도

거짓으로 악을 저지르면

이별 후에 분노가 남고

불이 자신을 태우듯 괴롭다.

☞ 진정한 벗은 진에가 없이 서로를 감싸주어야 한다.

20) 용기로 굳건하게 세운 정려靜慮로 출가하여 밤낮으로 번뇌를 없애니, 여러 천사들이 항상 위호衛護하고 기려 수기를 받아 부처가 되었다.[39]

不知慚愧면 無戒有怒라

爲怒所牽이면 不厭有[40]務이니라.

부끄러움을 알지 못하면

계율은 없고 분노만 있다.

분노의 노예가 되면

생사윤회를 싫증내지 않게 된다.

21) 힘이 있으면 가까이 용맹한 군사가 있고, 힘이 없으면 물러나 겁약하게 된다. 인욕하는 것을 상장上將으로 삼고, 의당 인욕하며 나약해지지 말라.[41]

---

39 勇健立靜慮 出家日夜滅 諸天常衛護 爲佛所稱記(『법집요송경』)

40 有: 존재存在. 즉 생사윤회를 말한다.

有力近兵하고 無力近軟이며
夫忍爲上이면 宜常忍羸이니라.

힘이 있으면 병사에 가까워지고
힘이 없으면 연약함에 가까워진다.
무릇 인욕은 위대한 것이니
항상 약함을 참고 견뎌야 한다.

☞ 참고 견디는 사람에게 행복이 찾아온다.

22) 스스로 획득한 정각은 무엇과도 견줄 게 없어 세간의 일체법에 염착하지 않는다. 일체의 지혜와 무외無畏한 능력을 갖추었으니, 자연 스승도 없고 보증할 것도 없다.[42]

擧衆輕之하여도 有力者忍하라
夫忍爲上이니 宜常忍羸니라.

대중 모두가 그를 업신여겨도
힘이 있는 사람은 참는다.
무릇 인욕이 제일이니

---

41 有力近猛軍 無力退怯弱 能忍爲上將 宜當忍勿羸(『법집요송경』)

42 自獲正覺最無等 不染世間一切法 具一切智力無畏 自然無師無保證(『법집요송경』)

항상 약함을 참고 견뎌야 한다.

23) 허공과 같은 법에 스스로 머물고, 다시 중생을 위하여 설법하면서 일체의 마군을 항복받는 것 모두가 인욕 방편이다.[43]

自我與彼가 大畏有三이니
如知彼作이어든 宜滅己中[44]이니라.

나와 다른 사람이
크게 두려운 게 삼업三業으니
다른 사람이 지은 것을 알면
의당 자기 마음에서 단멸하여야 한다.

☞ 삼업三業을 제어할 줄 알아야 한다.

24) 세간을 요지了知하는 바탕은 바탕에 염착하는 바가 없으며, 비록 세간에 의지하지 않고도 세상을 교화하여 초탈하게 한다.[45]

俱兩行義하여 我爲彼教라도

---

43 自住如空法 復爲衆生說 降伏一切魔 皆斯忍方便.

44 自我與彼 大畏有三 如知彼作 宜滅己中: 진본秦本에는 '自我與彼人 大畏不可敎 如知彼瞋恚 宜滅己中瑕'라고 되어 있다. 三은 신구의身口意 삼업三業을 말한다.

45 了知世間性 於性無染著 雖不依世間 化世令超脫.

如知彼作이면 宜滅己中[46]이니라.

둘 모두 행의 뜻을 갖추어
내가 다른 사람을 가르치더라도
다른 사람이 지은 것을 알면
의당 자기 마음에서 단멸하여야 한다.

25) 선서善逝는 홀로 견줄 게 없는 것을 증득하였으며, 세간에 응현應現하여 정도正道를 성취하였다. 여래는 여러 천세天世에서 존경을 받았으니, 일체 신통과 원만한 지혜를 갖추었다.[47]

善智[48]勝愚하니 麤言[49]惡說[50]로
欲常勝者는 於言宜默이니라.

올바를 지혜를 가진 이는 어리석은 사람을 이기니
추언麤言과 악설惡說로
항상 승리하기를 바라는 사람은

---

46 俱兩行義 我爲彼教 如知彼作 宜滅己中: 진본秦本에는 '二俱行其義 我與彼亦然 如知彼瞋恚 宜滅其中瑕'라고 되어 있다.

47 善逝獨證無等倫 應現世間成正道 如來諸天世中尊 一切神通智圓滿.

48 善智: 올바른 지혜를 가진 사람. 원본에 '苦'로 되어 있으나 송宋·원元·명본明本에 의하여 '善'으로 고쳤다.

49 추언麤言: 거친 말.

50 악설惡說: 그릇된 학설學說.

말에 침묵해야 한다.

☞ 시의時義에 적절한 침묵은 연설보다 더한 웅변이다.

26) 악의를 저지르면서 분노하면 분노의 과보가 있다. 분노하지만 분노로 보답하지 않으면 승부에서 이기는 것이다.[51]

夫爲惡者는 怒有怒報이고
怒不報怒면 勝彼鬪負니라.

무릇 악한 사람은
분노하면 분노로 갚는다.
분노해도 분노로 갚지 않으면
그와 투쟁에서 져도 이긴 것이다.

☞ 박애博愛로 감싸는 사람은 승리한다.

◉ 부처님이 세상에 나오시니 즐겁고, 설법을 듣고 받드니 즐거우며, 대중들이 화합하니 즐겁고, 서로 화합하니 항상 편안하다.[52]

---

51 若爲惡意者 怒有怒果報 怒不報其怒 勝其彼鬪負(『법집요송경』)

52 諸佛出興樂 說法堪受樂 衆僧和合樂 和則常有安(팔리어 『법구경』)

多聞能奉法하고 智慧常定意하면
如彼閻浮金하니 孰能說有瑕이리오. (파: 229)

다문多聞하면서 법을 받들고
지혜로우면서도 항상 선정을 생각하면
이런 사람은 염부제의 금과 같으니
누가 허물을 말하겠느냐?

26. 진구품塵垢品

塵垢[1]品者는 分別清濁하며

學當潔白하여 無行汚辱[2]이니라.

진구품은

깨끗함과 더러움을 분별하고

마땅히 깨끗함을 배워서

오욕汚辱을 행하지 않는다.

☞ 無量慈心捨瞋恚 功德利益正修行

於身於命無所慳 善能解脫諸煩惱(『허공장보살소문경』)

무량한 자애로운 마음으로 진에瞋恚도 팽개친

공덕으로 이익됨이 올바른 수행이다.

신명身命에 간린慳吝[3]하지 않고

올바르게 모든 번뇌를 해탈하라.

---

1 진구塵垢: 세속. 번뇌.

2 오욕汚辱: 악덕惡德. 악한 일.

3 간린慳吝: 인색함. 간색慳嗇.

1) 몸이 악행을 저지르는 것을 지키려면 올바르게 자기 몸가짐을 보호하고, 악한 것으로부터 몸을 지키려면 항상 몸으로 선행을 실천해야 한다.[4]

生無善行이면 死墮惡道하나니
往[5]疾無間이나 到無資用[6]이니라. (파: 235)

살면서 선행을 하지 않으면
죽어서 삼악도에 떨어지니
쉼 없이 달려가지만
이르고 보면 자용資用이 없다.

☞ 지옥에 있는 사람은 천국이 어떤 것인지 모른다.

2) 과거 자신의 악업은 당연히 스스로 회한悔恨하고, 현재 몸이 방일하지 않으면 지혜로워져 죄가 없어지리라.[7]

當求智慧하고 以然意定하여
去垢勿污면 可離苦形이니라. (파: 236)

---

4 守護身惡行 自正護身行 守護身惡者 常修身善行(『법집요송경』)

5 왕往: 底本에는 주住이지만 『中本起經』에 의해 왕往으로 고쳐 함.

6 자용資用: 재물과 비용.

7 過去身惡業 應當自悔恨 今身不放逸 智生罪除滅(『법집요송경』)

응당 지혜를 구하고
그로써 마음이 안정되어
더러운 것 버리고 오염되지 않으면
괴로움의 형태조차 여의게 된다.

3) 과거의 구악업口惡業도 당연히 스스로 회한悔恨하여야 한다. 지금 망어妄語하지 않으면 지혜로워져서 죄가 없어지리라.[8]

慧人以漸하여 安徐稍進하여
洗除心垢가 如工鍊金이니라. (파: 239)

지혜로운 사람이 천천히
안정되게 서서히 조금씩 나아가
마음의 때를 씻어 없애는 것은
장인이 금을 제련하는 것과 같다.

☞ 좋은 의도만으로는 충분하지 않다. 실천이 중요하다.

4) 몸을 삼가는 데 날쌔고 재빨라야 하고, 입을 삼가는 것도 날쌘 것이 그렇다. 의업意業을 삼가는 것도 용감해야 하는데, 일체의 번뇌 역시 그렇게 해야 한다.[9]

---

8 過去口惡業 應當自悔恨 今若不妄語 智生罪除滅(『법집요송경』)
9 愼身爲勇捍 愼口悍亦然 愼意爲勇捍 一切結亦然(『법집요송경』)

惡生於心하여 還自壞形[10]이
如鐵生垢하며 反[11]食其身이니라. (파: 240)

마음에서 사악함이 일어나
도리어 스스로 형색形色을 무너뜨리는 것이
쇠가 녹이 쓸게 되면
도리어 그 몸을 먹는 것과 같다.

5) 몸을 지키는 것이 선재요 입을 지키는 것 역시 선재이며 뜻을 지키는 것이 선재요 일체를 지키는 것 역시 선재다. 비구는 일체를 수호하여 모든 고뇌를 없앤다.[12]

不誦爲言垢하고 不勤爲家垢하며
不嚴爲色垢하고 放逸爲事垢니라. (파: 241)

읽지 않으면 말이 나빠지고
근면하지 않으면 집안이 나빠지며
단정하지 않으면 모양이 나빠지고
방일하면 일이 나빠진다.

---

10 괴형壞形: 몸이 상하는 것을 말한다.

11 反: 도리어. 환과 같다.

12 護身爲善哉 護口善亦然 護意爲善哉 護一切亦然 比丘護一切 能盡諸苦際(『법집요송경』)

☞ 근면과 엄정嚴淨, 그리고 신중한 삶은 성공한다.

6) 구업口業과 의업意業을 청정하게 수호하고 몸으로는 끝내 악을 저지르지 않으면, 이 삼업三業을 청정하게 하는 게 진리라고 대선(大仙: 부처)께서는 말씀하셨다.[13]

慳爲惠施[14]垢하고 不善爲行垢라
今世亦後世이니 惡法爲常垢니라. (파: 242)

인색함은 보시를 더럽히고
불선不善은 행함을 더럽힌다.
금세와 후세에서
나쁜 법은 항상 세상을 더럽힌다.

7) 거짓말은 지옥에 들어가는 것이니 지어서 말하거나 조작하지 말라. 두 가지 죄, 후에 함께 받게 되니 이렇게 행동하면 스스로 끌려간다.[15]

垢中之垢로 莫甚於癡니
學當捨惡하라 比丘無垢하라. (파: 243)

---

13 護口意清淨 身終不爲惡 能淨此三業 是道大仙說(『법집요송경』)

14 혜시惠施: 은혜로 베풂.

15 妄語入地獄 作之言不作 二罪後俱受 是行自牽去(『법집요송경』)

부끄러움 중에 부끄러움은
어리석음보다 더한 게 없으니
배워서 응당 부끄러움을 버려라.
비구는 부끄러움이 없어야 한다.

☞ 어리석음보다 더한 부끄러움은 없다.

8) 항상 포악을 생각하는 사람은 도끼가 입에서 나오는 것과 같다. 스스로 몸을 상하게 하는 것은 사악한 말로 인한 것이다.[16]

苟生無恥하면 如烏長喙하고
強顏[17]耐辱을 名曰穢生이니라. (파: 244)

참으로 염치없이 사는 것은
새의 긴 주둥이와 같다.
후안무치하여 치욕을 견디는 것을
더럽게 산다고 말한다.

☞ 후안무치한 사람과 어울리면 시궁창에서 사는 것과 같다.

9) 설법은 저절로 사람들을 기쁘게 하여 입에서 무량한 뜻이 나온다네.

---

16 恒懷暴惡人 斧在口中出 所以自傷身 由其出惡言(『법집요송경』)

17 강안強顔: 부끄러워할 줄 모르는 사람.

내가 회임懷妊한 몸이 되어도 이런 의식儀式은 부끄럽지 않으리라.[18]

廉恥[19]雖苦나 義取清白[20]이니
避辱不妄이면 名曰潔生이니라. (파: 245)

염치는 비록 고통스럽지만
뜻은 청백을 취하려 한다.
욕됨을 피하려는 것을 잊지 않으면
청결하게 산다고 한다.

10) 악함을 기리고 악이 기림을 받으면 이 둘 모두 악한 것이다. 입으로 즐겨 투쟁하는 것을 좋아하면 후에 모두가 편안하지 못하다.[21]

愚人好殺하며 言無誠實하며
不與而取이며 好犯人婦니라. (파: 246)

어리석은 사람은 살생하기를 즐기고
말에서는 성실함이 없으며
주지 않는 것을 취하고

---

18 說法自悅人 口出無量義 使我懷妊身 不慚此儀式(『법집요송경』)

19 염치廉恥: 마음이 올바르기를 바라지만 그렇지 못하여 부끄러움을 느끼는 것.

20 淸白: 청렴결백淸廉潔白을 말한다.

21 譽惡惡還譽 是二俱爲惡 好以口快鬪 彼後皆無安(『법집요송경』)

남의 부인을 범하는 것도 즐긴다.

☞ 살생·망어·투도·간음의 죄를 말한다.

11) 백·천의 니라부[22] 지옥, 365개의 지옥은 현인과 성인을 비방한 것이며, 입으로 악한 소원을 드러낸 것이다.[23]

逞心[24]犯戒하고 迷惑[25]於酒하면
斯人世世에 自掘身本이라네. (파: 247)

욕심을 채우려고 계를 범하고
술에 미혹하면
이런 사람은 세세에
자기 자신의 뿌리를 파내는 것이다.

☞ 지나친 욕심과 음주는 패가망신한다.

12) 조그만 이익으로 다투면 비호庇護하는 것 같지만 재보를 잃는다네. 그것을 따라 투쟁에 이른다면 뜻을 같이 하며 악도로 향한다.[26]

---

22 팔한지옥八寒地獄의 하나이다.

23 百千尼羅浮 三十六五獄 誹謗賢聖者 口意發惡願(『법집요송경』)

24 영심逞心: 욕심을 채우려는 마음.

25 미혹迷惑: 정신이 헷갈릴 정도로 무엇에 홀림.

人如覺是면 不當念惡이라
愚近非法하여 久自燒沒[27]이니라. (파: 248)

사람이 옳은 것을 알게 되면
그른 것은 생각하지 않게 된다.
어리석은 사람은 그릇된 법을 가까이하고
오래되면 자신마저도 태워 없앤다.

☞ 정사正邪를 분명하게 아는 게 옳게 사는 것이다.

13) 길도 없는 악도에 떨어지면 저절로 지옥의 고통이 늘어나고, 어리석음을 멀리하고 인욕을 수습하는 뜻은 진리를 생각하고 범하지 않음이라네.[28]

若信布施하여 欲揚名譽하며
會[29]人虛飾이면 非入淨定이니라. (파: 249)

만약 믿음으로 보시한다면서
명예를 드날리려 하고

---

26 爭爲微少利 如掩失財寶 從彼致鬪諍 合意向惡道(『법집요송경』)

27 소몰燒沒: 태우며 죽어가는 것을 말한다.

28 無道墮惡道 自增地獄苦 遠愚修忍意 念諦則無犯(『법집요송경』)

29 會: 『출요경』과 『법집요송경』에 의해 탐貪으로 바꾸어 한다.

다른 사람의 겉치레를 탐하면
청정한 선정禪定에 들어가지 못한다.

☞ 허례허식을 추구하는 삶은 결실이 없는 허무한 것이다.

14) 안으로 보장寶藏에 의지하고 성현에 의지하며 활명活命[30]하여야 한다. 어리석은 사람이 악도에 떨어지는 것은 원한 게 사견邪見으로 조작되었음을 드러낸 것이다.[31]

一切斷欲하고 截意根原하여
晝夜守一이면 必入定意로다. (파: 250)

일체 욕망을 끊고
마음의 근원을 끊어서
밤낮으로 한결같이 지키면
반드시 선정의 마음에 들어간다.

15) 당연히 저버려야만 하는 하나의 법이 있으니 소위 망어인妄語人이다. 악함이 없어야 겪지 않으니, 모면하지 못하면 후세에 괴롭다.[32]

---

30 활기찬 삶.

31 若倚內寶藏 依賢聖活命 愚者墮惡道 猶願邪見作(『법집요송경』)

32 應遠離一法 所謂妄語人 無惡不經歷 不免後世苦(『법집요송경』)

著垢爲塵하고 從染塵漏이니
不染不行이면 淨而離愚니라.

더러운 것 집착하여 티끌이 되고
염착된 티끌을 따르면 번뇌가 되니
염착하지 않고 행하지 않으면
청정하여 어리석음을 저버린다.

16) 뜨거운 철환을 삼키고, 뜨거운 구리 즙을 마시면서 자신을 경계하지 않음이 없으면 사람의 믿음을 먹으면서 사물을 베푸는 것이다.[33]

見彼自侵하고 常內自省하며
行漏自欺하여 漏盡無垢니라.

다른 사람들이 자신을 침해하는 것을 보고
항상 안으로 자신을 성찰하라.
번뇌를 행하면 스스로를 속이는 것이니
번뇌가 없어져야 더럽지 않다.

☞ 남이 나의 스승이니 항상 남의 경우가 내 경우라 생각하고 자기를 기만하지 않아야 한다.

---

33 寧呑熱鐵丸 渴飮洋銅汁 不以無戒身 食人信施物(『법집요송경』)

17) 계를 범한 방일인放逸人이 나라에서 육단肉團[34]하는 것처럼 부끄러워하지 않고 죄를 두려워하지 않으면 후에 지옥의 재앙을 받는다.[35]

火莫熱於婬하고 捷莫疾於怒하며
網莫密於癡하고 愛流[36]駛乎[37]河니라. (파: 251)

불길은 음욕보다 뜨겁지 않고
날래기는 분노보다 빠르지 않다.
그물은 어리석음보다 치밀하지 않고
애류愛流는 강물보다 신속하다.

☞ 무명無明·애욕愛欲·진에瞋恚·사음邪淫의 실상을 말하였다.

18) 사람이 고의 과보를 두려워하면서 또한 고뇌를 행하는 것을 즐기려 하지 않아야 한다. 모든 악행을 저지르지 말고, 생각하고 찾으면서 뉘우쳐야 한다.[38]

虛空無轍迹하고 沙門無外意이며

---

34 가두어 두는 것을 말한다.

35 犯戒放逸人 國中如肉團 無慚不畏罪 後受地獄殃(『법집요송경』)

36 애류愛流: 애착愛着함에 흐르는 것을 말하니, 애욕의 흐름이다.

37 호乎: 어於로 해야 한다.

38 若人畏苦報 亦不樂行苦 勿造諸惡行 念尋生變悔(『법집요송경』)

衆人盡樂惡이나 唯佛淨無穢니라. (파: 254)

허공에는 어떤 자취도 없듯이
사문은 외도에 마음이 없다.
사람들 모두는 악을 즐기려 하지만
오직 부처님은 청정하여 더러움이 없으시다.

☞ 청정한 마음이 바로 불국토이다.

19) 지성으로 악을 지으면서 스스로 저지르고 남에게도 가르치면 고보苦報를 면하지 못하니, 피하려 하지만 어떤 이익이 있을까?[39]

虛空無轍迹하고 沙門無外意라
世間皆無常이니 佛無我所有니라. (파: 255)

허공에는 어떤 자취도 없듯이
사문은 외도에 마음이 없다.
세간은 모두 무상하니
부처님도 있는 것은 무아일 뿐이다.

39 至誠爲諸惡 自作教他作 不免於苦報 欲避有何益(『법집요송경』)

◉ 죽음 앞에서 초연한 사람이 있을까?

그대는 이제 많이 늙었구나.
얼마 되지 않아 염라대왕 앞에 서야 할 운명,
그대는 그곳으로 가는 것은 멈출 수 없는 것,
그렇지만 그대에게는 아직 준비된 게 없구나. (파: 237)

◉ 슬기로운 사람은 죽음에서 초연하다.

네 자신을 견고한 방편으로 삼아
어서 빨리 슬기로운 사람이 되어라.
모든 더러움과 번뇌로부터 벗어나면
너는 더 늙지 않고 다시 태어나지도 않으리라. (파: 238)

◉ 자기 허물을 보고 반성하면 그만이지 남의 허물을 들추지 말라.

善觀己瑕障하고 使己不露外하라
彼彼自有隙이니 如彼飛輕塵이니라. (파: 252)

자기 허물을 옳게 보고 있으면서도
자기 허물은 밖으로 드러내지 않는다.

피차에 허물이 있음이니
남의 것은 가볍게 티끌과 같이 날려버려라.

◉ 자비심이 없으면 성불하지 못한다.

若己稱無瑕하고 罪福俱幷至하라
但見外人隙이니 恒懷危害心이니라. (파: 253)

만약 자기 허물이 없다고 하면
죄복이 함께 이르게 된다.
다만 밖으로 다른 사람의 허물만 보니
항상 위해危害하려는 마음을 가진다.

27. 봉지품奉持品

奉持品者는 解說道義[1]하고
法貴德行하며 不用貪侈[2]니라.

봉지품은
도의道義를 해설하니
불법은 덕행을 귀중하게 여기며
탐치貪侈하지 않는다.

☞ 正道四聖諦 智慧所觀察
破壞愛輪迴 如風吹塵散(『法集要頌經』)
정도正道와 사성제는
지혜로 관찰되는 것,
윤회에 애착하는 것을 파괴하는 것은
바람이 불어 티끌을 흩는 것과 같다.

---

1 道義: 도덕道德과 정의正義.

2 貪侈: 탐욕에 의해 사치奢侈스러운 것을 말한다.

1) 가장 안락하고 편안한 보살의 위없는 행을 설하기를 원하오니, 모든 것을 분별하고 지혜가 청정하여 정각을 성취한다네.[3]

好經道[4]者는 不競於利[5]하고
有利無利에 無欲不惑이니라. (파: 256)

경도經道를 좋아하는 사람은
이익으로 다투지 않으며
이익이 있든지 없든지
탐욕이 없으면 미혹되지 않는다.

☞ 사리사욕을 다투지 않는 삶이 도인道人의 삶이다.

2) 지혜는 출세出世의 으뜸, 즐거움으로 무위無爲를 증득하라. 바른 가르침을 알고서 받아들이면 영원히 생로병사를 다한다네.[6]

常愍好學하고 正心以行하며
擁懷[7]寶慧[8]이니 是謂爲道라네. (파: 257)

---

3 願說最安隱 菩薩無上行 分別於諸地 智淨成正覺(『화엄경』)

4 經道: 경전의 가르침.

5 利: 이익과 도리道理의 말.

6 智爲出世長 快樂證無爲 知受正教者 永盡生老死(『법집요송경』)

7 옹회擁懷: 마음으로 안는 것으로, '품는다'의 의미이다.

항상 힘써 배우기를 좋아하고
바른 마음으로 수행하며
마음에 보혜寶慧를 품으니
이를 도를 행한다고 한다.

3) 일체행一切行은 무상하니 지혜로 관찰하여야 하며, 만약 이 고뇌를 깨닫는다면 도를 수행하여 자취도 청정하다.[9]

所謂智者는 不必辯言하고
無恐無懼하며 守善爲智라네. (파: 258)

이른바 지혜로운 사람은
말을 잘할 필요가 없다.
두려움도 없고 걱정도 없으며
옳은 것만 지키니 지혜롭다 한다.

4) 일체 모든 행은 고뇌이니 지혜로 관찰되는 바이며, 만약 이런 고뇌를 깨달으면 도를 수행하여 그 흔적까지 청정하다.[10]

奉持法者는 不以多言하고

---

8 寶慧: 반야지般若智를 말한다.

9 一切行無常 如慧所觀察 若能覺此苦 行道淨其迹(『법집요송경』)

10 一切諸行苦 如慧之所見 若能覺此苦 行道淨其迹(『법집요송경』)

雖素少聞이라도 身依法行하여
守道不忘이면 可謂奉法이니라. (파: 259)

법을 받들어 지니는 사람은
말이 많음이 아니고
비록 본디 적게 들었더라도
몸이 법에 의지해 행하여
도를 지켜 잊지 않으면
가히 법을 받든다고 말한다.

5) 일체 모든 행은 공空이니 지혜로 관찰하는 바이며, 만약 이런 고뇌를 깨달으면 도를 수행하여 그 흔적까지 청정하게 하라.[11]

所謂老者[12]는 不必年耆[13]이니
形熟髮白은 惷愚[14]而已니라. (파: 260)

늙었다고 하는 것은
반드시 나이가 많은 게 아니니
모습은 짓무르고 흰머리면서

---

11 一切諸行空 如慧之所見 若能覺此苦 行道淨其迹(『법집요송경』)
12 老者: 팔리어 책에는 長老라고 하였다.
13 연기年耆: 기耆는 나이가 많은 늙은이를 말한다.
14 창우惷愚: 어리석고 어리석은 사람.

어리석은 채로 생을 마친다.

6) 나는 이미 도의 자취를 말했으니 화살에 애착하여 시위를 당기듯이 의당 스스로 힘쓰고 힘써 자세히 살펴 여래의 말씀을 받아들여라.[15]

謂懷諦法[16]하고 順調[17]慈仁[18]하며

明達淸潔을 是爲長老니라. (파: 261)

진리의 법을 마음에 품고

유순하게 길들여 자애롭고 어질며

명확히 깨달아 맑고 깨끗하면

이를 장로라고 한다.

7) 나는 이미 도의 자취를 말하였으니 애착의 견고한 침도 뽑아버려라. 의당 스스로 힘쓰고 힘써 자세히 살피고 여래의 말씀을 받아들여라.[19]

所謂端正[20]은 非色[21]如花라

---

15 吾已說道迹 愛箭而爲射 宜以自勗勵 諦受如來言(『법집요송경』)

16 제법諦法: 진리眞理를 말한다.

17 順調: 일이 탈 없이 잘 되어감.

18 慈仁: 자애롭고 어질다는 뜻.

19 吾已說道迹 拔愛堅固刺 宜以自勗勵 諦受如來言(『법집요송경』)

20 端正: 정직正直하여 간사하지 않음.

21 色: 용색容色을 말한다.

慳嫉[22]虛飾[23]이면 言行有違니라. (파: 262)

이른바 단정이라 하는 것은
얼굴색이 꽃과 같은 것이 아니다.
탐욕과 질투로 허식虛飾하면
언행에 어긋남이 있게 된다.

☞ 언행일치하여야 진정한 수행자이다.

8) 이 진리는 다른 법이 없이 진리를 보고 청정하게 되는 것, 모든 고뇌를 추향趣向하여 없앤다면 마라군魔羅軍도 없앨 수 있으리라.[24]

謂能捨惡하며 根原已斷하고
慧而無恚면 是爲端正이니라. (파: 263)

능히 증오함을 버리고
근원까지도 끊어버리며
지혜로워 진에瞋恚가 없으면
이를 단정하다고 한다.

---

22 간질慳嫉: 탐욕과 질투가 심한 것.

23 허식虛飾: 실속 없이 겉만 꾸민 것을 말한다.

24 此道無別法 見諦之所淨 趣向滅衆苦 能壞魔羅軍(『법집요송경』)

9) 이 도는 다시 돌이킴이 없이 한결같이 못으로 흐르는 것과 같다. 능인能仁은 선정에 들어 대중에게 있으면서 자주 진리를 말한다네.[25]

所謂沙門은 非必除髮이니
妄語貪取[26]하며 有欲如凡이니라. (파: 264)

이른바 사문은
반드시 머리를 깎아야 하는 것은 아니니
망어와 탐취貪取에
애욕이 있으면 범부와 같다.

10) 한 번 생사에 들어가면 도를 깨닫는 데 도움이 된다. 이 도는 현재에도 제도하고 미래에도 제도하는데, 흐름조차 끊어져야 피안에 이른다.[27]

謂能止惡하고 恢廓[28]弘道하며
息心滅意면 是爲沙門이니라. (파: 265)

능히 악을 그치게 하고
마음이 넓고 도가 크며

25 是道更無過 一趣如淵流 如能仁入定 在衆頻演道(『법집요송경』)

26 貪取: 탐나는 것을 자기 손으로 취득하여야 하는 것.

27 一入見生死 得道爲祐助 此道度當度 截流至彼岸(『법집요송경』)

28 회곽恢廓: 마음이 넓고 도량度量이 큰 것을 말한다.

마음이 쉬고 생각을 멸하면
이를 사문이라 한다.

☞ 적멸락寂滅樂을 갖추어야 사문이라 한다.

11) 구경의 도가 청정하면 이미 생사의 원천도 끊어진다. 변재辯才는 변계邊界가 있지 않고, 명견明見은 당연한 진리를 말할 뿐이다.[29]

所謂比丘는 非時乞食이고
邪行婬彼면 稱名而已니라. (파: 266)

이른바 비구는
때에 맞춰 걸식함이 아니고
삿되게 행하고 다른 사람에게 음란하면
이름만 비구일 뿐이다.

12) 감로를 생각하여 먹을 수 있었으나 이전에 법륜을 듣지 못하였네. 전변轉變하여 중생을 어여삐 여기고, 예배하며 받들어 섬기는 사람이다.[30]

謂捨罪福하고 淨修梵行[31]하여

29 究竟道淸淨 已盡生死源 辯才無邊界 明見宜說道(『법집요송경』)
30 可趣服甘露 前未聞法輪 轉爲哀衆生 禮拜奉事者(『법집요송경』)

慧能破惡이면 是爲比丘니라. (파: 267)

죄복罪福도 벗어나고
청정한 범행을 수행하여
지혜로 악을 부수면
이를 비구라고 한다.

13) 교화하여 삼유三有를 제도하리니, 세 번 생각하되 선을 생각하고, 세 번 생각하되 마땅히 악을 여의어라. 생각을 따라 행이 일어난다.[32]

所謂仁明[33]은 非口不言이라
用心不淨이면 外順[34]而已이라. (파: 268)

이른바 성자는
입으로 말을 못하는 것이 아니다.
마음 씀씀이가 청정하지 않으면
겉으로 순종하여 마칠 뿐이다.

---

31 梵行: 탐욕을 끊은 수행.

32 化之度三有 三念可念善 三念當離惡 從念而有行(『법집요송경』)

33 仁明: 어질고 현명함. 성자聖者를 의미하는 말이다.

34 外順: 겉으로만 순종順從하는 것을 말한다.

14) 적멸하는 게 바르게 끊는 것이며, 세 가지를 관찰하여 생각을 바꾸어라. 무상도를 체획逮獲[35]하면 세 가지를 얻어 세 굴三窟을 제거한다.[36]

謂心無爲하며 內行清虛하며
此彼寂滅이면 是爲仁明이니라. (파: 269)

마음이 무위이고
마음속 행이 맑고 텅 비며
이것저것 적멸이면
이를 인명仁明이라 한다.

15) 눈과 색 등을 연으로 삼으니 환화幻化와 같은 게 알음알이가 된다. 만약 집착하여 실제 있다고 여기면 환화의 비유는 응당 성립하지 않는다.[37]

所謂有道는 非救一物이라
普濟天下하며 無害爲道니라. (파: 270)

이른바 도道가 있다 함은

---

35 증득證得과 같은 의미이다.

36 滅之爲正斷 三觀爲轉念 逮獲無上道 得三除三窟(『법집요송경』). 三除三窟: 육신통을 말한다.

37 眼色等爲緣 如幻生諸識 若執爲實有 幻喩不應成(『광백론본』)

한 사물만 구제하는 게 아니다.
널리 천하를 제도하며
해를 끼치지 않아야 도라 한다.

☞ 무위無爲의 도가 진정한 도이다.

16) 정각正覺과 정지正知는 일체중생을 보되 청정하여 나(我)라는 게 없어 적정하고 진실한 경계일 뿐이다.[38]

戒衆不言하고 我行多誠하여
得定意者는 要由閉損[39]이니라. (파: 271)

계가 많다고 말하지 않고
나만 부지런히 힘쓸 뿐이다.
선정禪定의 마음을 얻은 사람은
요컨대 끊거나 줄인 것에서 연유한다.

☞ 항상 자기를 반추하는 삶에서 슬기로워진다.

17) 사량思量으로 얻을 수 없으면 문혜聞慧 경계가 아니다. 언어도言語道도 벗어나야만 마음으로 청정함을 알게 된다.[40]

---

38 正覺正知者 見一切衆生 淸淨無有我 寂靜眞實際(『보성론』)

39 폐손閉損: 원리遠離로 한다.

意解[41]求安이면 莫習凡人하라

使結[42]未盡이면 莫能得脫이니라. (파: 272)

마음을 해탈하여 편안함을 구하려면

범인을 따라 익히지 말라.

번뇌가 다하지 않으면

해탈을 증득할 수 없다.

☞ 번뇌가 없어야 해탈이라 한다.

---

40 不可得思量 非聞慧境界 出離言語道 內心知淸淨(『보성론』)

41 意解: 마음으로 해탈하는 것.

42 사결使結: 번뇌.

28. 도행품道行品

道行品者는 旨說大要[1]이니
度脫[2]之道이 此爲極妙니라.

도행품은
종지宗旨를 간략하게 말한 것이며
도탈度脫하는 길이
지극히 미묘하다.

☞ 佛體無前際 及無中間際
亦復無後際 寂靜自覺知(『보성론』)
부처의 본체本體는 과거제過去際도 없고
중간제中間際도 없으며,
또한 미래제未來際도 없는
적정한 것을 스스로 깨닫는 지혜이다.

---

1 大要: 핵심 종지, 간략함.

2 생사의 고뇌를 벗어난 해탈을 말한다.

1) 옳게 자기 허물의 흠을 관찰하여 자기 밖으로 드러나지 않게 하라. 그리고 그대 자체의 흠이 있다면 그것은 가볍게 날아가는 티끌과 같이 여겨라.[3]

八直[4]最上道요 四諦[5]爲法迹이라
不婬行之尊이요 施燈必得眼이니라.

팔정도가 최상의 진리이고
사제四諦가 불법의 자취이다.
음란하지 않음이 존귀한 행이고
등불을 베풀면 반드시 안목을 얻는다.

道爲八直妙요 聖諦四句[6]上이니라
無欲法之最요 明眼[7]二足[8]尊이니라. (파: 273)

도는 팔정도로 미묘하고

---

3 善觀己瑕隙 使己不露外 彼彼自有隙 如彼飛輕塵(『법집요송경』)

4 八直: 직直은 정正을 말한다. 그러므로 '팔직최상도八直最上道'는 팔정도八正道를 말한다.

5 四諦: 고제苦諦·집제集諦·멸제滅諦·도제道諦를 말한다.

6 四句: 자인自因, 타인他因 공인共因, 무인無因의 사구四句로 유위有爲의 법을 추검推撿하여 모든 법이 불생불멸의 이치를 증거하는 것을 말한다.

7 明眼: 깨달음을 말한다.

8 二足: 복족福足과 혜족慧足이다. 반야는 혜족이고, 오五바라밀은 복족이다.

성제聖諦는 사구四句에 있으며
애욕 없는 법이 최상이니
명안明眼은 둘 모두를 만족하게 하니 존귀하다.

☞ 팔정도는 수행이며, 사성제는 진리이고, 애욕을 없게 하는 것은 바로 진리를 보는 안목으로 등불이다.

2) 만약 자기가 허물이 없다고 하면 죄복罪福이 함께 이르게 된다. 다만 다른 사람의 흠만 보는 것은 항상 무명상無明想임을 생각하라.[9]

是道無復畏하여 見淨乃度世라
此能壞魔兵하여 力行滅邪苦니라.

이 진리는 다시 두려울 게 없어
청정함을 보면 세상을 도탈하리라.
이는 능히 마군의 병졸을 무너뜨리니
힘껏 행하여 삿된 고뇌를 멸한다.

☞ 불도의 정의이다. 즉 무외無畏, 도세度世, 멸고滅苦의 과정이다.

3) 부끄러움을 아는 게 삶에서 으뜸인데 어찌 탐욕으로 속박을 선택하는

9 若己稱無瑕 罪福俱并至 但見他人隙 恒懷無明想(『법집요송경』)

가. 힘센 장사는 외기畏忌[10]하지 않는데, 이렇게 된다면 수명을 단촉短促한다.[11]

我已開正道하여 爲大現異明[12]하니
已聞當自行하라 行乃解邪縛이니라.

나는 이미 정도正道를 열어
크게 특이한 밝음을 드러내었으니
이미 들은 것을 마땅히 스스로 수행하라.
수행하면 삿된 속박으로부터 벗어난다.

☞ 삿된 속박에서 벗어나는 대자유인이 되어라.

4) 점차 수명이 다하지 않는 것을 알았으면 항상 청정행을 구하면서 위의威儀가 결루缺漏하지 않는 진정 청정한 삶을 관조해야 한다.[13]

生死非常苦이니 能觀見爲慧니라
欲離一切苦이면 行道一切除하라.

---

10 조심하고 삼감.

11 知慚壽中上 焉以貪索縛 力士無畏忌 斯等命短促(『법집요송경』)

12 異明: 특이한 밝음으로 불도를 말한다.

13 知漸不盡壽 恒求淸淨行 威儀不缺漏 當觀眞淨壽(『법집요송경』). 缺漏: 빠져서 모자람.

생사는 항상하지 않아서 고통스러우니
이를 관찰하여 보면 지혜로워진다.
일체 고뇌를 여의고자 하면
불도를 수행하여 일체를 없애라.

☞ 고뇌를 철저히 알아야만 이를 벗어나는 길을 알게 되므로 지혜로운 사람이 된다.

5) 세간의 쇠모법衰耗法을 관찰하니 다만 여러 색色이 변함만 나타난다. 어리석은 사람은 스스로 계박繫縛하고 어두운 것에 얽히고설키며 지낸다. 또한 수행을 드러내지 않고 관찰하는 것은 무소유일 뿐이다.[14]

生死非常空이니 能觀見爲慧니라
欲離一切苦이면 但當勤行道하라.

생사는 항상하지 않아 헛된 것이니
이를 관찰하여 보면 지혜로워진다.
일체 고뇌를 여의고자 하면
다만 부지런히 불도佛道를 수행하여라.

6) 중생 모두는 내가 있다고 하여 우환을 일으키고 있다. 하나하나가

---

14 觀世衰耗法 但見衆色變 愚者自繫縛 爲闇所纏繞 亦不見於行 觀而無所有(『법집요송경』)

서로 드러나지 않아도 보이지 않게 사견邪見으로 헐뜯는다.[15]

起時當卽起하여 莫如愚覆淵하라
與墮[16]無瞻聚[17]이면 計[18]罷不進道니라.

일어날 때에 마땅히 즉시 일어나서
어리석은 이가 연못에 엎어지는 것처럼 하지 말라.
게을러서 무리들을 살피지 않으면
그만두려고 생각해도 불도에 나아가지 못한다.

7) 이런 헐뜯는 인연을 관찰하면서도 중생들 모두는 염착한다. 내가 만들면 그대는 없다고 하고 그대가 만들면 내가 없다고 한다.[19]

念應念則正하고 念不應則邪니
慧而不起邪하고 思正道乃成이니라. (파: 282)

올바른 생각을 하면 옳게 되지만
생각이 올바르지 않으면 삿되다.

---

15 衆生皆有我 爲彼而生患 一一不相見 不覩邪見刺

16 타墮: 타惰와 같다.

17 취聚: 계戒를 범하는 상분相分.

18 計: 고考와 같다.

19 觀此刺因緣 衆生多染著 我造彼非有 彼造非我有(『법집요송경』)

지혜로 삿됨을 일으키지 않고
정도正道를 생각하여야 성취할 수 있다.

☞ 팔정도를 염두에 두고 정진하면 지혜로워진다.

8) 중생들은 오만함에 얽혀서 교만함에 염착하며, 미혹한 것을 드러내니 생사를 면하지 못한다.[20]

愼言守意念하고 身不善不行하여
如是三行除[21]면 佛說是得道니라. (파: 281)

말을 신중하게 하고 옳은 생각을 갖고
몸으로는 옳지 않은 것을 행하지 않으며
이와 같은 세 가지 행을 다스리면
부처님은 불도를 증득하였다고 말하신다.

☞ 신언愼言·정념正念·정행正行, 즉 삼업청정이 득도得道하는 길이다.

9) 이미 얻은 것과 이제 얻은 것 모두를 진구塵垢로 받아들여라. 병의 근본을 수습修習하여 모든 것을 배워서 깨달아야 하리라.[22]

---

20 衆生爲慢纏 染著於憍慢 爲見所迷惑 不免生死際(『법집요송경』)

21 제除: 치治로 한다. 『출요경』에는 정淨으로 되어 있다.

22 已得與當得 二俱受塵垢 習於病根本 及覺諸所學(『법집요송경』)

慎言守意正身不善
不行如是三行除佛
說是得道

斷樹無伐本이면 根在猶復生이라
除根乃無樹니 比丘得泥洹이니라.

나무를 자르면서 뿌리를 베어내지 않으면
뿌리가 남아 있어 다시 살아난다.
뿌리를 제거해야만 나무가 자라지 않듯이
비구도 니원泥洹을 얻게 된다.

伐樹勿休하라 樹生諸惡이니
斷樹盡株면 比丘滅度니라. (파: 283)

나무를 베는 것을 쉬지 말라.
나무에서 여러 악이 일어난다.
나무를 끊고 뿌리가 없어져야만
비구는 멸도滅度한다.

☞ 불교는 발근지교拔根之敎이다.

10) 자성인 청정심을 알고, 번뇌는 실체가 없다는 것을 보았으므로 모든 번뇌를 저버려야 한다.[23]

---

23 以能知於彼 自性清淨心 見煩惱無實 故離諸煩惱(『보성론』)

不能斷樹면 親戚相戀하고
貪意自縛하여 如犢慕乳니라.

나무를 베어내지 않으면
친척이 서로 연모하는 것과 같으며
탐욕의 생각이 스스로 얽어매
송아지가 어미젖을 연모하는 것과 같다.

夫不伐樹하여 少多餘親이면
心繫於此하야 如犢求母니라. (파: 284)

나무를 베지 않아
다소의 친애하는 마음 남아 있으면
마음이 이에 계박繫泊하여
송아지가 어미를 그리워하는 것과 같다.

☞ 번뇌의 싹은 항상 연모의 정을 가지고 자라난다.

11) 저 참으로 미묘한 법의 태양은 청정하여 진구塵垢함이 없는 위대한 지혜 광명으로 여러 세간을 널리 비추고 있다.[24]

---

24 彼眞妙法日 清淨無塵垢 大智慧光明 普照諸世間(『보성론』)

能斷意本하여 生死無彊이면
是爲近道이니 疾得泥洹하라.

생각의 근본을 끊어
생과 사가 강역이 없으면
이것이 도에 가까이 다가간 것이니
빨리 니원을 증득한다.

12) 모든 무명을 깨뜨리고 깨달아서 탐진치와 일체 번뇌를 관조하셨으므로 나는 이제 경례敬禮합니다.[25]

貪婬致老하고 瞋恚致病하며
愚癡致死하고 除三得道니라.

탐욕과 음욕은 늙게 하고
진에는 병들게 하며
우치는 죽게 하니
이 셋을 없애면 불도를 증득한다.

☞ 탐음貪淫·진에瞋恚·우치愚癡를 벗어나는 삶이 훌륭하다.

---

25 能破諸噎障 覺觀貪瞋癡 一切煩惱等 故我今敬禮(『보성론』)

13) 진여眞如에 잡된 번뇌가 있어도 모든 번뇌를 멀리 저버리면 부처님의 무량한 공덕이니 부처님이 작업作業하신 바이다.[26]

釋前解後하고 脫中度彼면
一切念滅하며 無復老死니라.

앞을 놓아버리고 뒤도 풀어버리며
중간도 벗어버리고 저곳으로 건너면
일체 생각이 멸하며
다시 늙고 죽지 않는다.

14) 여러 지계하는 사람과 범행梵行하는 청정한 사람을 관찰하라. 병들고 야윈 사람을 모시는 것을 보면 변제邊際에 이르렀다 말한다.[27]

人營妻子하여 不觀病法이나
死命卒至[28]면 如水湍驟[29]니라. (파: 287)

사람이 처자를 거느리면서
병드는 법을 관찰하지 않다가

26 眞如有雜垢 及遠離諸垢 佛無量功德 及佛所作業(『보성론』)
27 觀諸持戒者 梵行清淨人 瞻侍病瘦者 是謂至邊際(『법집요송경』)
28 졸지卒至: 갑자기 닥치는 것을 말한다.
29 단취湍驟: 물살이 빠르게 흘러가는 것을 말한다.

죽음이 갑자기 닥치면
물이 빨리 흘러가는 것과 같다.

☞ 애욕에 젖어 질병과 죽음이 닥쳐오는 것도 모르는 삶이다.

15) 마땅히 물 위에 거품처럼 관찰하고 또 허깨비나 야생마처럼 관찰하라. 이와 같이 자신을 관찰하지 않으면 또 죽음에 이르는 것도 보지 못한다.[30]

父子不救어든 餘親何望이리요
命盡怙親은 如盲守燈이니라.

부모 자식도 구제하지 못하는데
나머지 친척에게 어찌 바라겠느냐?
목숨이 다할 때 친척을 믿는 것은
맹인이 등불을 지키는 것과 같다.

☞ 자기의 인생은 자기가 책임져야 한다.

16) 여래의 미묘한 색신色身은 청정하여 번뇌가 없는 본체, 여러 번뇌와 일체 습기를 멀리 저버려라.[31]

---

30 當觀水上泡 亦觀幻野馬 如是不觀身 亦不見死至(『법집요송경』)

31 如來妙色身 清淨無垢體 遠離諸煩惱 及一切習氣(『보성론』)

慧解是意하여 可修經戒[32]하고

勤行度世하여 一切除苦니라. (파: 289)

지혜로 이 뜻을 이해하여

경과 계행戒行을 닦고

부지런히 수행해서 세상을 도탈하여

일체 고뇌를 제거하라.

☞ 수행에 의하여 고뇌를 없애는 것은 어렵다. 이를 실천하는 사람이 수행자이다.

17) 이처럼 깊고 깊은 경계는 이승인들은 알지 못하는 바, 수승한 삼매의 지혜를 갖춘 사람만이 볼 수 있다.[33]

遠離諸淵[34]하여 如風却雲하라

已滅思想[35]이면 是爲知見[36]이니라.

모든 고뇌의 늪을 멀리 여의어

---

32 經戒: 경經과 계戒로 하여도 되고 계율이라고 해도 된다.

33 此甚深境界 非二乘所知 具勝三昧慧 如是人能見(『보성론』)

34 연淵: 깊은 고뇌의 늪을 말한다.

35 思想: 오온五蘊에서 상想을 말한다.

36 知見: 지식知識과 견해見解.

바람이 구름을 없애는 것처럼 하라.
이미 사상思想이 없어졌다면
이를 지견知見이라 한다.

☞ 해탈지견解脫知見이 수행인의 목표이다.

18) 공空과 같아 사의할 수 없고 항상 청량하며, 불변한 적정은 널리 모든 분별을 여의었다.[37]

智爲世長하여 惔樂無爲면
知受正教하여 生死得盡이니라.

지혜가 세상에서 제일이니
편안한 즐거움으로 함이 없으면
정교正敎를 받아들여 알게 되어
생사가 다함을 얻게 된다.

19) 마땅히 물 위에 거품처럼 관찰하고 또 허깨비나 야생마처럼 관찰하라. 이와 같이 세상을 관찰하지 않으면 역시 죽음의 왕을 보지 못한다.[38]

知衆行空면 是爲慧見이니

---

37 如空不思議 常恒及淸涼 不變與寂靜 徧離諸分別(『보성론』)

38 當觀水上泡 亦觀幻野馬 如是不觀世 亦不見死王(『법집요송경』)

罷厭世苦하여 從是道除니라.

여러 행위가 공한 줄 아는 게
지혜로운 견해이니
세상의 고뇌를 싫어하고
이 도를 따라 없애버려라.

☞ 고뇌를 싫어하면서 이를 다스리는 게 수행이다.

20) 삼세의 모든 중생들은 모두 인연 따라 화합하여 흥기하였다. 또 화합하는 심락心樂과 습기는 일체법을 멸괴滅壞하지 못한다.[39]

知衆行苦면 是爲慧見이니
罷厭世苦하여 從是道除니라

여러 행위가 고뇌인 줄 아는 게
지혜로운 견해이다.
세상의 고뇌를 싫어하고
이 도를 따라 없애버려라.

☞ 세상사 고뇌인 줄 알면, 이를 염오厭惡하는 삶이 수행이다.

---

39 了知三世諸衆生 悉從因緣和合起 亦和心樂及習氣 未曾滅壞一切法(『화엄경』)

21) 이처럼 현재의 자신을 관찰하면 왕의 잡색차雜色車[40]와 같으며, 어리석은 사람은 염착하지만 슬기로운 사람은 이를 멀리 떠난다.[41]

衆行非身이면 是爲慧見이니
罷厭世苦하여 從是道除니라.

여러 행위는 자신이 아님을 아는 게
이것이 지혜로운 견해이다.
세상의 고뇌를 싫어하고
이 도를 따라 없애버려라.

22) 이처럼 현재의 자신을 관찰하면 모든 병의 원인이 있다. 병과 어리석음이 회합하였는데 어찌 믿을 게 있겠느냐?[42]

吾語汝法하노니 愛箭爲射하고
宜以自勗하여 受如來言하라. (파: 276)

내가 너에게 법을 말하나니
애욕의 화살을 쏘아버리고
의당 스스로 힘써

---

40 雜色車: 휘황輝煌 찬란燦爛하게 꾸민 차이다. 즉 번뇌를 말한다.

41 如是當觀身 如王雜色車 愚者所染著 智者遠離之(『법집요송경』)

42 如是當觀身 衆病之所因 病與愚合會 焉能可恃怙(『법집요송경』)

여래의 말씀을 받아들여라.

23) 현재 형상 그린 것을 관찰하면 마니 구슬은 감청색의 터럭인데, 어리석은 사람은 인연이라고 하면서 피안을 건너기를 구하지 않는다.[43]

吾爲都以滅하여 往來生死盡이라
非一情[44]以解요 所演爲道眼[45]이니라.

나는 이미 모두를 적멸하여
생사에 왕래함을 다하였다.
응어리진 감정을 벗어나지 않아도
통하는 바가 도안道眼이다.

☞ 응어리진 마음 모두 벗어나야 도안道眼을 갖추게 된다.

24) 억지로 모양을 채화彩畫하여 장엄하다고 하여도 추예醜穢인 몸, 어리석은 사람은 인연이라고 하면서 역시 스스로 제도함을 구하지 않는다.[46]

43 當觀畫形像 摩尼紺青髮 愚者以爲緣 不求越彼岸(『법집요송경』)
44 一情: 어떤 감정感情이 존재하는 것.
45 道眼: 도를 보는 안목이니 총명한 지혜를 말한다.
46 强以彩畫形 莊嚴醜穢身 愚者以爲緣 亦不求自度(『법집요송경』)

駛流澍于海면 潘水[47]漾疾滿이라
故爲智者說하노니 可趣服甘露니라.

물은 급히 흘러 바다로 들어가고
소용돌이치는 물은 출렁거리며 빠르게 가득 찬다.
그러므로 지혜로운 사람을 위해 말하나니
감로(같은 가르침)를 좇아 나아가는 게 옳다.

25) 갖가지 수승하고 미묘한 법은 광명을 본체로 하며, 중생들을 해탈하게 하면서 항상 휴식하지 않고 있다.[48]

前未聞法輪을 轉爲哀衆生이라
於是奉事者는 禮之度三有[49]니라.

전대미문한 법륜을
윤전輪轉하며 중생을 어여삐 여긴다.
이에 받들어 섬기는 사람은
예경하면서 삼유三有를 제도한다.

---

47 번수潘水: 큰 파도를 말한다.

48 種種勝妙法 光明以爲體 令衆生解脫 常無有休息(『보성론』)

49 三有: 생유生有, 사유死有, 중유中有를 말한다. 또 욕유欲有, 색유色有, 무색유無色有를 말하기도 한다.

☞ 법륜法輪을 들을 수 있는 안목眼目과 귀를 가져라.

26) 세간을 위해 설법하는 것은 적정처를 시현함이다. 교화하여 순숙하게 되면 수기授記하여 도에 증입하게 된다.[50]

三念[51]可念善이니 三亦難[52]不善이라
從念而有行이며 滅之爲正斷이라.

삼념三念은 옳게 생각하는 것이지만
삼념 또한 옳지 않으면 저버린다.
삼념을 따라 수행하면서
이도 적멸하는 게 올바른 단멸이다.

☞ 옳고 그른 것 모두를 잊어야 진정한 단멸이다.

27) 세존이 상주常住함을 체득하여 무량한 인因을 수행하며, 중생계가 다하지 않아도 자비심으로 여의如意로워야 한다.[53]

---

50 爲世間說法 示現寂靜處 教化使淳熟 授記令入道(『보성론』)

51 三念: 부처님이 대자대비로 중생을 교화하는 것은 항상 세 가지 생각에 안주安住하고 있음이다.

52 난難: 이는 『출요경』에는 '이離'로 되어 있어, 여기서 이離로 한다.

53 世尊體常住 以修無量因 衆生界不盡 慈悲心如意(『보성론』)

三定[54]爲轉念이 棄猗[55]行無量이라
得三三窟[56]除면 解結可應念이니라.

삼정三定은 생각을 전이轉移함이니
버리고 의지할 행 무량하다.
삼정을 얻어 삼굴三窟을 다스리면
번뇌를 벗어나 응당 옳게 생각한다.

☞ 삼매로 삼굴三窟을 벗어나는 게 옳다.

28) 손톱과 터럭은 여덟 가지로 나뉘고 쌍 부분인 눈과 귀는 아름다우니, 어리석은 사람은 염착하여 스스로 제도濟度함을 구하지 않는다.[57]

知以戒禁惡하고 思惟慧樂念이면
已知世成敗하여 息意一切解니라.

계율로 악을 금함을 알고
지혜를 사유하여 즐겨 생각하면
이미 세상의 성패를 알아

---

54 三定: 공삼매空三昧, 무상삼매無相三昧, 무원삼매無願三昧를 말한다.

55 의猗: 의依로 한다.

56 三窟: 욕계欲界, 색계色界, 무색계無色界를 말한다.

57 爪髮爲八分 雙部眼耳璫 愚者所染著 亦不求自度(『법집요송경』)

생각을 쉬어 일체를 벗어난다.

☞ 진정한 깨달음은 일체 생각에서 자유로워야 한다.

◉ 청정도淸淨道만이 진리이다.

此道無有餘이니 見諦之所淨이라
趣向滅衆苦면 此能壞魔兵이니라. (파: 274)

이 도는 다른 게 있을 수 없고
청정해지면 진리가 드러난다.
여러 고뇌를 없애려고 하려면
마병(魔兵: 괴롭히는 요소)을 괴멸하여야 한다.

◉ 애욕의 뿌리까지 발제拔除하는 게 수행이다.

吾已說道하노니 拔愛固刺하라
宣以自勗이면 受如來言이니라. (파: 275)

나는 이미 도를 즐기나니
애욕의 견고한 가시마저 없애버렸다.
스스로 힘써 널리 펴려면

여래의 말씀을 받아들여라.

◉ 청정도는 제행무상諸行無常에 근거를 두고 살펴라.

一切行無常이 如慧所觀察이라

若能覺此苦하면 行道淨其跡이니라. (파: 277)

일체 행위가 무상한 것은

지혜로 관찰한 바와 같다.

만약 이런 고뇌를 깨달으면

도를 수행한 그 자취도 청정하다.

◉ 청정도는 일체개고一切皆苦에 근거를 두고 있다.

一切衆行苦이니 如慧之所見이라

若能覺此苦하면 行道淨其跡이니라. (파: 278)

일체 모든 행위가 괴롭다는 것은

지혜로 견문見聞한 것과 같다.

만약 이런 고뇌를 깨달으면

도를 수행한 그 자취도 청정하다.

◉ 청정도는 제법무아諸法無我에 근거를 두고 있다.

一切行無我이니 如慧之所見하라
若能覺此苦이면 行道淨其跡이니라. (파: 279)

일체의 행위는 무아이니
지혜로 견문한 것과 같다.
만약 이런 고뇌를 깨달으면
도를 수행한 그 자취도 청정하다.

◉ 수행하려면 게으름을 버리고 빨리 수행하여 때에 미치게 하라. 때늦으면 이익이 없으니 때를 놓치지 않아야 한다.

應起而不起하고 恃力不精懃하면
自陷人形卑이니 懈怠不解慧니라. (파: 280)

떨쳐 일어날 때에 일어나지 않고
능력만 믿고 정근하지 않으면
스스로 자기 몰골을 비천하게 하여
해태懈怠되어 해탈의 지혜를 누릴 수 없다.

◉ 가을에 시든 연꽃을 꺾는 것처럼 제 몸에 애착하는 것을 끊고 오로지 열반의 길로 나아가라. 열반은 부처님이 보이신 길이니라.

常自斷戀은 如秋池蓮하며

息跡受教는 佛說泥洹이니라. (파: 285)

항상 스스로 연모함을 끊는 것은

가을 연못에 연꽃 꺾는 것과 같아야 한다.

자취를 없애라는 가르침을 받았으니

부처님이 니원을 말씀하셨다.

29. 광연품廣衍品

廣衍品者는 言凡善惡이

積小致大하여 證應章句니라.

광연품은

무릇 선과 악을 말하고 있는데

작은 것이 쌓여 크게 되는 것을

장구章句에 의거하여 증명하였다.

☞ 諸惡業莫行 諸善業奉行 自淨其意行 是名諸佛教

慧施獲福報 不藏恚怒懷 以善滅其惡 欲怒癡無餘(『法集要頌經』)

모든 악업을 행하지 않고

모든 선업을 받들어 행하며

의도와 시행하는 것까지 스스로 청정해야만

이를 부처님의 가르침이라 한다.

지혜와 보시는 복보福報를 획득하고

진에와 분노의 마음도 감추지 말라.

옳은 것으로 그른 것을 물리치면

탐욕과 분노와 어리석음의 여지가 없어진다.

1) 탐욕으로 애욕에 염착하여 결사結使의 연을 꾀하지 말라. 결사를 일으키지 않아야만 마땅히 애욕의 흐름을 건너갈 수 있다.[1]

施安雖小라도 其報彌大하고
慧從小施하여 受見景福[2]이니라. (파: 290)

편안함을 베푼 게 비록 작더라도
그 과보는 더욱 커지고
지혜를 따라 적게 베풀더라도
큰 복을 받게 된다.

2) 살만한 동산이 아니면 동산을 벗어나야 하는데, 동산을 벗어났다가 다시 동산을 취한다. 이런 사람을 관찰하면 속박을 벗어났다가 다시 속박을 취한다.[3]

施勞於人하고 而欲望祐면
殃咎[4]歸身하여 自遘[5]廣怨이니라. (파: 291)

---

1 著欲染於欲 不究結使緣 不以生結使 當度欲有流(『법집요송경』)

2 景福: 큰 복福을 말한다.

3 非園脫於園 脫園復就園 當復觀此人 脫縛復就縛(『법집요송경』)

4 앙구殃咎: 재난災難, 재앙.

5 구遘: 조성하다.

다른 사람에게 고달프게 베풀고
도움을 바라고자 하면
재앙이 자신에게 돌아와
스스로 큰 원한을 조성하게 된다.

3) 이제는 천왕위天王位도 버리고 생사의 근본도 짓지 않으련다. 지옥의 고통을 벗어나려 하니 원적락圓寂樂을 말해 주기 바랍니다.[6]

已爲多事하고 非事亦造하여
伎樂[7]放逸하면 惡習[8]日增이니라. (파: 292)

이미 많은 일을 저질렀고
그릇된 일도 저질렀으니
기락伎樂하고 방일하면
나쁜 습관은 나날이 늘어간다.

4) 청의靑衣에 흰 덮개의 몸을 끌고 가는 사람이 수레 하나를 끄는데, 살펴보니 번뇌를 끊지 못하면서 바로 속박된 염착만 끊으려 하네.[9]

---

6 今捨天王位 不造生死本 求離地獄苦 願說圓寂樂(『법집요송경』)

7 기락伎樂: 가무歌舞와 오락娛樂.

8 惡習: 번뇌를 말한다.

9 青衣白蓋身 御者御一輪 觀彼未斷垢 求便斷縛著(『법집요송경』)

精進惟行하여 習是捨非하며
修身自覺하면 是爲正習이라. (파: 293)

정진만을 오롯이 행하여
옳은 것 익히고 그른 것 버리며
몸을 닦아 스스로 깨달으면
이것이 올바른 익힘이다.

5) 만약 스스로 부처와 불법과 비구인 승가에 귀의하면서 성스러운 사제四諦를 수습하면 드러나는 게 지혜로워진다.[10]

旣自解慧하고 又多學問이면
漸進普廣하여 油酥投水니라.

이미 스스로 지혜를 깨닫고
또 많이 묻고 배우면
점점 넓고 광대하게 나아가
기름을 물에 던진 것과 같다.

6) 고뇌가 인연되어 고뇌가 일어나니 응당 이런 고뇌의 근본을 초월해야 한다. 성현의 팔품八品의 도道로 멸진하면 감로의 진리이다.[11]

---

10 若有自歸佛 及法苾芻僧 修習聖四諦 如慧之所見(『법집요송경』)

11 苦因緣苦生 當越此苦本 賢聖八品道 滅盡甘露際(『법집요송경』)

自無慧意하고 不好學問이면
凝縮[12]狹小하여 酪酥[13]投水니라.

스스로 지혜로운 생각이 없고
묻고 배우기를 좋아하지 않으면
엉기어 줄어들고 협소해져
낙소酪酥를 물에 던진 것과 같다.

☞ 발심發心에 있어서 지혜를 추구하는 의지가 중요하다.

7) 진리에 스스로 귀의하여 그릇되지 않으면 길吉한 이익이 있다. 이처럼 스스로 귀의하는 사람은 일체 고뇌를 벗어날 수 있다.[14]

近道[15]名顯함은 如高山雪이니
遠道[16]闇昧[17]함은 如夜發箭이라. (파: 304)

도를 가까이하면 명성이 드러나는 게

---

12 응축凝縮: 엉기어 줄어들다.
13 낙소酪酥: 젖으로 정제한 식품.
14 是爲自歸上 非不有吉利 如有自歸者 得脫一切苦(『법집요송경』)
15 近道: 진리를 가까이하는 것을 말한다.
16 遠道: 진리에 어긋나게 행동하는 것을 말한다.
17 암매闇昧: 매우 어리석은 것을 말한다. 즉 무명이다.

높은 산에 눈과 같으며
도를 멀리하면 어리석은 게
야밤에 화살을 쏘는 것과 같다.

☞ 한 번의 선택이 운명을 좌우한다.

8) 지난 것을 관찰하여 현재를 관찰하면서도 관찰하지 못하는 게 또한 현재의 관찰이다. 관찰하고 또 거듭 관찰하되 관찰한 것을 다시 관찰하지는 말라.[18]

爲佛弟子면 常寤自覺하고
晝夜念佛하며 惟法思衆[19]하라.

부처님의 제자라고 하면
항상 무명에서 깨어나 자각하고
주야로 부처님 생각하며
법을 사유하고 승가를 생각해야 한다.

9) 관찰하면서 또 거듭 관찰하면 그 자성의 근본을 분별하리라. 계획하는 것으로만 밤을 지새우면 실제 몸은 무너져 오래가지 못한다.[20]

---

18 觀已觀當觀 不觀亦當觀 觀而復重觀 觀而不復觀(『법집요송경』)

19 衆: 승가僧伽를 말한다.

20 觀而復重觀 分別彼性本 計晝以爲夜 實身壞不久(『법집요송경』)

爲佛弟子면 當寤自覺하고
日暮思禪하며 樂觀一心[21]하라. (파: 299)

부처님의 제자라고 하면
항상 무명에서 깨어나 자각하고
밤낮으로 선정을 생각하며
일심을 즐겨 관조하라.

☞ 무명에서 벗어나 항상 선정禪定을 수행하면 지혜가 드러난다.

10) 병을 여의려면 고통의 원인을 알아야 하고 무병하려면 약을 먹어야 한다. 병고의 원인을 멸도하려면 느껴 수습하는 것들을 저버릴 줄 알아야 한다.[22]

人當有念意이니 每食知自少면
則是痛欲[23]薄하여 節消而保壽니라.

사람들이 염두에 두어야 함이니
매끼 식사에서 스스로 적게 먹을 줄 알면
이는 식욕의 고통을 줄이는 것으로

---

21 一心: 진여眞如의 본체는 오로지 하나일 뿐이다.

22 知病離苦因 取無病修藥 苦因彼滅道 知離觸修等(『보성론』)

23 痛欲: 식욕食欲의 고통을 말한다.

소화를 조절하여 오래 살게 한다.

☞ 애욕愛欲을 줄이는 노력도 수행의 일부분이다.

11) 만약 고뇌를 관찰하지 못해도 항상 깊이 스스로 관찰해야 한다. 고뇌의 근원을 해결한다면 분명하고 미묘한 관찰이라 한다.[24]

學難捨罪難하고 居在家亦難하며
會止[25]同利難하니 難難無過有[26]니라.

배우기도 어렵고 죄 버리기도 어렵고
재가在家에 있으면 더욱 어렵다.
함께 모여 같이 이롭기도 어렵나니
어렵고도 어려운 것은 허물이 없이 사는 것이다.

12) 비록 범부인이라 하여도 모든 행위의 근본을 관찰하지 않고 그 원인을 관찰한다면 어둠을 헤치고 큰 밝음을 볼 것이다.[27]

比丘乞求難하니 何可不自勉이리오

---

24 猶若不觀苦 常當深自觀 以解苦根源 是爲明妙觀(『법집요송경』)

25 會止: 다른 사람과 한 곳에 모이는 것.

26 過有: 허물이 있는 것.

27 雖令凡夫人 不觀衆行本 因彼而觀察 去冥見大明(『법집요송경』)

精進得自然이니 後無欲於人이니라. (파: 302)

비구는 걸식하기 힘들다 하면서
어째서 스스로 노력하지 않는가?
정진하면 자연히 얻어지니
이후에 다른 사람에게 애욕이 없다.

☞ 진정한 수행자는 수순법隨順法을 지닌 무심도인無心道人이다.

13) 사람은 그 마음을 잃지 않고 또한 그 의지를 잃지 않으면서 옳은 것으로 그른 것을 영원히 물리칠 뿐, 악도에 떨어지는 것도 걱정하지도 않는다.[28]

有信則戒成하고 從戒多致寶하며
亦從得諧偶[29]하여 在所見供養이니라. (파: 303)

믿음이 있으면 계율을 성취하고
계율을 따라 많은 보배를 성취한다.
또한 해우諧偶를 얻게 되어
있는 곳마다 공양을 받는다.

---

28 人不損其心 亦不毁其意 以善永滅惡 不憂隨惡道(『법집요송경』)

29 해우諧偶: 화합和合함. 화합하는 무리.

14) 지해知解[30]로는 맛을 기대하고 생각하지만 사유하는 것은 휴식하려는 마음이다. 뜨겁다는 생각, 배고프다는 생각도 없어야만 응당 법미法味를 맛보는 것이다.[31]

一坐一處臥하며 一行無放恣[32]하라
守一以正身이면 心樂居樹間이니라. (파: 305)

한 번 앉고 한 자리에 누우며
하나의 행도 방자하지 말라.
오롯이 바르게 몸을 지키면
나무 사이에 살아도 마음은 즐겁다.

☞ 사위의四威儀에서 심락心樂을 추구하는 게 수행이다.

◉ 일체의 애착을 끊어야 범지梵志이다.

除其父母緣하고 王家及二種하고
遍滅至境土이면 無垢爲梵志니라. (파: 294)

---

30 解知: 알고 이해하는 것.

31 解知念待味 思惟休息意 無熱無飢想 當服於法味(『법집요송경』)

32 放恣: 어려워하거나 삼가는 태도가 없이 무례하고 건방짐.

부모의 인연과
왕가王家에 이르는 두 가지도 멸제하고
모든 것은 없애고 이르는 경계가
무구無垢한 범지梵志가 된다.

◉ 일체의 애착과 염착을 없애면 위대한 도인이다.

學先斷母하고 率君二臣하며
廢諸營從하면 是上道人이니라. (파: 295)

배움에 앞서 모체母體를 단절하고
군주로서 두 신하를 거느리고
여러 진영陣營의 추종자도 없애야만
훌륭한 도인이다.

◉ 수행자는 자각해야지, 누가 깨우쳐주지를 않는다.

能知自覺者는 是瞿曇弟子니라
晝夜當念是하며 一心歸命佛하라. (파: 296)

스스로 깨달아 아는 사람이
구담瞿曇의 제자이니
낮이나 밤이나 옳은 것만 생각하고

일심으로 부처님께 귀의하라.

◉ 정념正念, 정사유正思惟하며 해탈법만을 생각하라.

善覺自覺者는 是瞿曇弟子니라
晝夜當念是이면 一心念於法하라. (파: 297)

선각善覺하여 자각하는 사람은
구담의 제자이니
낮이나 밤이나 옳은 것만 생각하고
일심으로 법만을 생각하라.

◉ 대중을 생각하라.

善覺自覺者는 是瞿曇弟子니라
晝夜當念是이면 一心念於衆하라. (파: 298)

선각善覺하고 자각하는 사람은
구담의 제자이니
낮이나 밤이나 옳은 것을 생각하고
일심으로 대중을 생각하라.

◉ 자비는 불교의 근본 바탕이다.

爲佛弟子는 常悟自覺하고
日暮慈悲하며 樂觀一心하라. (파: 300)

부처님의 제자가 되어서는
항상 깨어있어 스스로 깨닫고
낮이나 밤이나 자비를 생각하며
일심을 즐겨 관찰하라.

◉ 지관止觀이 없는 지혜는 사상누각이다.

爲佛弟子는 常悟自覺하고
日暮思禪하며 樂觀一心하라. (파: 301)

부처님의 제자가 되어서는
항상 깨어있어 스스로 깨닫고
낮이나 밤이나 선정禪定을 생각하며
일심을 즐겨 관찰하라.

30. 지옥품地獄品

地獄品者는 道泥犁[1]事이니
作惡受惡하여 罪牽不置이라.

지옥품은
지옥의 일을 말하니
악을 지었으면 악보惡報를 받고
죄업이 견인하여 그냥두지 않는다.

☞ 人欲鍊其神 要當數修琢 智者易彫飾 乃名世之雄
能親近彼者 安隱無憂惱(『法集要頌經』)
사람들이 정신을 단련하고자 하면
자주 갈고 닦는 것이 중요하다.
지혜로운 사람은 쉽게 모양을 조각하여
바로 세상의 대장부라고 한다.
대장부와 친하게 가까이하면
안온하여 우뇌憂惱가 없다.

---

1 니리泥犁: 십계十界에서 최악인 지옥.

1) 여러 악업을 날려버리는 것은 바람에 낙엽이 떨어지는 것과 같다. 까닭도 없이 다른 사람을 두려워하는 사람은 청정함을 훼방하는 것이다.[2]

妄語[3]地獄近이라 作之言不作이니
二罪後俱受하여 是行自牽往이니라. (파: 306)

망어는 지옥에 가까워지는 것이다.
해 놓고도 하지 않았다 말하니
두 가지 죄는 모두 후에 받게 되어
이런 행은 스스로 끌고 가는 것이다.

☞ 악을 저지르는 것은 누워서 침 뱉는 것과 같다.

2) 그른 것을 찾아 획득한 능력은 연운煙雲[4]이 바람에 춤추는 것과 같으며, 사람들이 선과 악을 저지른 것은 각자 스스로는 알고 있다.[5]

法衣[6]在其身하고 爲惡不自禁하여

---

2 吹棄諸惡法 如風落其葉 無故畏彼人 謗毁淸淨者(『법집요송경』)

3 妄語: 거짓말하는 것.

4 煙雲: 연기와 구름으로 사라지는 사물에 비유하였다.

5 尋惡獲其力 煙雲風所吹 人之爲善惡 各各自知之(『법집요송경』)

6 法衣: 승려들이 입는 옷.

苟沒惡行者는 終則墮地獄이니라. (파: 307)

법의를 몸에 걸치고 있으면서
악행을 저지르고 자신을 금하지 않으며
참으로 악행에 매몰되는 사람은
끝내 지옥에 떨어진다.

3) 슬기로운 사람은 계를 호지護持하여 복이 세 가지 보답함에 이른다. 드러나는 명성으로는 이익을 얻고 죽어서는 천상에 태어난다.[7]

無戒受供養이면 理豈不自損이리오
死噉燒鐵丸이니 然熱劇火炭이니라.

계를 지키지 않으면서 공양을 받는다면
어찌 스스로에게 손해를 끼침이 아니리오.
죽어서 타는 철환을 삼키니
타오르는 열이 불타는 숯보다 심하다.

寧噉燒石하고 呑飮鎔銅하며
不以無戒면 食人信施니라. (파: 308)

7 智者能護戒 福致三種報 現名聞得利 終後生天上(『법집요송경』)

차라리 불에 달군 돌을 먹거나
불에 녹은 구리쇠를 마시지
계율을 지키지 않고
다른 사람의 신시信施를 먹으려고 하지 않겠다.

☞ 공양을 받는 게 부끄럽지 않는 수행을 하라.

4) 지계는 쾌락을 얻어 자신에게서 번뇌를 물리친다. 마치 밤에 편안하게 자고 깨어나면 오랫동안 희열하는 것처럼.[8]

放逸有四事이니 好犯他人婦하고
臥[9]險非福利며 毁三淫泆[10]四니라. (파: 309)

방일에 네 가지가 있으니
타인의 부인을 범하기를 좋아하고
위험하여 복리福利가 아닌 곳에 눕고
비방이 셋째이고, 음란함이 넷째이다.

5) 지계의 끝은 늙고 병들어도 편안하고, 지계를 끝까지 지킨다면 역시

---

8 持戒得快樂 令身無煩惱 夜睡眠恬淡 寤則長喜悅(『법집요송경』). 恬淡: 욕심이 없고 마음이 담담함.

9 臥: 진본秦本에는 위危로 되어 있다.

10 음일淫泆: 남녀 간의 음란한 교제.

안녕하다. 지혜는 사람의 보배지만 복덕이 상하면 해탈하기 힘들다.[11]

不福利墮惡하나니 畏惡畏樂寡하며
王法重罰加하고 身死入地獄이니라. (파: 310)

복리福利하지 않으면 악에 떨어지나니
악을 두려워하고 즐거움 적은 것을 두려워하며
왕법은 무거운 벌을 더하고
몸은 죽어서 지옥으로 들어간다.

6) 어떤 진리가 끝까지 옳은 것이며, 어떤 법에 옳게 머물러야 하는가? 어떤 진리가 사람에게 보배이며, 어떻게 훔쳐서 취할 수 없는가? 계법은 종국에 안녕을 가져오고, 계법은 옳고 편안함에 머물게 한다. 지혜는 사람들의 보배가 되며, 오직 복은 훔칠 수가 없다.[12]

譬如拔菅草[13]에 執緩則傷手하여
學戒不禁制면 獄錄[14]乃自賊이니라. (파: 311)

---

11 戒終老死安 戒善止亦寧 慧爲人之寶 福德賊難脫(『법집요송경』)

12 何法終爲善 何法善安止 何法爲人寶 何盜不能取
戒法終爲安 戒法善安止 慧爲人之寶 唯福不能盜(『법집요송경』)

13 관초菅草: 화본과의 다년초.

14 獄錄: 죄를 기록한 문서.

비유하면 관초를 뽑는데
느슨하게 잡으면 손을 상하는 것과 같아
계율을 배워 금제하지 않으면
옥록獄錄이 이내 자신을 해치게 된다.

7) 계를 수습修習하면서 보시를 실천하고 복은 지으며 훌륭한 밭을 만들어라. 이로부터 피안에 이르면 항상 안락한 곳에 이르리라.[15]

人行爲慢惰[16]면 不能除衆勞하고
梵行[17]有玷缺[18]이면 終不受大福이니라. (파: 312)

사람의 행위가 태만하면
여러 괴로움을 없애지 못한다.
범행에도 결점과 허물이 있으면
끝내 큰 복을 받을 수 없다.

☞ 게으르고 교만함, 그리고 음탕한 행위를 저지르지 않아야 복을 받는다.

---

15 修戒行布施 作福爲良田 從是至彼岸 常到安樂處(『법집요송경』)

16 만타慢惰: 게으르고 거만함.

17 梵行: 청정한 행위.

18 점결玷缺: 사람들의 결점과 허물에 비유하는 말.

8) 비구는 계덕戒德을 건립하고 모든 계의 근본 관문을 수호한다. 음식에서는 양을 절제함을 알고 오매일여寤寐一如로 진리에 상응하라.[19]

常行所當行하여 自持必令強하라
遠離諸外道하여 莫習爲塵垢[20]하라. (파: 313)

항상 마땅히 행해야 할 바를 행하여
스스로를 지켜 반드시 굳세게 하여라.
여러 외도들도 멀리하고
진구塵垢에 물들지 말라.

☞ 옳은 일에 부지런히 정진하면 때 묻을 시간과 외도를 만날 겨를도 없어진다.

9) 마음으로 항상 각오覺悟함을 일으켜 주야로 정근하며 배워라. 번뇌가 다하고 마음에서 일어나는 명확한 견해가 원적圓寂에 이르게 하는 진리다.[21]

爲所不當爲[22]면 然後致欝毒[23]하며

---

19 比丘立戒德 守護諸根門 飮食知節量 寤寐意相應(『법집요송경』)

20 진구塵垢: 먼지와 때.

21 意常生覺悟 晝夜精勤學 漏盡心明解 可致圓寂道(『법집요송경』)

22 當爲: 당연한 일.

行善常吉順[24]하고 所適無悔恡[25]이니라. (파: 314)

마땅히 하지 말아야 할 바를 하면
후에 독이 성하게 되며
선을 실천하면 항상 길순吉順하여
가는 곳마다 뉘우치고 한탄할 게 없다.

10) 슬기로운 사람은 금계를 건립하여 오롯한 마음으로 지혜를 수습한다. 비구는 열뇌가 없어지면 모든 고통을 다하게 된다.[26]

其於衆惡行에 欲作若已作이면
是苦不可解하고 罪近難得避니라.

여러 악행을
하고자 하든가 이미 하였으면
그 고통은 벗어날 수 없고
죄업이 다가오면 피하기 어렵다.

☞ 악행은 고뇌를 가져오고, 이는 죄업으로 자기에게 다가온다.

---

23 울독鬱毒: 독이 널리 퍼진 것을 말한다.

24 吉順: 일이 잘 풀리고 복이 있는 것.

25 회린悔恡: 회린悔吝과 같음.

26 智者立禁戒 專心習智慧 比丘無熱惱 盡果諸苦際(『법집요송경』)

11) 계로써 항상 마음을 조복하고 정정正定의 의미를 수호하라. 안으로 지관止觀을 배워서 닦고, 잊지 않아야 하는 것은 정지正智이니라.[27]

妄證求敗[28]면 行己不正이니
怨譖[29]良人하여 以抂[30]治士면
罪縛斯人하여 自投于坑이니라.

거짓 증언으로 뇌물을 구하면
행위는 이미 부정한 것이니
양인良人을 책망하고 참소하여
억울함으로 사람들을 다스리면
죄가 이 사람을 속박하여
스스로 구렁텅이에 뛰어든 것이다.

12) 모든 죄를 깨끗이 없애고 교만함도 다하고 의혹을 일으키지도 말라. 종신토록 법계(法戒: 율법)를 구하고 성스러운 생각을 잊지 말라.[31]

如備邊城에 中外牢固하여

---

27 以戒常伏心 守護正定意 內學修止觀 無忘爲正智(『법집요송경』)

28 敗: 뇌賂로 한다.

29 원참怨譖: 책망責望하고 참소讒訴하는 것.

30 광抂: 왕枉으로 하였다.

31 蠲除諸罪垢 盡慢勿生疑 終身求法戒 勿遠離聖念(『법집요송경』)

自守其心이면 非法不生이니라
行缺致憂하고 令墮地獄이니라. (파: 315)

마치 변방의 성을 지키듯
안팎을 견고하게 하여
스스로 그 마음을 지키면
그릇된 법이 생기지 않는다.
행동을 잘못하면 근심이 생겨
지옥에 떨어지게 된다.

☞ 계율을 지키려는 마음은 견고해야 한다.

13) 아만과 미혹함에 빠지는 것을 비구는 당연히 피해야만 한다. 계정혜의 세 가지 수행에서 원만함을 구하는 것을 저버리지 말라.[32]

可羞不羞하고 非羞反羞면
生爲邪見이니 死墮地獄이니라. (파: 316)

수치스러운 것을 수치스럽게 여기지 않고
수치스러운 게 아닌데 도리어 수치스러워하면
살아서 사견을 일으키는 것이니

32 我慢及迷醉 比丘應外避 戒定慧三行 求滿勿遠離(『법집요송경』)

죽으면 지옥에 떨어진다.

14) 자기 멋대로 하지 않으면서 모든 존재도 생각하지 말라. 그리고 모든 음개(陰蓋: 五陰)를 버리면 이와 같은 장애가 일어나지 않으리라.[33]

可畏不畏하고 非畏反畏하여
信向邪見이면 死墮地獄이니라. (파: 317)

두려운 것을 두려워하지 않고
두렵지 않은 것을 도리어 두려워하여
사견을 믿으면
죽어서 지옥에 떨어진다.

15) 비구는 금계로 막고 항상 이를 보고 배운다. 바로 열반의 길로 향하니 청정함이 이와 같음을 빠르게 증득한다.[34]

可避不避하고 可就不就하며
翫習[35]邪見이면 死墮地獄이니라. (파: 318)

피해야 할 것을 피하지 않고

---

33 既不放自恣 諸有勿想念 是故捨陰蓋 不生如是障(『법집요송경』)

34 比丘防禁戒 恒見學此者 直趣涅槃路 速得淨如是(『법집요송경』)

35 완습翫習: 익힌 습기習氣.

따라야 할 것을 따르지 않으며
사견을 즐겨 익힌다면
죽어서 지옥에 떨어진다.

16) 꽃향기는 바람을 거스르지 않고, 부용과 전단향도 그렇다. 덕향德香은 바람을 거슬러 풍겨 덕이 있는 사람의 향내를 고르게 느끼게 한다.[36]

可近則近하고 可遠則遠하여
恒守正見이면 死墮善道[37]니라. (파: 319)

가까이해야 할 것은 가까이하고
멀리할 것은 멀리하며
항상 정견定見을 지키면
죽어서 선도善道에 떨어진다.

☞ 실상實相을 보는 게 정견正見이다.

36 花香不逆風 芙蓉栴檀香 德香逆風薰 德人徧聞香(『법집요송경』)

37 善道: 지옥의 반대로, 좋은 곳을 말한다. 혹은 올바른 길.

31. 상유품象喩品

象喩品者는 教人正身[1]하여
爲善得善이면 福報快焉이니라.

상유품은
사람들에게 몸가짐을 바르게 하라고 가르치니
선한 행동을 하여 선한 과보 얻으면
그 복보福報는 즐겁다.

☞ 如人採妙藥 專意不散亂
未獲眞財寶 長爲窮所困(『法集要頌經』)
사람이 묘약을 채취하는 것과 같아
오롯한 의지로 산란하지 말라.
진정한 재보를 획득하지 않으면
오랫동안 괴로움으로 곤궁하게 된다.

---

1 正身: 몸가짐을 바르게 함.

1) 만약 죽음의 왕을 보지 않으려면 지혜로 관조하되 청정한 꽃과 같이 하라. 비구가 피안에 이르는 것은 독사가 옛 껍질을 벗는 것과 같다.[2]

我如象鬪에 不恐中箭하여
常以誠信으로 度無戒人이니라. (파: 320)

나는 마치 전장의 코끼리처럼
화살을 맞는 것도 두려워하지 않으며
항상 진실한 믿음으로
계를 갖추지 않은 사람을 제도한다.

☞ 삶에서 무기는 성신誠信이다.

2) 탐진치를 단멸하는 것은 독기가 있는 꽃의 뿌리를 뽑아버리는 것과 같고, 비구가 피안에 이르는 것은 독사가 옛 껍질을 벗는 것과 같다.[3]

譬象調正하면 可中王乘이니
調爲尊人하여 乃受誠信이니라. (파: 321)

비유하면 코끼리를 잘 길들이면
왕이 타기에 적당하듯이

---

2 若不見死王 慧照如淨華 苾芻到彼岸 如蛇脫故皮(『법집요송경』)
3 貪瞋癡若斷 如棄毒華根 苾芻到彼岸 如蛇脫故皮(『법집요송경』)

자신을 길들여 존귀한 사람이 되면
이에 진실한 믿음을 받는다.

3) 탐욕의 뿌리가 단제斷除되면 꽃이 물 위에 뜨는 것과 같고, 비구가 피안에 이르는 것은 독사가 옛 껍질을 벗는 것과 같다.[4]

雖爲常調하면 如彼新馳[5]이나
亦最善[6]象은 不如自調니라. (파: 322)

항상 잘 길들여서
저 신치新馳와 같아지거나
또는 최상의 코끼리와 같아지더라도
자신을 길들이는 것만 못하다.

☞ 자신과 싸움에서 이기는 승자가 참다운 승자이다.

4) 에근恚根이 단제斷除된다면 꽃이 물 위에 떠 있는 것과 같다. 비구가 피안에 이르는 것은 독사가 옛 껍질을 벗는 것과 같다.[7]

---

4 貪根若除斷 如華水上浮 苾芻到彼岸 如蛇脫故皮(『법집요송경』)
5 신치新馳: 인더스 강가에서 생산되는 말.
6 最善: 가장 좋은 것.
7 恚根若除斷 如華水上浮 苾芻到彼岸 如蛇脫故皮(『법집요송경』)

彼不能適[8]이면 人所不至이라

唯自調者는 能到調方이니라. (파: 323)

저들이 갈 수 없다면

사람들도 갈 수가 없다.

오직 스스로를 길들인 사람만이

가고자 하는 곳에 이르게 된다.

5) 치근癡根이 단제되면 꽃이 물 위에 떠 있는 것과 같다. 비구가 피안에 이르는 것은 독사가 옛 껍질을 벗는 것과 같다.[9]

如象名財守[10]는 猛害[11]難禁制[12]이니

繫絆[13]不與食이면 而猶暴逸[14]象이니라. (파: 324)

이름이 재수財守인 코끼리는

사납고 공격적이어서 금제하기 어려우니

묶어놓고 음식을 주지 않으면

8 적適: 왕往으로 한다.

9 癡根若除斷 如華水上浮 苾芻到彼岸 如蛇脫故皮(『법집요송경』)

10 재수財守: 코끼리 이름이다.

11 맹해猛害: 사납고 공격적인 것을 말한다.

12 금제禁制: 어떤 행위를 못하게 함.

13 계반繫絆: 묶어놓는 것을 말한다.

14 폭일暴逸: 사납게 날뛰는 것.

오히려 사납게 날뛰는 코끼리가 된다.

☞ 삼독三毒이 치성한 마음을 다스리는 게 수행이다.

6) 사람이 화만華鬘을 맺는 것과 같아 마음으로 즐기려는 탐욕은 만족할 수 없다. 현세의 독기를 다하지 않으면서 삼근三根은 항상 얽혀 있다.[15]

沒在惡行者는 恒以貪自繫하여
其象不知厭하여 故數入胞胎[16]니라. (파: 325)

악행에 매몰되어 있는 사람은
항상 탐욕이 스스로를 계박하고 있다.
그 코끼리는 만족함을 알지 못하므로
자주 포태胞胎에 들어간다.

☞ 탐욕은 끝이 없다. 이로 인하여 사람들은 인생을 그르친다.

7) 몸은 배기坏器[17]와 같고, 환법幻法은 야생마와 같음을 관조하라. 마화魔華가 피는 것을 없애버리고, 사왕死王의 길을 엿보지 말라.[18]

---

15 如人結華鬘 意樂貪無足 不盡現世毒 三根常纏縛(『법집요송경』)

16 胞胎: 자궁子宮을 말한다. 태내의 아이를 싸는 얇은 막.

17 배기坏器: 불에 굽지 않은 토기를 말한다.

18 觀身如坏器 幻法如野馬 斷魔華開敷 不覩死王路(『법집요송경』)

本意爲純行[19]하고 及常行所安하여
悉捨降伏結[20]이면 如鉤制象調니라. (파: 326)

본래 마음은 하고 싶은 대로 행하고
항상 편안한 것을 행한다.
모두 버리고 번뇌를 항복받으려면
갈고리로 코끼리를 제어하고 길들이는 것과 같이 하라.

8) 몸은 거품이 모인 것과 같은 환화법幻化法임을 알아라. 마화魔華가 피는 것을 단멸하면 사왕死王의 길을 엿보지 않게 된다.[21]

樂道不放逸하고 能常自護心이면
是爲拔身苦이니 如象出于埳[22]이니라. (파: 327)

도를 즐기며 방일하지 않고
항상 스스로 마음을 지키면
이에 몸에서 고뇌를 뽑아버리니
코끼리가 구덩이에서 벗어나는 것과 같다.

---

19 純行: 마음먹은 대로 행동하는 것.

20 結: 번뇌.

21 身是如聚沫 知此幻化法 斷魔華開敷 不覩死王路(『법집요송경』)

22 埳: 감埳과 같다.

樂道不放逸能常自
護心是爲拔身苦如
象出于塪

☞ 업의 구덩이에서 빠져 나오기를 힘쓰는 게 수행이고, 업의 구덩이로 더 깊이 들어가는 것은 방탕이다.

9) 아만의 뿌리를 단제하면 꽃이 물 위에 떠 있는 것과 같고, 비구가 피안에 이르는 것은 독사가 옛 껍질을 벗는 것과 같다.[23]

若得賢能[24]伴하여 俱行行善悍이면
能伏諸所聞하여 至到不失意니라. (파: 328)

만약 현인을 벗할 수 있어
함께 행하되 선을 세차게 행한다면
능히 들은 바 모두 조복하고
실의失意하지 않음에 이르게 된다.

10) 간린慳吝[25]의 뿌리를 끊어버리면 꽃이 물 위에 떠 있는 것과 같다. 비구가 피안에 이르는 것은 독사가 옛 껍질을 벗는 것과 같다.[26]

不得賢能伴하여 俱行行惡悍이면
廣斷王邑里하여 寧獨不爲惡이니라. (파: 329)

---

23 我慢根除斷 如華水上浮 苾芻到彼岸 如蛇脫故皮(『법집요송경』)

24 賢能: 어질고 능력이 있다는 말이다.

25 간린慳悋: 인색吝嗇함.

26 慳悋根若斷 如華水上浮 苾芻到彼岸 如蛇脫故皮(『법집요송경』)

현인을 벗할 수 없어
함께 행하되 악을 극렬하게 행한다면
널리 왕의 도읍과 마을도 끊어
차라리 혼자일지언정 악을 짓지 말라.

☞ 사악한 벗과는 사귀지 말라.

11) 애지愛支의 뿌리를 끊어버리면 꽃이 물 위에 떠 있는 것과 같다. 비구가 피안에 이르는 것은 독사가 옛 껍질을 벗는 것과 같다.[27]

寧獨行爲善하여 不與愚爲侶니
獨而不爲惡을 如象驚自護하라. (파: 330)

차라리 착하게 혼자 살지언정
어리석은 사람을 벗하지 말라.
홀로 있으면서 사악하지 않음은
코끼리가 놀라 스스로 보호하는 것과 같다.

☞ 악으로부터 자신을 철저히 보호하는 사람이 되어라.

12) 번뇌의 뿌리가 없어지면 획득하는 과보는 선인과善因果이다. 비구가

---

27 愛支根若斷 如華水上浮 苾芻到彼岸 如蛇脫故皮(『법집요송경』)

피안에 이르는 것은 독사가 옛 껍질을 벗는 것과 같다.[28]

生而有利安하고 伴軟和[29]爲安하며
命盡爲福安하고 衆惡不犯安이니라. (파: 331)

살아서는 이익되고 편안하며
벗은 연화軟和하여 안녕하고
수명을 다하니 복이 있어 편안하고
여러 악을 범하지 않아 안녕하다.

13) 군자에게 세 가지 즐거움이 있다. 첫째는 부모가 구존俱存하고 형제가 무고無故한 것이고, 둘째는 하늘을 우러러 부끄러움이 없고 사람을 대해서도 부끄러움이 없는 것이며, 셋째는 천하의 영재를 얻어 교육시키는 것이다.[30]

人家有母樂하고 有父斯亦樂이라
世有沙門樂하고 天下有道樂이니라. (파: 332)

---

28 若無煩惱根 獲報善因果 苾芻到彼岸 如蛇脫故皮(『법집요송경』)

29 軟和: 온화溫和하고 화순和順한 것.

30 君子有三樂 而王天下不與存焉 父母俱存兄弟無故 一樂也 仰不愧於天 俯不怍於人 二樂也 得天下英才而教育之三樂也 君子有三樂 而王天下不與存焉(『맹자』 진심상)

가정에는 어머니가 있어 기쁘고
아버지도 있으면 이 또한 기쁘다.
세상에는 사문이 있어 기쁘고
천하에는 도가 있어 기쁘다.

14) 법에서 제일의를 획득하면 이익되게 사용함이 무궁하고, 오롯한 마음으로 행하는 조화와 인욕은 윤회고輪迴苦를 모면하게 한다.[31]

持戒終老安하고 信正所正善하며
智慧最安身하고 不犯惡最安이니라. (파: 333)

계를 지니면 늙어서 편안하고
믿음이 올바르니 정선正善하는 바이며
지혜는 몸을 제일 편안하게 하고
악을 저지르지 않으면 제일 편안하다.

☞ 계戒와 정신正信에 바탕을 둔 지혜, 그리고 악을 저지르지 않으면 삶을 행복하게 마무리한다.

15) 비유하면 말이 조련되면 부드러워지듯이 의지에 따라 수행하는 것도 같다네. 신信·계戒·정진精進·선정禪定·법요法要를 구족해야 한다.[32]

---

31 獲法第一義 利用故無窮 一心行和忍 得免輪迴苦(『법집요송경』)

32 譬馬調能軟 隨意如所行 信戒及精進 定法要具足(『법집요송경』)

如馬調軟하면 隨意所如하여
信戒精進과 定法要具니라.

말을 유순하게 길들이면
곧바로 뜻에 따르는 것처럼
믿음과 계율과 정진과
선정과 법요를 구비해야 한다.

☞ 고뇌를 다스리는 다섯 가지를 명심하라.

16) 인욕과 화합의 의지로 선정을 획득하고 모든 고뇌를 단제하면 이로부터 선정을 얻게 되어 말을 올바르게 길들인 마부와 같아진다.[33]

明行[34]成立하고 忍和意定이면
是斷諸苦하여 隨意所如니라.

명행明行을 이루고
인내와 화합으로 마음이 안정되면
이에 모든 고뇌를 끊어
곧바로 마음에 따른다.

---

33 忍和意得定 能斷諸苦惱 從是得住定 如馬善調御(『법집요송경』)

34 明行: 슬기롭게 행동함, 또는 지혜와 수행.

17) 성냄을 단제斷除하여 무루無漏함을 획득하면 말이 스스로 조어하는 것과 같아진다. 악을 버리고 평탄함에 이르면 후세에 천락天樂을 받고 태어난다.[35]

從是往定은 如馬調御[36]이니
斷恚無漏면 是受天樂[37]이니라.

이로부터 선정禪定으로 나아감은
말을 조어하는 것과 같으니
진에瞋恚를 끊고 번뇌가 없어지면
이는 천락天樂을 받게 된다.

☞ 말은 누구이며 마부는 누구인가?

18) 여윈 말이 훌륭하게 되는 것과 같이 사악한 것을 버리면 현인이 된다. 사람들이 참괴慚愧하는 마음이 있으면 지혜가 성취될 수가 있다. 그런 까닭으로 권하여 정진하게 하는 것은 양마에게 채찍을 가하는 것과 같다.[38]

---

35 斷恚獲無漏 如馬能自調 棄惡至平坦 後受生天樂(『법집요송경』)

36 調御: 조율하여 말을 이끌어가는 것.

37 天樂: 하늘에서 즐기는 기쁨.

38 如羸馬比良 棄惡乃爲賢 若人有慚愧 智慧可成就 是故易誘進 如策於良馬(『법집요송경』)

不自放恣면 從是多寤이니
羸馬[39]比良하여 棄惡爲賢이니라.

스스로 방자하지 않으면
이로부터 많은 깨달음이 있으며
여윈 말이 훌륭하게 되듯이
악함을 버리면 현명해진다.

39 이마羸馬: 여윈 말을 말한다.

32. 애욕품愛欲品

愛欲品者는 賤婬[1]恩愛[2]로

世人爲此하여 盛生災害니라.

애욕품은

천박한 음욕과 은애恩愛로

세상 사람들 모두 이를 행하여

재해災害를 치성하게 일으킨다.

☞ 我此所說法 爲自心淸淨

依諸如來敎 修多羅相應(『보성론』)

내가 설법하는 것은

자심을 청정하게 하려는 것으로

모든 여래의 가르침에 의거하여

수다라(修多羅: 경전)에 상응한다.

---

1 천음賤婬: 천박한 음욕.

2 恩愛: 부모자식과 부부 사이의 애정愛情.

1) 탐욕인 나는 너의 뿌리임을 알고 마음으로 사상思想을 일으키는데, 내가 너를 사유하지 않는다면 너와 같은 탐욕은 있지도 않겠지.[3]

心放在婬行하면 欲愛增枝條[4]가
分布生熾盛이라 超躍[5]貪果猴니라. (파: 334)

마음을 음행에 놓아두면
애욕이 나뭇가지처럼 늘어나
널리 퍼져 치성해지니
열매를 탐내어 뛰어오르는 원숭이와 같다.

☞ 음행과 애욕은 치성해지기 마련이다.

2) 욕망으로 인하여 번뇌가 일어나고 욕망으로 인하여 두려움이 생긴다. 욕망을 저버린다면 해탈을 얻어 두려움과 번뇌가 없으리라.[6]

以爲愛忍苦하나 貪欲著世間이니
憂患日夜長하여 莚如蔓[7]草生이니라. (파: 335)

---

3 慾我知汝根 意以思想生 我不思惟汝 則汝慾不有(『법집요송경』)

4 지조枝條: 나뭇가지.

5 초약超躍: 재빨리 뛰어오르는 것을 말한다.

6 因慾生煩惱 因慾生怖畏 離慾得解脫 無怖無煩惱(『법집요송경』)

7 연만莚蔓: 넝쿨져 감으며 뻗어나감.

애욕 참기를 괴롭게 여기고
탐욕으로 세간에 염착하니
우환은 밤낮으로 늘어나
마치 덩굴 풀 뻗어나가듯 생겨난다.

☞ 애욕보다 무서운 탐욕을 절제할 줄 알아야 수행자이다.

3) 유정은 연모함이 그치지 않고 왕래하니 벗어나기 어렵구나. 제천諸天과 인민들도 애착심에 의지해 머뭇거린다.[8]

人爲恩愛惑하여 不能捨情欲하나니
如是憂愛[9]多하여 潺潺[10]盈于池이라. (파: 336)

사람들은 은애恩愛에 미혹하여
정욕을 버리지 못하나니
이와 같이 우애憂愛가 많아지면
졸졸 흐르는 물이 연못을 채우는 것과 같다.

☞ 번뇌는 늘어나게 마련이다. 늘어나지 않게 하는 게 수행이다.

---

8 有情戀不息 往來難出離 諸天及人民 依愛而止住(『법집요송경』)

9 우애憂愛: 근심과 애욕.

10 잔잔潺潺: 졸졸 흐르는 물.

4) 애욕을 따라 번뇌가 일어나고 애욕을 따라 두려움이 일어난다. 애욕을 저버리면 해탈을 얻어 두려움과 번뇌도 없어진다.[11]

夫所以憂悲는 世間苦非一이나
但爲緣愛有니 離愛則無憂니라.

무릇 근심하고 슬퍼하는 것은
세간의 고통이 하나에 그치지 않는다.
다만 애욕에 연유한 게 있으니
애욕을 끊으면 근심이 없어진다.

☞ 애욕에 연유한 근심 걱정이 그대를 고뇌하게 하니, 애욕의 연을 줄이는 게 수행이다.

5) 열매가 처음에는 달아도 후에 쓴 것처럼 애욕도 그렇다네. 후에 애욕은 지옥고이니, 익히고 삶아지는 게 무수겁이라네.[12]

己意安棄憂라 無愛何有世리오
不憂不染[13]求하고 不愛焉[14]得安이니라.

---

11 從愛生煩惱 從愛生怖畏 離愛得解脫 無怖無煩惱(『법집요송경』)

12 菓先甛後苦 愛慾亦如斯 後愛地獄苦 燒煮無數劫(『법집요송경』)

13 染: 번뇌를 말한다.

14 不愛焉: 언焉은 어조사로 '애착愛着하지 않는다'의 의미이다.

자기 마음이 편안하려면 근심을 버려라.
애욕이 없으면 어떻게 세상에 있으리오.
걱정이 없고 번뇌를 구하지 않고
애착하지 않으면 편안함 얻는다.

6) 어리석고 미혹하여 애욕을 탐내고 처자를 그리워하며, 애욕과 번뇌에 물들어 얽히고 속박됨이 견고하여 벗어나기가 어렵구나.[15]

有憂以死時에는 爲致親屬[16]多하나니
涉憂之長塗에 愛苦常墮危니라.

근심이 있으면서 죽을 때에는
친척 권속이 많이 이르러도
근심스러운 긴 여정을 떠나감에
애욕의 고뇌가 항상 위험에 떨어트린다.

7) 현인과 성인은 애욕을 일러주어 모든 권속을 장엄하여 멀리 처자까지 저버리고도 모두를 굳건하게 이익하게 하는구나.[17]

爲道行者는 不與欲會하나니

---

15 愚迷貪愛慾 戀著於妻子 爲愛染纏縛 堅固難出離(『법집요송경』)

16 親屬: 친권親眷과 같으며, 아주 가까운 권속이다.

17 賢聖示愛慾 莊嚴諸眷屬 遠離於妻子 堅固能利益(『법집요송경』)

先誅愛本하고 無所植根하여
勿如刈葦하며 令心復生이니라. (파: 337)

도를 배우는 수행자는
애욕과 함께하지 않아야 하나니
먼저 애욕의 뿌리를 베어내고
뿌리를 심지 않아야 하며
마치 갈대를 자르는 것처럼 하여
마음에서 다시 생기지 않도록 하라.

☞ 애욕의 뿌리를 자르는 게 수행이다.

8) 탐욕으로부터 해탈하기 어려우니 탐욕을 저버려야 참다운 출가이다. 탐욕은 쾌락을 받지 못하니 지혜로운 사람은 욕망하는 바가 없다.[18]

如樹根深固하면 雖截猶復生이니
愛意不盡除면 輒當還受苦이라. (파: 338)

나무뿌리가 깊고 단단하면
비록 잘라내도 다시 살아나는 것처럼
애욕의 마음을 모두 없애지 않으면

---

18 貪欲難解脫 離欲眞出家 不貪受快樂 智者無所欲(『법집요송경』)

번번이 괴로움 다시 받게 된다.

☞ 애욕의 뿌리는 매우 견고하다. 그러므로 정진을 늦추어서는 안 된다.

9) 세간의 탐욕인貪欲人들은 가끔도 사유하지 않으니, 만약 이를 조복할 수 있는 사람은 참으로 욕망을 저버렸다 하리라.[19]

猨猴[20]得離樹이나 得脫復趣樹이니
衆人亦如是하여 出獄復入獄이니라.

원숭이가 나무를 떠났으나
벗어났다가도 다시 나무로 향하듯
사람들도 이와 같아
지옥을 벗어났다가 다시 지옥으로 들어간다.

☞ 혐오하던 것으로 다시 돌아오는 것은 바로 애욕 때문이다.

10) 만약 사람이 항상 탐욕하면 속박되어 해탈하기 어렵다. 오직 지혜로 분별한다면 번뇌가 끊어져 일어나지 않으리.[21]

---

19 世間貪欲人 種種非思惟 若能調伏者 是名眞離欲(『법집요송경』)

20 원후猨猴: 원숭이.

21 若人恒貪欲 處縛難解脫 唯慧能分別 煩惱斷不生(『법집요송경』)

貪意爲常流하고 習[22]與憍慢[23]并하며
思想猗婬欲하며 自覆[24]無所見이니라.

탐욕의 마음이 항상 흐르고 있고
염습染習과 교만이 함께하며
사상思想은 음욕에 기대어서
스스로 전도되니 보는 바가 없어진다.

☞ 탐욕·염습·교만·전도의 과정은 수행하며 철저히 배제하여야 한다.

11) 정념正念이 항상 흥기하여 적정하면 욕망은 없애기 쉬우며, 법계法戒로 자제하면서 범하지 않으면 선이 증장하리라.[25]

一切意流衍하면 愛結如葛藤[26]이니
唯慧分別見하여 能斷意根原하니라. (파: 340)

일체 마음이 충만하여 넘치면

---

22 習: 염착染著하려는 습기를 말한다.

23 憍慢: 교만驕慢하고 게으른 것을 말한다.

24 복覆: 전도顚倒됨을 말한다.

25 正念常興起 寂靜欲易除 自制以法戒 不犯善增長(『법집요송경』)

26 길등葛藤: 등나무가 얽히고설킨 것.

애욕의 번뇌는 갈등葛藤과 같아지니
오직 지혜로 분별하여 보아야
마음의 근원을 끊을 수 있다.

12) 항상 탐욕인과 어리석은 사람 모두는 그런 습관에 익숙하게 행동하지만, 정념定念으로 방일하지 않으면 차례로 무루無漏를 얻으리라.[27]

夫從愛潤澤이면 思想爲滋蔓[28]이라
愛欲深無底니 老死是用增이니라. (파: 341)

대저 애욕이 윤택해지면
사상은 자만滋蔓해진다.
애욕은 깊어져 끝이 없으니
늙고 죽음에 그 작용이 증가한다.

☞ 애욕에 대한 상념은 깊어져 끝이 없다가 끝에는 노老·병病·사死에 미치게 된다.

13) 찰나라도 지관止觀을 수습하고 모든 죄악을 저버린다면 아만이 저절로 소제消除되며, 해탈하여 안락을 얻는다.[29]

---

27 常行貪欲人 愚者共狎習 念定不放逸 次第獲無漏(『법집요송경』). 狎習: 익숙하게 엄습하는 것을 말한다.

28 자만滋蔓: 덩굴처럼 번성해지는 것을 말한다.

所生枝不絕하고 但用食貪欲하여
養怨益丘塚[30]이나 愚人常汲汲[31]이니라.

자라나는 가지를 자르지 않고
다만 탐욕으로 새김질한다면
원한을 기르고 무덤만 늘어나
어리석은 사람은 항상 불안해한다.

☞ 탐욕은 상대방이 있어 원증怨憎이 늘어난다.

14) 사람들의 그치지 않는 욕망은 가죽이 불에 들어가 타는 것처럼 순식간에 타서 없어지는 것 같아 죄를 받는 거 셀 수 없다네.[32]

雖獄有鉤鍱하나 慧人不謂牢리오
愚見妻子息하여 染著[33]愛甚牢니라. (파: 345)

비록 감옥에 갈고리와 쇠고리가 있더라도

---

29 剎那修止觀 能離諸罪垢 我慢自消除 解脫獲安樂(『법집요송경』)

30 구총丘塚: 무덤을 말한다.

31 급급汲汲: 근심스럽고 불안한 모양.

32 若人不斷欲 如皮入火燒 剎那見燋壞 受罪無央數(『법집요송경』). 燋壞: 타서 없어지는 것을 말한다. 無央數: 셀 수 없이 많은 것을 말한다.

33 染著: 집착執着하는 것을 말한다.

지혜로운 사람은 견고하다고 하지 않는다.
어리석은 사람은 처자식을 보면
애욕에 염착하여 매우 견고하다고 한다.

☞ 애욕이 감옥이고 지옥이다.

15) 비구는 욕락과 방일, 그리고 많은 우수를 삼가지만, 만약 애욕을 저버리면 정념正念으로 쾌락을 받으리라.[34]

慧說愛爲獄이니 深固難得出이라
是故當斷棄하라 不視欲能安이니라. (파: 346)

지혜로운 사람은 애욕이 감옥이라 말하니
깊고 견고하여 벗어나기 어렵다.
그러므로 끊어 없애야 하며
애욕을 보지 않아야 편안해진다.

16) 가득하지 않은데 어찌 만족하며, 부족하면 어찌 즐거우리오? 즐거움이 없으면 어떤 근심이 있고, 애욕이 있는데 어떤 즐거움이 있겠는가?[35]

---

34 比丘愼欲樂 放逸多憂愁 若離於愛欲 正念受快樂(『법집요송경』)

35 無厭有何足 不足何有樂 無樂有何憂 有愛有何樂(『법집요송경』)

見色[36]心迷惑[37]하여 不惟觀無常하고
愚以爲美善하나니 安知其非眞이리오.

여색女色을 보고 마음이 미혹하여
무상無常을 생각하거나 관찰하지 않고
어리석어서 아름답고 좋다고 말하니
어찌 그게 진리가 아님을 알겠는가.

☞ 애욕도 무상無常하다.

17) 적정과 지혜를 구족하면 무루도無漏道를 증장하리라. 탐애는 만족함이 없으니 불법佛法은 하늘에서 받는 게 아니다.[38]

以婬樂自裹는 譬如蠶作繭이니
智者能斷棄하여 不眄除衆苦니라. (파: 347)

음락淫樂[39]으로 자기를 감싸는 것은
비유하면 누에가 고치를 만드는 것과 같다.
지혜로운 사람은 이를 끊어버려

---

36 色: 일반적으로 물질物質을 말하지만, 여기서는 여색女色을 말한다.
37 迷惑: 번뇌를 일으키는 것을 말한다.
38 寂靜智慧足 能長無漏道 貪愛若不足 非法受中天(『법집요송경』)
39 음행淫行의 즐거움.

見色心迷惑不惟觀
無常愚以爲美善妄
知其非眞

곁눈질하지도 않으면서 여러 고뇌를 없앤다.

☞ 음욕을 멀리하여야 한다.

18) 어리석어서 탐욕으로 스스로를 속박하여 피안으로 가려고 하지 않으며, 재물을 탐내고 애욕하며 사람을 해치고 역시 스스로를 속박한다.[40]

心念[41]放逸者는 見婬以爲淨하나니
恩愛意盛增하여 從是造獄牢[42]니라. (파: 349)

심념心念이 방일한 사람은
음욕을 청정하다고 보아
은애恩愛의 마음이 매우 늘어나
이로부터 뇌옥을 만든다.

☞ 방일하는 수행자가 되지 마라.

19) 세상에 담긴 모든 미묘한 욕망은 가장 사소한 것을 맛보는 것이지만, 천상의 즐거움은 가리쇄파나迦哩灑跛拏[43]에 비견된다.[44]

---

40 愚以貪自縛 不求度彼岸 貪財爲愛欲 害人亦自縛(『법집요송경』)

41 心念: 마음으로 생각하는 것.

42 옥뢰獄牢: 감옥, 자기를 가두어버리는 것.

覺意滅婬者는 常念欲不淨하나니

從是出邪獄하여 能斷老死患이니라. (파: 350)

깨닫고자 하는 마음으로 음욕을 없애는 사람은

항상 애욕은 청정하지 않다고 생각하니

이로부터 삿된 감옥을 벗어나

늙고 죽는 근심까지도 끊는다.

20) 모든 산에 금이 가득한 게 가히 철위산과 같다고 한다. 이로서도 가히 매우 만족할 수 없지만, 정각正覺만이 모든 것을 알 수 있다.[45]

以欲網自蔽하고 以愛蓋自覆하며

自恣縛於獄하나니 如魚入笱口[46]니라.

爲老死所伺는 若犢求母乳니라.[47]

애욕의 그물로 스스로를 덮고

애욕의 덮개를 스스로 뒤집어쓰며

스스로 방자하여 감옥에 결박하니

---

43 옛날 인도의 화폐단위, 또는 중량의 단위이다.

44 世容衆妙欲 此欲最味少 若比天上樂 迦哩灑跋拏(『법집요송경』)

45 衆山盡爲金 猶如鐵圍山 此猶無厭足 正覺盡能知(『법집요송경』)

46 구구笱口: 통발 입구.

47 팔리어 본에는 이 게송이 없다.

물고기가 통발에 들어가는 것과 같다.
노사老死하게 되면서도 곁눈질하는 것은
송아지가 어미젖을 찾는 것과 같다.

☞ 애욕에 염착하는 것을 그려 놓았다.

21) 세간의 고뇌와 과보 모두가 탐욕으로 인한 것, 지혜로운 사람은 옳게 조복하니 이에 상응하도록 배워야 한다.[48]

離欲滅愛迹이면 出網無所弊니라
盡道除獄縛하고 一切此彼[49]解하여
已得度邊行[50]이면 是爲大智士니라.

탐욕을 버리고 애욕의 자취마저 없애면
그물에서 벗어나 폐단이 없다.
도道를 이루어 감옥의 속박을 없애고
일체의 이것저것에서 벗어나
이미 변행邊行에서 도탈함을 얻으면
이 사람은 위대하고 지혜로운 사람이다.

---

48 世間苦果報 皆因於貪欲 智者善調伏 應依此中學(『법집요송경』)
49 此彼: 피차彼此로 극極과 극을 말한다.
50 변행邊行: 한쪽으로 치우친 수행으로 극단적인 수행을 말한다.

☞ 피차彼此와 변행邊行을 말하여 중도中道의 지혜를 강조하고 있다.

22) 지극한 탐욕이 많이 드러나면 유정有情은 회의懷疑하고 생각한다. 만약 다시 탐욕하는 마음이 증장하면 저절로 견고한 속박을 만든다.[51]

勿親遠法人하고 亦勿爲愛染하라
不斷三世[52]者는 會復墮邊行이니라.

불법을 멀리하는 사람과 친근하지 말고
애욕에 염습染習되지도 말라.
삼세가 끊어지지 않은 사람은
만나면 다시 변행에 떨어진다.

☞ 불법은 애욕에 물들지 않는 것이다.

23) 탐욕을 여의고 옳게 관찰하여 의려심疑慮心을 소제消除하고, 그런 탐애심마저 모두 버린다면 견고한 속박도 저절로 파괴되리라.[53]

若覺一切法하여 能不著諸法이면
一切愛意解니 是爲通聖意[54]니라. (파: 353)

---

51 極貪善顯現 有情懷疑慮 若復增貪意 自作堅固縛(『법집요송경』)

52 三世: 과거, 현재, 미래를 말한다.

53 離貪善觀察 疑慮得消除 棄捨彼貪愛 堅固縛自壞(『법집요송경』)

만약 일체법을 깨달아
여러 법에 염착하지 않으면
일체 애욕의 마음에서 벗어나니
이를 성스러운 마음을 통달했다 한다.

☞ 애욕에서 벗어나는 게 해탈이다.

24) 탐욕은 깊고 끝이 없어 노사老死하면서까지 그 쓰임이 늘어난다. 탐욕은 모두를 허광虛誑하게 하고, 탐욕은 인색함을 보듬고 있다.[55]

衆施經施勝하고 衆味道味勝이며
衆樂法樂勝이니 愛盡勝衆苦니라. (파: 354)

여러 보시 중에 경전 보시가 훌륭하고
여러 의미 중에 도道의 의미가 훌륭하며
여러 즐거움 중에 법락이 훌륭하니
애욕이 다하면 여러 고뇌를 물리친다.

☞ 경시經施·도미道味·법락法樂보다 더 중요한 것은 애진愛盡이다.

25) 지혜로 분별하고 정관正觀으로 안락을 획득하라. 탐욕으로 말미암아

---

54 聖意: 부처님의 거룩한 뜻.

55 貪欲深無底 老死是用增 貪欲多虛誑 貪欲懷悋惜(『법집요송경』)

생사를 받게 되는 것은 몰아치는 파도를 바로 앞에서 즐기는 것과 같다.[56]

愚以貪自縛하며 不求度彼岸이라
貪爲敗愛故로 害人亦自害니라. (파: 355)

어리석은 사람은 탐욕으로 스스로를 속박하며
피안으로 도탈度脫하려고 하지 않는다.
탐욕이 애욕을 깨뜨리는 까닭에
다른 사람도 해치고 또 자기도 해친다.

☞ 탐욕은 패망에 이르게 한다.

26) 중생들은 지혜의 안목이 없어 스스로 관찰하지 못하며, 우매하여 집착한 것을 탐착하며 침륜沈淪하는데 어찌 각지覺知할 수 있으리![57]

愛欲意爲田하고 婬怒癡[58]爲種이니
故施度世者하면 得福無有量이라네. (파: 356)

애욕하는 마음이 밭이 되고

---

56 若以慧分別 正觀獲安樂 由貪受生死 奔波樂向前(『법집요송경』)

57 群生無慧眼 不能自觀察 愚迷貪所執 沈淪豈覺知(『법집요송경』)

58 음노치婬怒癡: 번뇌의 근본 요소로 탐진치貪瞋癡 삼독을 말한다.

사음·분노·어리석음은 씨가 된다.
그러므로 세상을 제도한 사람에게 보시하면
얻는 복덕이 한량이 없다.

27) 만약 유가행瑜伽行을 수행한다면 마왕魔王도 엿볼 수 없다. 번뇌를 탐내는 것, 소석消釋[59]하기 어려움은 송아지가 어미를 그리워하는 것과 같다.[60]

伴少而貨多면 商人怵惕[61]懼하고
嗜欲[62]賊害[63]命이니 故慧不貪欲이니라.

따르는 사람이 적고 재화가 많으면
장사꾼은 두려워 근심하며 조심한다.
기욕嗜欲은 생명을 해치므로
지혜로운 사람은 탐욕하지 않는다.

☞ 공포에서 벗어나는 길은 탐욕심을 버리는 것이다.

---

59 소석消釋: 풀리다, 사라지다.

60 若修瑜伽行 魔王不能伺 貪垢難消釋 如犢戀愛母(『법집요송경』)

61 출척怵惕: 놀라고 두려워함. 두려워서 조심함.

62 기욕嗜欲: 감각적인 욕망. 향락을 탐냄.

63 적해賊害: 손해를 끼치는 것을 말한다.

28) 비구는 지관止觀을 수행하여 적정과寂靜果를 증득한다. 탐내는 마음은 비옥한 밭과 같아 풍우風雨를 만나면 더욱 분발한다.[64]

心可則爲欲이니 何必獨五欲[65]이랴
違可絕五欲이면 是乃爲勇士니라.

마음이 곧 욕망이 될 수 있으니
어찌 반드시 오욕뿐이겠는가.
오욕을 끊어 멀리할 수 있으면
이는 곧 용감한 사람이다.

29) 만약 탐애심을 멀리 여의면 번뇌도 침범하지 못한다. 탐욕심이 박열薄劣해지면 물방울이 연잎 위에 있는 것과 같아진다.[66]

無欲無有畏하고 恬惔無憂患이니
欲除使結解이면 是爲長出淵이니라. (파: 351)

애욕이 없어 두려움이 없고
욕심이 없어 우환이 없으니

---

64 比丘修止觀 證得寂靜果 貪意如良田 遇風雨增長(『법집요송경』)

65 五欲: 색욕色欲·성욕聲欲·향욕香欲·미욕味欲·촉욕觸欲을 말한다. 또는 재욕財慾, 색욕色慾, 명예욕名譽慾, 음식욕飮食慾, 수면욕睡眠欲을 말한다.

66 若遠離貪愛 煩惱不能侵 貪欲若薄劣 如水滴蓮上(『법집요송경』)

욕망을 없애고 번뇌에서 벗어나면
이는 (번뇌의) 늪을 영원히 벗어나는 것이다.

☞ 번뇌를 끊고 이에서 해방되는 공부가 제일이다.

30) 번뇌를 쉬이 제거하면 지혜롭다고 말할 수 있다. 나뭇가지를 치고 뿌리를 베지 않으며, 비록 베어내어도 싹은 자라나기 마련이다.[67]

欲我知汝本이라 意以思想生이니
我不思想汝면 則汝而不有이라.

탐욕! 내가 너의 근본을 알고 있다.
마음에서 너에 대한 상념이 일어나니
내가 너를 생각하지 않는다면
너는 있을 수가 없다.

31) 탐애를 캐어내기를 뿌리까지 하지 않으면 비록 베었다고 해도 다시 싹튼다. 탐욕은 씨밭과 같아 이를 경작하면 잡예雜穢한 곳으로 가게 된다.[68]

伐樹勿休하라 樹生諸惡이니

---

67 彼煩惱易除 可說爲智者 代樹不伐根 雖伐猶增長(『법집요송경』)

68 拔貪不盡根 雖伐還復生 貪欲如種田 耕之去雜穢(『법집요송경』)

斷樹盡株해야 比丘滅度니라. (파: 283)

나무 베기를 쉬지 말라.
나무는 모든 악을 일으키니
나무를 자르고 뿌리도 없애야
비구가 멸도滅度한다.

☞ 불교는 발근지교拔根之敎이다.

32) 묘목을 사랑하지만 김매지 않으면 좋은 열매가 견정堅貞하지 않으며, 탐심과 애심은 분별하지만 본래 다른 게 아니다. 악을 지으면 모두 고뇌를 받는데 어찌 뉘우치지 않는가? 탐애하는 본성은 처음에는 씨앗이지만 애욕의 본성은 포태胞胎를 받는다.[69]

夫不伐樹하여 少多[70]餘親이면
心繫於此하여 如犢求母니라. (파: 284)

나무를 베어내지 않아서
다소 가까이하는 게 있으면
마음은 여기에 계박되어

---

69 愛苗若不耘 善果不堅貞 貪心與愛心 分別本無二 造惡俱苦受 云何不生悔 貪性初爲種 愛性受胞胎(『법집요송경』)

70 少多: 다소多少와 같다. 얼마간.

송아지가 어미를 찾는 것과 같다.

☞ 어디에도 계박繫縛되지 않아야 자유롭다.

◉ 우치한 범부는 오취五趣에 표류하면서 잠시 인신人身으로 태어나는 것이, 소경 거북이가 떠 있는 나무를 만나는 것처럼 어렵다.[71]

三十六使[72]流는 幷及心意漏라
數數有邪見이니 依於欲想結이니라. (파: 339)

서른여섯 가지 사류使流가
함께 마음과 의식에서 번뇌를 이루고
갖가지 사견邪見이 있어
이에 의거해 애욕의 상이 응결된다.

☞ 번뇌와 애욕에 얽히지 않는 수행이 참다운 수행이다.

◉ 나쁜 덕을 쌓은 사람들은 남에게 비방을 받고 목숨을 구걸하고, 덕이 청정하여 더럽지 않은 사람들은 죽음도 두려워하지 않는다.

71 愚癡凡夫 漂流五趣 暫復人身 甚難于盲龜浮木(『잡아함경』)
72 使: 번뇌의 다른 이름이다.

衆生愛纏裹[73]하면 猶兎在於罝이니
爲結使所纏이니 數數[74]受苦惱이니라. (파: 342)

중생이 애욕에 얽히고설키면
토끼가 그물에 걸린 것과 같나니
결사結使에 얽히게 되면
계속해서 고뇌를 받게 된다.

◉ 이 생生에서 애욕할 것 모두 버리고 신고辛苦를 받으면서도 올바른 법 닦는 사람은 병든 사람이 좋은 약 먹는 것과 같나니, 그는 저 세상에서 행복을 누리리라.

若能滅彼愛하면 三有無復愛이니
比丘已離愛하면 寂滅歸泥洹이니라. (파: 343)

만약 능히 저 애욕을 단멸하면
삼유三有에서 다시 애착할 게 없으니
비구가 이미 애욕을 여의었다면
적멸하여 니원에 돌아간다.

☞ 애욕을 여의면 구속에서 해방됨이니, 이를 대자유인이라 한다.

---

73 전리纏裹: 휘감아 싸다.

74 삭삭數數: 자주, 여러 차례.

◉ 탐욕이 있으면 결박을 벗어나기 어려우니, 지혜로운 사람은 잘 분별하여 번뇌를 끊어 다시는 일어나지 않게 하네.

非園脫於園하고 脫園復就園하며
當復觀此人은 脫縛復就縛이니라. (파: 344)

(애욕의) 동산을 부정하여 동산을 벗어나려 하고
동산을 벗어났다가 다시 (애욕의) 동산으로 나아간다.
응당 반복하여 관조觀照하는 이런 사람은
속박을 벗어났다가 다시 속박을 취한다.

☞ 항상 조심하여 거듭하여 애욕에 물들지 말라.

◉ 인간은 애욕으로 집착을 일으키니 보고 듣고 느끼는 모든 것에서 이런 애욕을 없애버려라. 염착하지 않는 사람이 대장부니라.

捨前捨後하여 捨間越有하라
一切盡捨면 不受生死니라. (파: 348)

과거도 잊고 미래도 잊으며
현재도 잊으면서 유위마저 초월하라.
일체 모두를 버리면
생사의 고뇌를 받지 않는다.

☞ 모든 것을 방하착放下著하라.

◉ 훌륭한 이치 요달하니 자재하고, 공덕을 성취함이 백천억이네. 사람들 중에서 연꽃처럼 염착함이 없이 중생 위해 심오한 수행 연설하시는구나.[75]

盡道除獄縛하여 一切此彼解하라
已得度邊行이면 是爲大智士니라. (파: 352)

도를 이루어 감옥의 속박을 없애고
일체에서 피차를 벗어나야 한다.
변행邊行을 도탈해야만
크게 지혜로운 사람이다.

☞ 애욕의 덫에서 벗어나야 지혜로워진다.

◉ 모욕과 공경, 괴로움과 즐거움에도 내 바른 마음 언제나 깨끗하며, 유위의 법은 모두 부정不淨하니 내 마음은 어디에도 흔들리지 않는다.

愛欲意爲田이요 憎惡心爲種이니
故除憎惡者는 得福無有量이니라. (파: 357)

---

75 了達勝義智自在 成就功德百千億 人中蓮華無所著 爲利群生演深行(『화엄경』)

애욕의 마음은 밭이 되고
증오심은 씨앗이 된다.
그러므로 증오심을 없애는 사람이
얻는 복덕은 무량하다.

☞ 일체 분별심을 여의면 행복하다.

◉ 심심深心과 정신淨信은 고루 장엄하고, 이전에 수행하여 만족스러운 바라밀, 여러 국토에 미진수와 같아져 견고히 일체의 능력에 안주한다네.[76]

愛欲意爲田이고 愚癡心爲種이니라
故除愚癡者는 得福無有量이니라. (파: 358)

애욕의 마음은 밭이 되고
우치심愚癡心은 씨앗이 된다.
그러므로 우치를 없애는 사람이
얻는 복덕은 무량하다.

◉ 일체 업은 마음에서 일어나므로 마음은 환화와 같다고 한다. 만약 거기에서 분별마저 없어지면 갖가지 취향趣向하는 것마저 없어진다.[77]

---

76 深心淨信普莊嚴 往修滿足波羅蜜 與諸刹海塵數等 堅固安住一切力(『화엄경』)
77 諸業從心生 故說心如幻 若離此分別 普滅諸有趣.

愛欲意爲田이고 貪欲心爲種이니라
故除貪欲者는 得福無有量이니라. (파: 359)

애욕의 마음은 밭이 되고
탐욕심은 씨앗이 된다.
그러므로 탐욕을 없애는 사람이
얻는 복덕은 무량하다.

☞ 무소유는 인간을 자유롭게 한다.

33. 이양품利養品

利養品者는 勵己防貪하고
見德思議하여 不爲穢生이니라.

이양품은
자기를 권면하여 탐욕을 막고
덕을 보고 생각하고 헤아려
더러운 것이 생기지 않게 한다.

☞ 佛性佛菩提 佛法及佛業
諸出世淨人 所不能思儀(『보성론』)
부처의 바탕, 부처의 깨달음
불법과 불업佛業에 미치기까지
모두가 출세出世한 청정한 사람이니
사의思儀할 수 없는 것이다.

1) 탐리貪利는 옳지 않은 본성이니 비구는 이를 선망하지 말라. 많은 애연愛戀에 있으면 다른 사람의 공양을 바라는 것이다.[1]

芭蕉以實死하고 竹蘆實亦然하며
駏驉[2]坐妊死하고 士以貪自喪이니라.

파초는 열매를 맺으면 죽고
대나무와 갈대도 열매 맺으면 역시 그렇다.
거허駏驉도 회임하면 마침내 죽는데
사람은 탐욕으로 스스로 죽어간다.

☞ 탐욕은 수행자의 적이다.

2) 재가와 출가 모든 족성族姓들이 모두 우매하고 미혹하다. 탐리貪利와 질투심, 나는 그것을 항복시키리라.[3]

如是貪無利이니 當知從癡生이며
愚爲此害賢하여 首領[4]分于地니라.

---

1 貪利不善性 苾芻勿羨之 住處多愛戀 希望他供養(『법집요송경』)

2 거허駏驉: 짐승 이름으로, 버새와 노새 비슷하게 생김.

3 在家及出家 族姓諸愚迷 貪利與嫉心 我爲降伏彼(『법집요송경』)

4 수령首領: 머리와 목.

이처럼 탐욕은 이로울 게 없으니
응당 어리석음으로 생겨났음을 알아라.
어리석은 이는 이렇듯 어진 이를 해치고
머리와 목을 분리하여 땅에 떨어뜨린다.

3) 어리석으면 어리석게 계상計想[5]하여 탐욕과 오만이 밤낮으로 늘어난다. 다르다네! 이양利養을 얻는 것과 원적圓寂으로 취향하는 것은 같지 않다.[6]

天雨七寶라도 欲猶無厭이니
樂少苦多를 覺者爲賢이니라. (파: 186)

하늘에서 칠보가 쏟아져도
탐욕은 만족할 줄 모른다.
즐거움은 적고 고뇌가 많음을
깨닫는 사람이 현자이다.

4) 지족知足을 논할 수 있는 비구만이 참다운 불자! 명예에 탐착하지 않고 희열하는 사람이 슬기로운 사람이다.[7]

---

5 計想: 헤아려 생각하는 것.

6 愚爲愚計想 欲慢日夜增 異哉得利養 圓寂趣不同(『법집요송경』)

7 能論知足者 苾芻眞佛子 不貪著名譽 喜悅是智人(『법집요송경』)

雖有天欲[8]이라도 慧捨無貪이니
樂離恩愛[9]면 爲佛弟子니라. (파: 187)

비록 천욕天欲이 있더라도
지혜로 버리고 탐내지 말라.
은애도 즐거이 버리면
이는 부처님의 제자이다.

☞ 일체 애욕을 버려라. 애욕은 지옥의 관문이다.

5) 일체에 애착하지도 말고 다른 사람에게 아첨하지도 말라. 다른 사람의 활명活命에 의지하지 말고 당당하게 스스로 법행法行을 고수하라.[10]

遠道順邪하여 貪養比丘는
止有慳意[11]하여 以供彼姓이네.

도를 멀리하고 삿됨을 가까이하여
탐욕을 기르는 비구는
인색한 마음을 그치고

8 天欲: 조물주가 되는 욕망. 하늘의 욕심, 하늘같은 욕심, 타고난 욕심.
9 恩愛: 어버이와 자식, 또는 부부의 은정恩情에 집착하여 떨어지기 어려운 것.
10 不愛著一切 不諂於他人 不依他活命 當自守法行(『법집요송경』)
11 간의慳意: 인색한 마음으로, 남에게 재물을 빌려주는 것에서 일어난다.

다른 사람들을 공양하라.

☞ 탐욕은 인색을 부르며 남에게 군림하려 한다.

6) 자리自利하여 탐욕이 없는데 어찌 저 명예를 귀하게 여기리. 백미百味는 기름칠한 수레와 같아 지형支形을 얻어 길을 간다.[12]

勿猗此養하니 爲家捨罪이며
此非至意[13]이면 用用何益이리오
愚爲愚計하니 欲慢用增이니라.

勿猗此養하니 爲家捨罪이며
此非至意이면 用用何益이리오
愚爲愚計想하니 欲慢日用增이니라. (파: 74)

이런 이양利養에 의지하지 말지니
집안을 위하여 죄업을 버리며
이런 지극한 마음이 아니면
쓰고 쓴들 어떤 이로움이 있으리오?
어리석은 사람은 어리석은 계략만 생각하니
탐욕과 오만이 나날이 늘어날 뿐이다.

---

12 自利尙無貪 豈貴他名譽 百味如膏車 支形得行道(『법집요송경』)

13 至意: 본심으로 깊다는 것을 의미한다.

☞ 본심本心으로 살며 검소하고 교만까지 없애는 삶이 가치가 있다.

7) 비구가 이양利養을 탐내면 삼마지三摩地를 증득하지 못한다. 지족하며 항상 적정하여야만 지관은 성취할 수 있다.[14]

異哉失利면 泥洹不同이니
諦知是者는 比丘佛子라
不樂利養하고 閑居[15]却意하라.

異哉夫利養 泥洹趣不同 能諦是知者
比丘眞佛子 不樂着利養 閑居却亂意 (파: 75)

이상하도다! 이양利養을 잃으면
니원은 함께하지 못하니
진리를 아는 이런 사람이
비구이자 불자이니
이양을 즐기지 말고
한거하여 생각을 물리쳐라.

☞ 이양과 니원을 조화롭게 하는 삶이 훌륭하다.

14 苾芻貪利養 不得三摩地 知足常寂靜 止觀可成就(『법집요송경』)
15 閑居: 사람들과 떨어져 조용하게 사는 것.

8) 비구가 사리사욕을 버리지 않으면 독사와 같이 있는 것이다. 앉거나 눕거나 자는 속에서도 두려워할 것은 탐욕으로 목숨을 부지하는 것이라네.[16]

自得不恃하고 不從他[17]望이라
望彼比丘는 不至正定[18]니라.

자신이 증득하였다 믿지 말고
다른 사람에게 바라지도 말라.
그런 것을 바라는 비구는
정정正定에 이르지 못한다.

☞ 교만과 의타심依他心으로는 성공한 삶을 이루지 못한다.

9) 비구가 사리사욕을 버리지 않으면 하열한 속에서도 열등한 것을 즐김이다. 한 법으로 관찰해야지, 적은 지혜로는 해탈하기 어렵다.[19]

夫欲安命이면 息心[20]自省하고

---

16 苾芻不捨利 如毒蛇同室 坐臥睡寐畏 皆由貪活命(『법집요송경』)

17 他: 타인他人.

18 正定: 바른 선정.

19 苾芻不捨利 下劣中劣喜 一法應觀察 少智難得脫(『법집요송경』)

20 息心: 마음을 가다듬는 것. 비구의 별명別名이다.

不知計數[21]와 衣服飮食이니라.

무릇 안심입명安心立命하려거든
식심息心하고 스스로를 살피고
의복과 음식을
계수計數한다면 지혜롭지 못하다.

10) 근신하면서 항상 계에 의지하고 탐욕이 없는 사람은 칭찬받는다. 청정한 수행과 정근正根하는 능력으로 응당 스스로 사유하라.[22]

夫欲安命이어든 息心自省하며
取得知足하고 守行一法하라.

무릇 안심입명安心立命하려거든
식심息心하고 스스로를 살피며
얻는 것에 지족하고
하나의 법만을 지켜 수행하라.

☞ 하나의 법은 바로 지혜로운 삶이다. 지족知足은 곧 지혜로운 삶이다.

---

21 計數: 이해관계를 고려하여 계산하는 것.

22 謹愼常依戒 無貪智者讚 淨行正根力 應當自思惟(『법집요송경』)

11) 구족하여 삼명三明을 얻게 되면 해탈하여 무루를 얻으리라. 지혜와 지식이 적은 사람은 기억하고 생각하여 아는 게 없다.[23]

夫欲安命이언든 息心自省하며
如鼠藏穴하고 潛隱[24]習敎하라.

무릇 안심입명하려거든
식심息心하고 스스로를 살피고
마치 쥐가 구멍에 숨는 것과 같이
몸을 감추고 가르침을 익혀라.

12) 모든 음식은 타인에게서 얻는 것, 악법이 일어나게 되는 것은 이양利養과 증오와 질투로 말미암은 것이다.[25]

約利約耳하여 奉戒思惟면
爲慧所稱하리니 淸吉[26]勿怠하라.

이욕利慾을 제지制止하고 귀를 제지하며
계율을 받들고 사유하면

23 具足得三明 解脫獲無漏 寡智尠識人 無所憶念知(『법집요송경』)
24 잠은潛隱: 숨음. 감춤. 비유로 세속을 피하여 은거隱居함.
25 其於諸飮食 依於他人得 而有惡法生 由利養憎嫉(『법집요송경』)
26 청길淸吉: 『출요경』에는 청결淸潔로 되어 있어 이로 번역하였다.

지혜롭다고 일컬어지게 되니
청결하면서 태만하지 말라.

☞ 이욕利慾과 풍문風聞은 망심妄心만 늘어나게 할 뿐이다.

13) 작은 병도 참기 어려운데 이양利養은 여의기가 매우 어렵다. 공양심供養心이 부동不動이면 천룡天龍 등도 와서 예배한다.[27]

如有三明[28]이면 解脫無漏하며
寡智鮮識은 無所憶念[29]이니라.

만약 삼명三明이 있으면
해탈하여 번뇌가 없어지며
적은 지혜, 선명한 알음알이로는
억념하는 바도 없게 된다.

☞ 깨달음은 바로 망상을 없애는 데 있다.

14) 과실임을 알아야 하고 이양은 크게 두려워해야 한다. 적은 지혜는 살피고 생각하지 않으려고 하니 당연히 비구는 벗어나야만 한다.[30]

---

27 微細病難忍 利養最難離 供養心不動 天龍致禮拜(『법집요송경』)
28 三明: 숙명통宿命通, 천안통天眼通, 누진통漏盡通을 말한다.
29 憶念: 그리워함. 단단히 기억함. 깊이 생각에 잠김.

其於食飮에 從人得利하고

而有惡法이면 從供養嫉이니라.

먹고 마심에

다른 사람을 따라 이득을 얻으려 하고

악법이 있으면

공양에 질투가 따른다.

15) 비구가 즐거이 출가하였으면 삼업三業을 조복받아야 한다. 사명邪命하지 않고 자활自活하면서 옳은 마음으로 항상 사유하라.[31]

多結怨利와 強服法衣와

但望飮食은 不奉佛教니라.

많이 얽힌 원한과 이득

억지로 입은 법의

다만 음식을 바라는 것은

부처님 가르침을 받드는 게 아니다.

16) 미워하지 않아야 하는데 미워함을 일으키고, 비방하지 않아야 하는데 업을 지으며, 우매하고 미혹하여 윤회를 받아들여 금세에서 후세에

---

30 當知是過失 利養爲大怖 少智不審慮 苾芻應釋心(『법집요송경』)

31 苾芻說出家 三業應調伏 不邪命自活 心善常思惟(『법집요송경』)

미치는구나.[32]

當知是過는 養爲大畏이니
寡取[33]無憂면 比丘釋心이니라.

마땅히 알라. 이런 허물은
이양하면 큰 두려움이 되니
적게 취하여 걱정이 없으면
비구는 마음을 깨닫는다.

☞ 허물을 키우지 않고 쓸데없는 것도 없애는 삶이 수행이다.

17) 우선 스스로 누업漏業을 짓고 후에 타인을 해롭게 한다. 피차에 서로 해롭게 되는 것은 새가 그물망에 떨어지는 것과 같다.[34]

非食命不濟니 孰能不揣食이리오
夫立食爲先이니 知是不宜嫉이니라.

먹지 않으면 삶을 영위할 수 없으니
누가 먹는 것을 생각하지 않으리오.

---

32 不怨而興怨 不謗而造業 愚迷受輪迴 今世及後世(『법집요송경』)

33 과취寡取: 욕망이 적은 것을 말한다.

34 先自作漏業 然後害他人 彼此相興害 如鳥墮羅網(『법집요송경』)

대개 먹는 것을 우선으로 정하니
이를 알고 마땅히 시기하지 않아야 한다.

18) 중생들 모두가 서로 훼방하며 제각기 성냄과 분노의 소리를 일으킨다. 환희심과 평등심으로 참는다면 이런 인욕은 비길 데 없이 훌륭하다.[35]

嫉先創己하고 然後創人하며
擊人得擊하나니 是不得除니라.

미워하면 먼저 자기가 다치고
그런 후 다른 사람을 다치게 한다.
남을 때리면 때림을 받게 되는데
이는 없앨 수 없다.

☞ 질투하지 말라. 이는 자신을 얽어매는 동아줄과 같다.

19) 골이 깨지면 명命을 다하고, 우마牛馬가 죽으면 재물을 잃는다. 나라의 국경을 잃어 어지러워도 모여 있으면 다시 얻게 된다.[36]

寧噉燒石하고 呑飮洋銅[37]이언정

35 衆相共毁謗 各發恚怒聲 歡心平等忍 此忍最無比(『법집요송경』)

36 斷骨而命終 牛馬死財失 國界則喪亂 聚集還復得(『법집요송경』)

不以無戒로 食人信施하라.

차라리 불에 달군 돌을 먹고
녹인 구리를 먹을지언정
계율을 지키지 않으면서
다른 사람의 믿음과 베풂을 먹으려 하지 말라.

☞ 윤리를 지키지 않으면서 남의 신의信義와 보시를 먹고 사는 무지렁이는 되지 않아야 한다.

---

37 洋銅:洋銅: 송·원본에는 양洋이 용鎔으로 되어 있다.

34. 사문품沙門品

沙門品者는 訓以法正이면

弟子受行하여 得道解淨이니라.

사문품은

정법으로 가르치면

제자는 받아들이고 수행하여

해탈과 청정을 증득한다.

☞ 以求佛菩提 不思議果報

得無量功德 故勝諸世間(『보성론』)

부처와 보리를 구하면

불가사의의 과보가 있으며

무량한 공덕을 얻으므로

여러 세간에서 수승하게 된다.

1) 홀로 다니면서 조심하고 삼가지 않으며, 마음은 더러워지고 외모도 깨끗하지 않으며, 먹을 것을 탐내면서 스스로 절제하지 못하면 때에 따라 삼계를 윤회한다.[1]

端目耳鼻口하고 身意常守正하라
比丘行如是면 可以免衆苦니라. (파: 360)

이목구비를 단정히 하고
몸과 마음은 항상 바르게 지켜라.
비구의 행위가 이와 같으면
온갖 고뇌를 면할 수 있다.

☞ 얼굴은 가끔 마음의 지표이다.[2]

2) 당연히 부정不淨한 행위를 관찰하면 모든 뿌리는 결루缺漏[3]함이 없다. 식욕에서 지족함을 알아야만 믿음이 있어 정진한다.[4]

手足莫妄犯[5]하고 節言順所行하며

---

1 獨遊無畏忌 內穢外不淨 貪饕不自節 三轉隨時行(『법집요송경』). 畏忌: 조심하고 삼감.

2 The face is often times a true index of the heart.

3 결루缺漏: 빠져서 모자람.

4 當觀不淨行 諸根無缺漏 於食知止足 有信執精進(『법집요송경』)

常內樂定意면 守一行寂然이니라. (파: 362)

손과 발로 망범妄犯하지 말고
말은 절제하고 행동은 도리에 따르며
항상 안으로 선정禪定의 마음을 즐기면
오롯한 하나의 행을 지켜 적연寂然한다.

☞ 몸을 함부로 쓰지 말고 절제된 언어로 행동하고, 항상 안정된 마음으로 수행하는 게 중요하다.

3) 욕의欲意에서 방자하지 않는 것은 태산에 바람이 이는 것과 같다. 쓸데없이 즐기려고 하지만 그러나 진실한 사람은 즐기려 하지 않는다.[6]

學當守口하여 寡言安徐면
法義爲定이니 言必柔軟이니라. (파: 363)

마땅히 입 다스리기를 배워
말이 적어져 편안하고 평온해지면
법法과 의義가 안정되니
말은 반드시 유연해진다.

---

5 망범妄犯: 함부로 계를 범함.

6 不恣於欲意 如風吹泰山 空閑甚可樂 然人不樂彼(『법집요송경』)

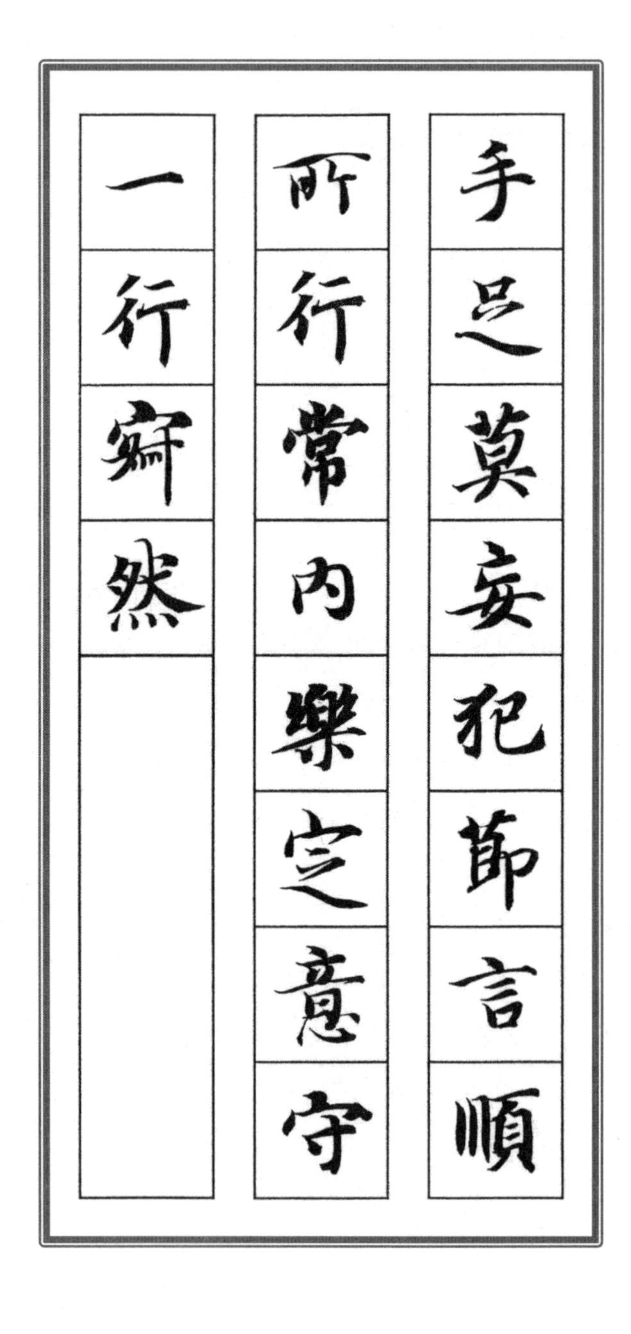
手足莫妄犯節言順
所行常內樂定意守
一行寂然

☞ 조용한 혀는 현명한 머리를 갖게 한다.[7]

4) 법을 즐기고 학행學行을 즐기며 삼가 악법을 행하지 말라. 올바르게 법을 시행하는 사람은 금세와 후세에 즐거우리라.[8]

樂法欲法하고 思惟安法하라
比丘依法이면 正而不費니라. (파: 364)

법을 좋아하여 본받으려 하고
안정安靜한 법을 사유하라.
비구가 법에 의지하면
바르고 헛되지 않는다.

☞ 수행자는 쓸데없는 것에 시간과 정력을 소모하지 않는다.

5) 만약 사람들이 다른 사람을 요란하게 하면서 스스로는 안락세安樂世를 구한다면 널리 원증怨憎이 이루어져 끝내 해탈을 얻지 못한다.[9]

學無求利하고 無愛他行하라
比丘好他면 不得定意니라. (파: 365)

---

7 A still tongue makes a wise head.

8 樂法樂學行 愼莫行惡法 能善行法者 今世後世樂(『법집요송경』)

9 若人擾亂彼 自求安樂世 遂成其怨憎 終不得解脫(『법집요송경』)

배우되 이익을 구하지 말고
다른 사람의 행동에도 애착하지 말라.
비구가 다른 사람을 좋아하면
선정禪定하는 마음을 얻지 못한다.

☞ 사리사욕을 구하거나 다른 사람을 시샘하는 행동은 수행에 전혀 도움이 되지 않는다.

6) 사람이 이겨야 하는 것은 원적怨賊이고, 스스로 짊어져야 하는 것은 스스로를 낮추는 것이며, 뜻이 없으면 쾌락이니, 이기려는 마음과 짊어지려는 마음이 없음이라네.[10]

比丘少取하여 以得無積이면
天人所譽하고 生淨無穢니라. (파: 366)

비구가 적게 취하여
쌓아두는 게 없으면
천인에게 칭찬받는 바 되고
삶이 깨끗하여 더러움이 없다.

☞ 비구는 안분지족安分知足의 현인賢人이어야 한다.

10 人勝則怨賊 自負則自鄙 息意則快樂 無勝無負心(『법집요송경』)

7) 호법護法하며 법을 시행하는 사람은 법을 수행하여 선보善報를 획득한다. 이는 법교法敎와 율교律敎에 응하는 것이니, 법을 행하면서 그릇된 것으로 취향하지 않는다.[11]

比丘爲慈하고 愛敬佛敎하며
深入止觀하여 滅行乃安이니라. (파: 368)

비구가 자애롭고
부처님 가르침을 애경하며
지관에 깊이 들어가
행을 멸하면 곧 편안하다.

☞ 비구가 지녀야 할 수행관修行觀이다.

8) 악행은 지옥에 들어가고 태어나서도 악도에 떨어진다. 법이 아니면 스스로 고뇌 구렁에 빠져서 손으로 살모사를 잡는 것과 같다.[12]

一切名色[13]에 非有莫惑하라
不近不憂면 乃爲比丘니라. (파: 367)

---

11 護法行法者 修法獲善報 此應法律教 行法不趣惡(『법집요송경』)

12 惡行入地獄 所生墮惡道 非法自陷漏 如手把蚖蛇(『법집요송경』). 蚖蛇: 살모사.

13 名色: 오온五蘊 모두를 말한다.

일체 명색名色은
있는 것이 아니니 미혹하지 말라.
가까이하지 않고 근심도 없애버리면
이에 비구라 한다.

9) 법과 비법의 두 가지 일은 과보가 같지 않다. 그릇된 법은 지옥에 들어가고, 정법은 하늘에 태어난다.[14]

比丘扈[15]船하여 中虛則輕하라
除婬怒癡[16]면 是爲泥洹이니라. (파: 369)

비구가 배에서 물을 퍼내어
가운데가 비면 곧 가벼워진다.
음욕, 분노, 어리석음을 없애면
이를 니원泥洹이라 한다.

☞ 죄업에서 벗어나야 자유롭게 된다.

10) 사람은 백천 번 변화하니 모두가 교만한 원적을 없애라. 이때에 청정심을 베풀면 건장한 장부이니 매우 훌륭하다.[17]

---

14 不以法非法 二事俱同報 非法入地獄 正法生於天(『법집요송경』)

15 호扈: 송宋·원元·명본明本에는 호戽로 되어 있어 여기서는 이로 번역한다.

16 음노치婬怒癡: 음욕, 분노, 어리석음을 말한다.

捨五[18]斷五[19]하고 思惟五根[20]하여

能分別五[21]하면 乃渡河淵이니라. (파: 370)

오리사五利使를 버리고 오둔사五鈍使도 끊으며

오근五根을 사유하여

오견五見을 분별하면

(고뇌의) 강과 못을 건널 수 있다.

11) 사람의 마음이 선정을 즐기면서 또한 즐거워 다시 일어나지도 않는다. 또한 사의지四意止[22]를 즐기면서 아울러 칠각의七覺意[23]에 이르며, 사신족四神足[24]에 미치면 현인과 성인의 팔품도八品道[25]이다.[26]

---

17 人遭百千變 等除憍慢怨 時施淸淨心 健夫最爲勝(『법집요송경』)

18 五: 오리사五利使로 신견身見, 변견邊見, 사견邪見, 견취견見取見, 계금취견戒禁取見을 말한다.

19 五: 오둔사五鈍使로 탐貪, 진瞋, 치癡, 만慢, 의疑를 말한다.

20 五根: 신信, 정진精進, 염念, 정定, 혜慧를 말한다.

21 五: 탐욕, 분노, 미망迷妄, 고만高慢, 오견誤見을 말한다.

22 四意止: 37도품道品 중에 하나로 심념心念을 한 곳에 집중하여 잡념과 망상이 일어나는 것을 방지하는 것이다. 즉 자상自相과 공상共相, 관신부정觀身不淨과 수시고受是苦, 심무상心無常과 법무아法無我가 상락아정常樂我淨으로 전도시키는 관법이다.

23 七覺意: 37도품에서 6품의 수행법이다. 1. 염각지念覺支, 2. 택법각지擇法覺支, 3. 정진각지精進覺支, 4. 희각지喜覺支, 5. 경안각지輕安覺支, 6. 정각지定覺支, 7. 사각지捨覺支이다.

24 四神足: 네 가지 선정을 말한다. 1. 욕여의족欲如意足: 수도하여 결실을 이루려는

禪無放逸이니 莫爲欲亂하라
不呑洋銅하며 自惱燋形하라. (파: 371)

선정禪定하며 방일하지 말고
욕망으로 어지럽게 되지 말라.
녹은 구리를 삼키며
스스로 몸을 태워 괴로워하지 말라.

☞ 방일과 욕란欲亂으로 스스로 괴로워하지 말라.

12) 이미 안락처安樂處에 이르러 법을 드러내는 게 무위無爲이다. 모든 두려움을 초월하여 세상의 모든 염착을 초월하였다.[27]

욕망이 증진하는 것, 2. 염여의족念如意足: 순간순간 오롯한 마음이 올바른 진리에 머무는 것, 3. 진여의족進如意足: 앞으로 정진하여 공덕이 그치지 않는 것, 4. 혜여의족慧如意足: 진리로 관조觀照하여 허망함을 여의고 마음이 산란하지 않는 것을 말한다.

25 八品道: 여덟 갈래의 깨달음을 말한다. 1. 욕각欲覺: 탐욕하는 생각, 2. 진각瞋覺: 진에瞋恚하는 마음, 3. 해각害覺: 다른 사람을 괴롭히는 마음. 4. 친리각親里覺: 항상 친척과 고향을 생각하는 마음, 5. 국토각國土覺: 항상 나라의 안위를 생각하는 마음, 6. 불사각不死覺: 재물을 쌓고 항상 장수하고 죽지 않으려는 생각, 7. 족성각族姓覺: 항상 족성이 고귀하다고 생각하는 것, 8 경모각輕侮覺: 자기의 재덕才德을 믿고 남을 업신여기는 생각.

26 若人心樂禪 亦復樂不起 亦樂四意止 并及七覺意 及彼四神足 賢聖八品道(『법집요송경』)

27 已逮安樂處 現法而無爲 已越諸恐懼 超世諸染著(『법집요송경』)

無禪不智하고 無智不禪이니
道從禪智하며 得至泥洹이니라. (파: 372)

선정이 없으면 지혜롭지 않고
지혜가 없으면 선정에 들지 못하니
불도는 선정과 지혜를 따르며
이를 얻으면 니원에 이른다.

☞ 선정과 지혜의 관계를 말한다. 지관법은 해탈의 근본이다.

13) 옳게 생각하고 지니는 것을 즐기고, 옳게 모든 법을 즐기니, 옳구나!
세상을 해롭게 하지 않으면서 중생들을 양육하는구나.[28]

當學入空하여 靜居止意[29]하고
樂獨屛處하여 一心觀法이니라. (파: 373)

마땅히 공空에 증입하는 것을 배워
고요히 머물며 마음을 그치고
사람들을 물리친 곳에서 홀로 즐기며
일심으로 법을 관조하라.

28 善樂於念持 善樂於諸法 善哉世無害 養育衆生類(『법집요송경』)
29 止意: 의도를 그치다, 지족하는 마음.

☞ 지관법止觀法을 말한다. 이는 복혜福慧의 근본이다.

14) 세간에서 애욕의 즐거움이 없으면 모든 염착하려는 뜻도 초월하리라. 자기 교만을 단멸한다면 이를 일러 제일락第一樂이라고 한다.[30]

常制五陰[31]하여 伏意如水하라

清淨和悅[32]하면 爲甘露味니라. (파: 374)

항상 오음五陰을 제어하고

마음을 항복받아 물과 같이 하라.

청정하고 화열和悅하면

감로미甘露味가 된다.

☞ 오음五陰을 제어하면서 청정과 화열和悅을 느끼는 게 감로의 맛(甘露味)이다.

15) 늙어서 지계하는 즐거움은 믿음이 있어 성취하는 즐거움이다. 뜻을 분별하여 즐거움을 향하니 모든 악업을 만들지 않는다.[33]

---

30 世無欲愛樂 越諸染著意 能滅己憍慢 此名第一樂(『법집요송경』)

31 五陰: 색色, 수受, 상想, 행行, 식識을 말한다.

32 和悅: 마음이 편안하고 기쁨.

33 耆年持戒樂 有信成就樂 分別義趣樂 不造衆惡業(『법집요송경』)

不受所有면 爲慧比丘이니
攝根[34]知足하면 戒律悉持니라. (파: 375)

받아도 소유하지 않으면
참으로 지혜로운 비구이다.
감각기관을 굳게 지켜 지족하려면
계율로 모든 것을 유지하여야 한다.

☞ 지혜로운 수행은 바로 계율을 지키는 데 있다.

16) 세상에서 부모의 즐거움이 있다면 모두가 모여 화합하는 게 또한 즐겁고, 세상에서 사문의 즐거움이 있다면 적정한 마음을 즐기는 것 또한 그렇다네.[35]

生當行淨이면 求善師友니라
智者成人이면 度苦致喜이니라. (파: 376)

살면서 마땅히 청정하게 행하고
좋은 스승과 벗을 구하라.
지혜로운 사람이 되면
고뇌를 벗어나 매우 기쁘리라.

---

34 根: 감각기관.

35 世有父母樂 衆集和亦樂 世有沙門樂 靜志樂亦然(『법집요송경』)

☞ 지혜로운 삶의 조건은 바로 청정한 마음을 벗하는 것이다.

17) 여러 부처님이 출흥出興한 즐거움, 설법이 뛰어남을 받아들이는 즐거움, 모든 승려가 화합하는 즐거움, 화합하면 항상 편안함이 있음, 지계를 완전히 구비한 즐거움, 다문多聞하여 널리 아는 즐거움, 모두가 참사람의 즐거움을 드러내니, 해탈의 행적은 즐거움 그 자체이다.[36]

如衛師華[37]는 熟如自墮하여
釋婬怒癡면 生死自解니라. (파: 377)

말리묘화가 익으면
저절로 떨어지듯
음욕, 분노, 어리석음을 놓아버리면
생사에서 저절로 벗어난다.

☞ 계를 지키는 게 해탈의 첫걸음이다.

18) 물과 같은 덕은 청량하여 즐겁고, 법재法財는 저절로 모여야만 기쁘다. 명철한 지혜를 얻으면 기쁘고, 교만을 없애고 사심邪心이 없으면 기쁘다.[38]

---

36 諸佛出興樂 說法堪受樂 衆僧和合樂 和則常有安
持戒完具樂 多聞廣知樂 覩見眞人樂 解脫行跡樂(『법집요송경』)

37 위사화衛師華: 『법집요송경』에는 말리묘화末哩妙華라고 되어 있다.

正身正言[39]하고 心守玄默[40]하며
比丘棄世면 是爲受寂[41]이니라. (파: 378)

몸을 바르게 하고 말을 바르게 하고
마음으로 현묵玄默함을 지키며
비구가 세상일을 버리면
이에 적멸을 얻게 된다.

☞ 신구의身口意로 수행하는 게 참다우면 적멸을 얻게 된다.

19) 여러 현인들의 즐거움을 보고는 함께 회합會合하면 또한 즐겁다. 어리석은 사람의 일을 따라 함께하지 않고 끝까지 견고하게 지킨다면 영원한 즐거움이라네.[42]

當自勅身하고 內與心爭하며
護身念諦하면 比丘惟安이니라. (파: 379)

마땅히 스스로 몸을 경계하고

---

38 德水淸涼樂 法財自集快 得智明慧快 滅慢無邪快(『법집요송경』)

39 正身正言: 팔리어 본에는 '止身止言'이라 하였다.

40 玄默: 조용히 아무 말도 하지 않음.

41 寂: 적정, 적멸, 열반의 의미이다.

42 得觀諸賢樂 同會亦復樂 不與愚從事 畢固永已樂(『법집요송경』)

안으로 마음과 더불어 다투며
몸을 보호하며 진리를 생각하면
비구는 오직 편안하다.

20) 비구는 모든 애욕이 다하여 애욕을 버리고 공고貢高한 마음도 버린다. 무아無我에서 내가 나라는 생각도 버리니, 이 뜻이 순숙하여도 친근하려 하지도 않는다. 이런 법행法行은 자신에게서 나오는 중요한 길임을 반드시 알아라. 코끼리가 강적을 제어하는 것과 같아 비구는 항상 수습하여 실천한다.[43]

我自爲我이나 計無有我이니
故當損我하여 調乃爲賢이니라. (파: 380)

내가 스스로 나라고 생각하지만
헤아려 보아도 나는 있지 않으니
그러므로 마땅히 나를 낮추어
조어調御하면 이내 현명하게 된다.

21) 사람은 겁이 다하도록 오래 살 수가 없으면서 안으로 자기 마음과 투쟁하고 있다. 몸을 보호하고 도제道諦를 생각하면서 비구는 청정하고 편안함을 생각한다.[44]

---

43 苾芻諸愛盡 捨愛去貢高 無我去吾我 此義孰不親 當知是法行 身之出要徑 如象御强敵 苾芻恒習行(『법집요송경』)

喜在佛教면 可以多喜이니
至到寂寞[45]이면 行滅永安이니라. (파: 381)

기쁨은 부처님 가르침에 있으니
가히 기쁨이 많다.
지극한 적막함에 이르면
행이 멸하여 영원히 편안하다.

22) 비구는 여러 행을 구비하고 고제苦諦를 다하여야 하리라. 법을 즐기는 의지로 법을 실천하고자 하며 안은법安隱法을 사유하라.[46]

儻有少行이라도 應[47]佛教戒[48]면
此照世間이 如日無曀이니라. (파: 382)

문득 작을 행을 하더라도
부처님의 가르침과 계율에 상응하면
세간을 비추는 게
마치 가리는 게 없는 해와 같다.

---

44 人不壽劫盡 內與自心諍 護身念道諦 苾芻惟淨安(『법집요송경』)
45 적막寂寞: 욕심이 없고 담박함.
46 苾芻備衆行 乃能盡苦際 樂法意欲法 思惟安隱法(『법집요송경』)
47 應: 상응相應을 말한다.
48 教戒: 교계教誡와 같다.

23) 번뇌를 끊고 다른 것도 항복하며, 탐욕도 저버려야 범행이라 한다. 부처님의 계율을 범하지 않으면 하나의 발원도 만족하지 않는 게 없다.[49]

棄慢無餘憍하면 蓮華水生淨하고
學能捨此彼하나니 知是勝於故니라.

오만을 버리고 교만의 찌꺼기도 없애면
연화가 물에서 청정하게 자라는 것과 같으며
피차를 버릴 수 있게 됨을 배우나니
이를 알면 이전보다 수승하다.

☞ 오만과 교만을 버리는 것을 연꽃에 비유함의 의미를 깊이 새기자. 즉 오만과 교만은 나를 번뇌에 염착하게 한다.

24) 행력行力은 괴롭고 완만緩慢[50]하며 선善과 불선不善을 저지른다. 범행이 청정하지 않으면 큰 결과를 얻지 못한다.[51]

割愛無戀慕면 不受如蓮華이니
比丘渡河流하여 勝欲明於故니라.

---

49 斷漏降伏他 離欲名梵行 不犯牟尼戒 無一願不滿(『법집요송경』)

50 완만緩慢: 느리고 게으름.

51 行力苦緩慢 作善與不善 梵行不清淨 不獲於大果(『법집요송경』)

애욕을 끊고 연모함을 없애면
연꽃이 (더러움) 받지 않는 것과 같으니
비구가 (애욕의) 흐르는 강물을 건너
욕망을 이기면 이전보다 현명해진다.

☞ 애욕에 염착하지 않음을 연꽃과 같이 하라. 그러면 고해를 건널 수 있다.

25) 사문은 어떻게 수행해야 하나? 여의如意롭고 스스로 거리낌이 없어야 한다. 발걸음마다 점착黏着[52]하면서 다만 생각을 따라 갈 뿐이다.[53]

截流自恃하고 逝[54]心却欲하라
仁[55]不割欲하면 一意猶走니라.

흐름을 끊고 스스로 믿으며
마음을 끊고 애욕도 버려라.
인자仁者가 애욕을 끊지 못하면
한결같은 마음이 오히려 달아난다.

---

52 점저黏著: 끈기 있게 달라붙음. 점착粘著.

53 沙門爲何行 如意不自禁 步步數黏著 但隨思想走(『법집요송경』)

54 서逝: 『법구비유경』에서는 절折로 되어 있다. 이로 번역한다.

55 仁: 인자仁者로 한다. 『법구비유경』에서는 인人으로 되어 있다.

☞ 하루가 행복하기를 원하는 사람은 이발관에 가게 하라. 일주일을 행복하려면 아내와 결혼하게 하고, 한 달을 행복하려면 새집을 사게 하고, 일생동안 행복하려면 진실한 사람이 되게 하라.[56]

26) 배우기도 어렵고, 죄를 버리기는 더욱 어렵고, 재가在家에서는 더욱 어려운 일이라네. 만나면 모두 이해관계이니 더 어려운 것, 간난艱難[57]은 이를 넘어서지 못한다.[58]

爲之爲之하여 必強自制하라
捨家而懈이면 意猶復染이니라.

이래야만 한다! 이래야만 한다!
반드시 억지로라도 자제해야 한다.
가정도 버렸는데 해태하면
마음은 다시 염착하게 된다.

☞ 억지로라도 자제하며 정진하는 게 수행이다.

---

56 Let him that would be happy for a day go to the baber; for a week, marry a wife; for a month, buy him a new house; for all his life, be an honest man.

57 간난艱難: 몹시 힘들고 곤란함. 가난함.

58 學難捨罪難 居在家亦難 會止同利難 艱難不過是(『법집요송경』)

27) 가사가 어깨에 걸쳐 있으면서 악함은 덜거나 포기하지 않는구나. 항상 악한 일을 저지르면 악도에 떨어지는 것을 잊지 말라.[59]

行懈緩[60]者는 勞意弗除이니
非淨梵行이면 焉致大寶리오.

게으르고 느려터지게 행동하는 사람은
근심하는 마음을 없애지 못하니
청정한 범행을 하지 않으면
어찌 큰 보배를 얻을 수 있으리오?

☞ 정진하는 마음에서 게으름은 있을 수 없다. 게으르면 염착하는 마음이 일어나니 깨달음과는 거리가 멀다.

28) 죄를 두려워하고 경구驚懼함을 품고 있어야 말이라도 사문이라 할 수가 있다. 몸에 승가의 옷을 걸쳐 입었으면 유치하고 어리석은 가죽을 씻어내야만 한다.[61]

沙門何行이라도 如意不禁이면
步步著粘[62]하여 但隨思走니라.

---

59 袈裟在肩披 爲惡不損棄 常念行惡者 斯則墮惡道(『법집요송경』)

60 해완懈緩: 게으르고 느려터진 것을 말한다.

61 畏罪懷驚懼 假名爲沙門 身披僧伽胝 如剝婆羅皮(『법집요송경』)

사문이 어떻게 행하더라도
뜻대로 함을 금하지 않으면
걸음걸음마다 점착粘著하여
다만 생각을 따라 내달린다.

☞ 깨달음에 이르려면 계율에 엄격하며 오롯이 갈 길만을 걸어가야 한다.

29) 말하자면 장로長老라고 하는 것은 기년耆年[63]일 필요가 없다네. 몸은 한도에 이르러 빈발鬢髮은 희게 되어도 어리석고 우매하면 죄를 느끼지 못한다.[64]

袈裟披肩하고 爲惡不損하며
惡惡行者는 斯墮惡道니라.

가사를 어깨에 걸치고
악한 일을 줄이지 않으며
추악한 악행을 저지르는 사람은
모두 삼악도에 떨어진다.

---

62 착점著粘: 점착粘着과 같으며, 끈기가 있게 달라붙는 것을 말한다.

63 耆年: 늙은이.

64 所謂長老者 不必以耆年 形熟鬢髮白 愚惷不知罪(『법집요송경』). 우준愚惷: 어리석고 우매함.

30) 죄복罪福을 아는 사람은 몸은 깨끗하게 하고 범행을 수행해야 한다. 원지遠志를 명확히 하고 순수하고 청결하면 장로라고 말한다.[65]

不調難誡이니 如風枯樹니라
作自爲身이니 曷不精進이리오.

길들이지 않고 경계하기 어려우니
마른 나무에 바람 부는 것과 같다.
자신이 짓는 것은 자신을 위함인데
어찌 정진하지 않는가.

31) 사문을 말한다면 머리와 수염을 깎을 필요도 없다. 거짓말과 많은 것을 탐애하니 탐욕이 범부와 같구나.[66]

息心[67]非剔이며 慢訑[68]無戒이니
捨貪思道면 乃應息心이니라.

마음을 쉬는 것은 머리 깎음이 아니며
교만과 방종은 계율이 없어서이니

---

65 能知罪福者 身淨修梵行 明遠純清潔 是名爲長老(『법집요송경』)

66 所謂沙門者 不必剃鬚髮 妄語多貪愛 有欲如凡夫(『법집요송경』)

67 식심息心: 마음을 쉼, 마음을 그침. 사문沙門의 별명으로도 쓰인다.

68 만이慢訑: 교만하고 건방진 것을 말한다.

탐욕을 버리고 도를 생각하면
곧 마음을 쉬는 것에 응한다.

☞ 본분사本分事를 망각하지 않아야 한다.

32) 세상에서 말하는 사문이라면 그대도 사문이라 할 수 있다네. 모양과 복장으로 사문을 흉내내면, 비유하면 학이 물고기를 찾는 꼴이다.[69]

息心非剔이며 放逸無信이니
能滅衆苦면 爲上沙門이니라.

마음을 쉬는 것은 머리 깎음이 아니며
방일은 믿음이 없어서이니
온갖 고뇌를 없앨 수 있으면
거룩한 사문이라 한다.

☞ 진정한 사문은 고뇌를 벗어난다. 주인이 대문을 경계하지 않으면 밤에 도적이 득실거린다.

행동과 언어를 조심하는 것은 옳은 일이다.

69 世稱名沙門 汝亦言沙門 形服似沙門 譬如鶴伺魚(『법집요송경』)

조심하는 마음도 옳은 것이고
매사에 조심하는 게 옳은 일이다.
비구는 매사에 조심하여야 고뇌에서 자유로워진다. (파: 361)

☞ 이 게송은 한문 역에는 없는 게송이다.

35. 범지품梵志品

梵志[1]品者는 言行淸白[2]하여
理學無穢로 可稱道士니라.

범지품은
언행이 맑고 순수하며
이치를 배워 번민하지 않아야
도사라고 일컬을 수 있다.

☞ 所謂梵志者 不但在裸形[3] 居險臥荊棘 而名爲梵志
棄身無依倚 不誦異法言 惡法而盡除 是名爲梵志(『法集要頌經』)
범지梵志라고 말하는 것은 단지 알몸으로 있는 게 아니다.
험한 형극荊棘에 누워 자더라도 범지라고 한다.
자신을 버리고 의지할 곳이 없어도 다른 법언法言을 외우지 않으며,
악법 모두를 제거하면 이를 범지라고 한다.

---

1 범지梵志: 정예淨裔, 정행淨行으로 의역한다. 재가자이면서 바라문을 말한다.
2 淸白: 청렴결백의 준말로 품행이 순결함을 말한다.
3 나형裸形: 나체裸體, 알몸.

1) 세속의 흐름을 끊고 이미 건너갔으면 탐욕이 없는 범천梵天과 같으며, 지혜와 수행으로 번뇌가 다하니, 이를 말하여 범지라고 한다.[4]

截流而渡하여 無欲如梵하며
知行已盡이면 是謂梵志니라. (파: 383)

욕류欲流를 끊고 건너
애욕이 없어 범천과 같으며
행이 이미 다한 것을 알면
이를 일러 범지라고 한다.

☞ 애욕의 바다를 건넌 사람을 범지라 한다.

2) 금생에서 정인淨因을 수행하여 후세에 예과穢果가 없으며, 여러 악법도 수습修習하지 않았으니, 이런 사람을 범지라고 말한다.[5]

以無二法으로 清淨渡淵하며
諸欲結[6]解이면 是謂梵志니라. (파: 384)

---

4 截流而已渡 無欲如梵天 智行以盡漏 是名爲梵志(『법집요송경』)

5 今世行淨因 後世無穢果 無習諸惡法 是名爲梵志(『법집요송경』). 예과穢果: 추악醜惡한 결과.

6 欲結: 애욕으로 인한 속박.

둘이 아닌 법으로
청정하여 고뇌의 연못을 건넜으며
모든 애욕의 속박에서 벗어나면
이를 범지라고 한다.

3) 차안과 피안에 가는 것, 피안과 차안에 가는 것 모두 허망하구나. 삼악처三惡處[7]에 염착하지 않는 사람을 일러 범지라고 한다.[8]

適彼無彼[9]하고 彼彼[10]已空하며
捨離貪婬이면 是謂梵志니라. (파: 385)

피안과 차안에 이르면
차안과 피안이 이미 공하며
탐욕과 음욕도 모두 버리고 여의면
이를 범지라고 한다.

4) 어리석은 사람은 갑자기 머리를 깎더라도, 침상에서 가구에 이르기까지 안으로는 탐착하려는 마음을 품고, 밖으로는 그럴듯하게 꾸미는 것만 구한다.[11]

---

7 탐진치貪瞋癡를 말한다.

8 適彼則無彼 彼彼適則虛 不染三惡處 是名爲梵志(『법집요송경』)

9 彼無彼: 차안此岸과 피안彼岸.

10 彼彼: 피안과 차안을 말한다.

思惟無垢하고 所行不漏하며

上求不起면 是謂梵志니라. (파: 386)

사유함에 번뇌가 없고

행하는 바에도 번뇌가 없으며

위로 구하는 마음 일으키지 않으면

이를 범지라고 한다.

5) 헤진 옷과 너절한 옷을 입어도 자신이 옳은 법행法行을 받아들이고 한거閑居하면서 스스로 사유하면 이를 일러 범지라고 한다.[12]

日照於晝하고 月照於夜하며

甲兵[13]照軍하고 禪照道人하며

佛出天下하여 照一切冥이니라. (파: 387)

낮에는 해가 비추고

밤에는 달이 비춘다.

무장병은 군진軍陣을 빛내고

선정禪定은 도인을 빛낸다.

---

11 愚者受猥髮 幷及床臥具 內懷貪著意 文飾外何求(『법집요송경』). 외발猥髮: 갑자기 머리를 깎는 것을 말한다.

12 被服弊惡衣 躬稟善法行 閑居自思惟 是名爲梵志(『법집요송경』)

13 甲兵: 무장병武裝兵을 말한다.

부처님은 천하에 출현하여
일체 어두움을 비추어주신다.

☞ 일체 어두움을 걷어치우는 작업이 수행이다.

6) 어리석은 사람들이 왕래하며 구덩이에 떨어져 고뇌를 받는 것을 보고는 혼자라도 피안을 건너려고 하면서 다른 사람의 말을 듣지 않고 악을 없애 다시 일어나지 않도록 생각하면 이를 일러 범지라고 한다.[14]

非剃爲沙門이라도 稱吉[15]爲梵志니라
謂能捨衆惡이면 是則爲道人이니라.

머리를 깎았다고 사문이 되는 것 아니요
훌륭하다고 일컬어지면 범지이다.
여러 악업을 버린다면
이를 도인이라 한다.

☞ 머리를 깎고 깎지 않고를 떠나 모든 게 수행에 달려 있다.

---

14 見凡愚往來 墮塹受苦惱 欲獨度彼岸 不好他言說 惟滅惡不起 是名爲梵志(『법집요송경』)

15 稱吉: 훌륭하다고 일컬어지는 것을 말한다.

7) 물이 청정하지 않아도 많은 사람들이 목욕하듯이, 폐단과 악법을 끊어버리면 이를 일러 범지라고 한다.[16]

出惡爲梵志하고 入正爲沙門이며
棄我衆穢行하면 是則爲捨家니라. (파: 388)

악업을 벗어나면 범지이고
바른 길로 들어가면 사문이다.
나의 모든 더러운 행위를 버리면
이것이 곧 가정을 버리는 것(출가)이다.

8) 불이不二 법으로 수행을 하여 청정하고 허물이 없으며, 여러 욕망에서 속박과 염착함을 끊으면 이를 일러 범지라고 한다.[17]

若猗於愛하여 心無所著하며
已捨已正이면 是滅衆苦니라. (파: 390)

만약 애욕에 묶여도
마음으로 염착함이 없으며
이미 버리고 이미 바르게 하면
이는 모든 고뇌를 단멸한다.

---

16 不以水清淨 多有人沐浴 能除弊惡法 是名爲梵志(『법집요송경』)

17 彼以不二行 清淨無瑕穢 諸欲斷縛著 是名爲梵志(『법집요송경』)

9) 신업身業, 구업口業과 더불어 의업意業이 청정하여 과실이 없으며, 다섯 가지 수행을 총섭하면 이를 일러 범지라고 한다.[18]

身口與意가 淨無過失하며
能捨[19]三行이면 是謂梵志니라. (파: 391)

신업 구업 의업이
청정하여 허물이 없으며
이런 삼행三行을 섭수攝受하면
이를 범지라고 한다.

☞ 청정행淸淨行이 수행자의 길이다.

10) 만약 서로 해치고 기만하는 것을 보더라도 다만 계행 지키기만 생각하며, 몸은 단정하게 하고 스스로를 조복하면 이를 범지라고 한다.[20]

若心曉了는 佛所說法이니

---

18 身口及與意 淸淨無過失 能攝五種行 是名爲梵志(『법집요송경』)

19 사捨: 송·원·명본에는 섭攝으로 되어 있다. 여기서는 이를 받아들여 섭수(攝受: 자비로운 마음으로 모든 중생을 살피고 보호함)로 번역한다. 사捨로 번역하여 세 가지 행, 즉 신업 구업 의업을 버리면으로 번역해도 무방하다.

20 若見相侵欺 但念守戒行 端身自調伏 是名爲梵志(『법집요송경』)

觀心自歸면 淨於爲水니라. (파: 392)

마음으로 부처님이
설하신 법을 깨닫고
마음을 관조하여 스스로 귀의하면
물이 청정해지는 것과 같다.

☞ 깨닫는 것은 마음이 맑아지는 것이다.

11) 나는 범지를 말하지 않는다. 부모에 의탁하여 태어나는 사람은 많은 허물과 더러움이 있으니 이를 멸해야만 범지가 된다.[21]

非族[22]結髮[23]이 名爲梵志이니
誠行[24]法行[25]이 淸白則賢이니라. (파: 393)

머리카락을 묶은 무리라고 해서
범지라 하지 않나니
진실한 행과 법행法行으로

---

21 我不說梵志 託父母生者 彼多衆瑕穢 滅則爲梵志(『법집요송경』)

22 족族: 족族과 같으며, 집안이거나 친척을 말한다.

23 결발結髮: 결혼結婚하여 부부夫婦가 됨.

24 誠行: 성실한 행동.

25 法行: 불법에 따라 행동하는 것.

청백하면 곧 현인이라 한다.

12) 만약 서로 해치고 기만하는 것을 보더라도 다만 계행 지키기만 생각하며, 몸은 단정하게 하고 스스로를 조복하면 이를 범지라고 한다.[26]

剔髮無慧면 草衣[27]何施며
內不離著이면 外捨何益이리오. (파: 394)

머리를 깎아도 지혜롭지 않으면
초의 걸치고 어찌 법을 베풀 수 있으며
마음으로 염착함을 여의지 못하면
겉으로 버렸다 한들 무슨 이익이 있겠는가.

☞ 자기를 기만하는 수행자가 되지 말라.

13) 몸은 선행의 바탕이니 구업과 의업으로 범하지 않도록 해야 한다. 이런 삼묘처[28]를 변별해야만 범지라고 말한다.[29]

---

26 각주 20 참고.

27 草衣: 은자隱者의 옷.

28 삼묘처三妙處: 삼업三業이 청정함.

29 身爲善行本 口意應無犯 能辨三妙處 是名爲梵志(『법집요송경』)

被服弊惡이라도 躬承法行하고
閑居[30]思惟하면 是謂梵志니라. (파: 395)

누더기 옷을 입더라도
몸소 법을 받들어 행하고
한거하며 사유하면
이를 범지라고 한다.

☞ 항상 사유思惟하는 수행자가 참 수행자이다.

14) 사람이 환상과 미혹한 생각이 없고 교만함과 의혹도 없으며, 탐욕과 아상我想이 없어지면 이를 일러 범지라고 한다.[31]

佛不教彼하기를 讚己自稱이니
如諦不妄이 乃爲梵志니라.

부처님은 그대에게
자기 스스로 칭찬하라 가르치지 않으셨으니
당연히 진실하여 거짓되지 않아야
곧 범지라고 한다.

---

30 閑居: 사람을 피하여 조용히 지냄.

31 人無幻惑意 無慢無疑惑 無貪無我想 是名爲梵志(『법집요송경』)

15) 은애恩愛를 끊고 집을 떠나 애욕도 없다. 애욕이 모두 없어지면 이를 일러 범지라 한다.[32]

絶諸可欲하고 不婬其志하며
委棄[33]欲數면 是謂梵志니라 (파: 397)

모든 탐욕을 끊고
그 뜻이 음란하지 않으며
여러 애욕도 버리고 돌아보지 않으면
이를 범지라고 한다.

16) 스스로 마음의 해탈을 알고 탐욕을 벗어나 염착하는 바가 없으면 삼명三明[34]을 이미 성취하였음이니, 이를 일러 범지라 한다.[35]

斷生死河하고 能忍起度[36]하며
自覺出塹[37]이면 是謂梵志니라. (파: 398)

---

32 以斷於恩愛 離家無愛欲 愛欲若已盡 是名爲梵志(『법집요송경』)

33 위기委棄: 버리고 돌아보지 않음.

34 三明: 숙명명宿命明, 천안명天眼明, 누진명漏盡明을 말한다.

35 自知心解脫 脫欲無所著 三明已成就 是名謂梵志(『법집요송경』)

36 起度: 자신을 제도하려고 하는 것을 말함.

37 출참出塹: 구덩이를 벗어남.

생사의 강을 끊으며
인욕하며 도탈하려 하면서
스스로 깨달아 구덩이를 벗어나면
이를 범지라고 한다.

17) 욕을 먹고 서로 때리는 것을 당해도 묵묵히 노여움을 일으키지 않으며, 큰 인욕력忍辱力을 가지고 있으면 이를 일러 범지라고 한다.[38]

見罵見擊이라도 默受不怒하여
有忍辱力이면 是謂梵志니라. (파: 399)

욕을 먹고 매질을 당하더라도
말없이 받아들이고 성내지 않으며
인욕하는 힘을 가지면
이를 범지라고 한다.

☞ 인욕忍辱은 성불의 지름길이다.

18) 만약 서로 해치고 기만하는 것을 보더라도 다만 계행 지키기만 생각하며, 몸은 단정하게 하고 스스로를 조복하면 이를 범지라고 한다.[39]

---

38 見罵見相擊 默受不生怒 有大忍辱力 是名爲梵志(『법집요송경』)

39 若見相侵欺 但念守戒行 端身自調伏 是名爲梵志(『법집요송경』)

若見侵欺라도 但念守戒하며
端身自調면 是謂梵志니라. (파: 400)

만약 해침과 기만을 당하여도
다만 계율을 지키려고 생각하며
몸을 단정하게 하고 스스로를 조복하면
이를 범지라고 한다.

☞ 항상 자기를 조복調伏하는 인욕행을 실천하라.

19) 만약 애욕에 의지하면서도 마음으로는 탐착하는 게 없으며, 자기도 버리고 자기가 올바른 진리를 획득하면 이를 마지막 고통을 없앴다고 말한다.[40]

心棄惡法을 如蛇脫皮하여
不爲欲污[41]면 是謂梵志니라. (파: 401)

마음에서 악한 법을 버리기를
뱀이 허물을 벗는 것처럼 하여
오염되지 않으면
이를 범지라고 한다.

---

40 若倚於愛欲 心無所貪著 已捨已得正 是名滅終苦(『법집요송경』)

41 욕오欲污: 탐욕에 마음이 더러워진 것.

☞ 악한 것에서 벗어나고 다시 오염되지 않으려는 수행이 성불의 첩경이다.

20) 몸(身)은 선행의 바탕이니 구口, 의意를 범하지 않도록 해야 한다. 이런 삼묘처三妙處를 변별해야만 범지라고 말한다.[42]

覺生爲苦하고 從是滅意하여
能下重擔[43]이면 是謂梵志니라. (파: 402)

삶은 고뇌라는 것을 깨닫고
이로부터 마음을 단멸하여
무거운 짐 내려놓으면
이를 범지라고 한다.

21) 이제야 모든 것을 알고는 그 고뇌의 근원을 궁구하며, 다시는 애욕심이 없으면 이를 일러 범지라고 한다.[44]

解微妙[45]慧하여 辯道不道[46]하고

---

42 身爲善行本 口意應無犯 能辨三妙處 是名爲梵志(『법집요송경』)

43 중담重擔: 무거운 짐.

44 如今盡所知 究其苦源際 無復欲愛心 是名爲梵志(『법집요송경』)

45 微妙: 유현幽玄하고 심오한 것을 말한다.

46 道不道: 진리와 진리가 아닌 것.

體行上義[47]면 是謂梵志니라. (파: 403)

미묘한 지혜를 깨달아
도와 도 아님을 변별하고
열반을 체득하여 실천하면
이를 범지라고 한다.

☞ 열반은 범지가 추구하는 이상향이다.

22) 죄와 복의 두 가지에서 둘 다 영원히 없애면 근심과 번뇌가 있을 수가 없나니, 이를 일러 범지라고 한다.[48]

棄捐[49]家居[50]와 無家[51]之畏하고
少求寡欲[52]이면 是謂梵志니라. (파: 404)

재가와 출가의 두려움도
없애버리면서

47 上義: 『출요경』의 설명에 의하면 열반을 말한다.

48 於罪幷與福 兩行應永除 無憂無有塵 是名爲梵志(『법집요송경』)

49 기연棄捐: 포기하거나 줄이는 것을 말한다.

50 家居: 재가在家.

51 無家: 출가를 말한다.

52 소구과욕少求寡欲: 적게 구하면서 욕심을 줄이는 것을 말한다.

적게 구하며 욕심을 줄이면
이를 범지라고 한다.

☞ 두려움을 없애고 안분지족安分知足하는 현인이 범지이다.

23) 마음에 진구塵垢가 없어 즐거우니 달이 원만함을 이룬 것과 같다. 방훼함이 모두 없어지면 이를 일러 범지라고 한다.[53]

棄放[54]活生[55]하고 無賊害心하여
無所嬈惱[56]면 是謂梵志니라. (파: 405)

살아있는 생명을 놓아주고
해치려는 마음도 없으며
괴로워하는 마음이 없으면
이를 범지라고 한다.

24) 다툼을 피하여 다투지 않고 침범하여도 성내지 않으며, 악하게 굴어도 선으로 상대하면 이를 일러 범지라고 한다.[57]

---

53 心喜無塵垢 如月盛圓滿 謗毁以盡除 是名爲梵志(『법집요송경』)

54 기방棄放: 돌보지 않음. 기르지 않음.

55 活生: 생명체를 말한다.

56 요뇌嬈惱: 마음으로 몹시 괴로워함.

57 避諍而不諍 犯而不慍怒 惡來以善待 是名爲梵志(『법집요송경』)

避爭不爭하고 犯而不慍하며
惡來善待면 是謂梵志니라. (파: 406)

다툼을 피하여 다투지 않고
거슬러도 성내지 않으며
악함이 오더라도 선함으로 대하면
이를 범지라고 한다.

☞ 원한을 원한으로 갚지 않는 삶은 위대하다. 이것이 원수도 사랑함이다.

25) 음욕과 분노와 어리석음과 교만과 같은 모든 악행을 저버리고, 바늘로 개자介子 씨를 뚫으면 이를 일러 범지라고 한다.[58]

去婬怒癡와 憍慢諸惡을
如蛇脫皮하면 是謂梵志니라. (파: 407)

음욕·분노·어리석음과
교만의 모든 악을 제거하기를
뱀이 허물을 벗듯 하면
이를 범지라고 한다.

58 去其婬怒癡 憍慢諸惡行 針貫於介子 是名爲梵志(『법집요송경』)

26) 성곽은 구덩이로 견고해져 있어 왕래하며 고통을 받는다. 피안에 이르기를 바라면 다른 사람의 말을 받아들이지 말고, (번뇌를) 단멸하여 다시 일으키지 않아야만 이를 일러 범지라고 한다.[59]

斷絶世事하고 口無麤言하며
八道[60]審諦이면 是謂梵志니라. (파: 408)

세상사를 단절하고
거친 말을 하지 않으며
팔정도를 명확히 깨달으면
이를 범지라고 한다.

27) 세속에서 말하는 선악, 장단, 거세巨細를 취하지도 않고 버리지도 않으면 이를 일러 범지라고 한다.[61]

所世惡法[62]는 修短[63]巨細이나
無取無捨[64]이어야 是謂梵志니라. (파: 409)

---

59 城以塹爲固 來往受其苦 欲適度彼岸 不宜受他語 惟能滅不起 是名爲梵志(『법집요송경』)

60 八道: 팔정도八正道를 말한다.

61 世所稱善惡 脩短及巨細 無取若無與 是名爲梵志(『법집요송경』)

62 所世惡法: 『출요경』에는 '世所善惡'으로 되어 있다. 여기서는 원문을 취한다.

63 修短: 길고 짧음.

64 無取無捨: 『출요경』에는 '無取無與'로 되어 있다.

세상에서 악한 법은
길거나 짧거나 크거나 작거나
취하지도 않고 버리지도 않아야
이를 범지라고 한다.

☞ 선악 · 장단 · 시비라는 이분법적 사고에서 멀어져라.

28) 달이 청명하고 맑은 것은 허공에 매달려 있기 때문이니, 애욕에 물들지 않는다면 이를 일러 범지라고 한다.[65]

今世行淨하면 後世無穢니
無習無捨[66]하면 是謂梵志니라. (파: 410)

금세에서 행이 청정하면
후세에 번뇌가 없으니
염습染習하지도 않고 버리지도 않으면
이를 범지라고 한다.

☞ 후세에 복을 받는 게 중요하지 않고 오로지 현세만이 있을 뿐이다.

29) 세간 사람들이 있는 곳에서 걸식을 하며 스스로를 구제한다. 무아無我

65 如月淸明朗 懸處於虛空 染於愛欲 是名爲梵志(『법집요송경』)

66 無習無捨: 『법집요송경』에는 '無習諸惡業'으로 되어 있다.

이면 염착이 없으니 범지의 수행을 잃지 말라. 지혜로 끝이 없는 진리를 말하면 이를 일러 범지라고 한다.[67]

棄身無猗하고 不誦異行하며

行甘露滅이면 是謂梵志니라. (파: 411)

자신을 버려 의지하지 않고

다른 행을 송습誦習하지 않으며

감로인 적멸을 실천하면

이를 범지라고 한다.

☞ 오롯한 한 길로 감로인 적멸을 실천하는 수행자가 되라.

30) 만약 애욕을 버리고 출가하여 받는 것들도 버리며 욕루欲漏를 단제한다면 이를 일러 범지라고 한다.[68]

於罪與福에 兩行永除하여

無憂無塵이면 是謂梵志니라. (파: 412)

죄행罪行과 복행福行의

---

67 諸在世間人 乞索而自濟 無我若無著 不失梵志行 說智無涯際 是名爲梵志(『법집요송경』). 걸색乞索: 찾아서 취하는 것을 말한다.

68 若能棄欲愛 去家捨諸受 以斷於欲漏 是名爲梵志(『법집요송경』)

두 가지 행을 영원히 없애
걱정도 없고 번뇌도 없으면
이를 범지라고 한다.

☞ 스스로 청정한 사람이 범지이다.

31) 유정有情을 자애하고 어여삐 여겨 두려움을 일으키지 않게 하며, 해치지 않고 더욱 선하게 하니, 이를 일러 범지라고 한다.[69]

心喜無垢하여 如月盛滿하며
謗毁已除면 是謂梵志니라. (파: 413)

마음이 기쁘고 번뇌가 없으면
가득찬 보름달과 같다.
헐뜯고 비방하는 마음 없애면
이를 범지라고 한다.

☞ 청정심은 바로 안양국安養國이다.

32) 성곽은 구덩이로 견고해져 있어 왕래하며 고통을 받는다. 피안에 이르기를 바라면 다른 사람의 말을 받아들이지 말고, (번뇌를) 단멸하

69 慈愍於有情 使不生恐懼 不害有益善 是名爲梵志(『법집요송경』)

여 다시 일으키지 않아야만 이를 일러 범지라고 한다.[70]

見癡往來하여 墮塹受苦하고 欲單渡岸하여

不好他語하고 唯滅不起면 是謂梵志니라. (파: 414)

어리석음으로 오가며

구덩이에 떨어져 고뇌를 받는다.

오로지 피안으로 건너가려고 하여

다른 말을 좋아하지 않고

오로지 적멸하여 (번뇌가) 일어나지 않게 하면

이를 범지라고 한다.

☞ 어리석음을 일으키지 않는 게 적멸이고 피안이다.

33) 사람들이 금세에서 애욕을 끊으면 후세에 미친다. 애욕이 있는 것을 다한다면 이를 일러 범지라고 한다.[71]

已斷恩愛[72]하고 離家無欲하며

愛有[73]已盡이면 是謂梵志니라. (파: 415)

---

70 각주 59 참고.

71 人能斷愛欲 今世及後世 有愛應已盡 是名爲梵志(『법집요송경』)

72 恩愛: 온정과 애정, 은혜와 사랑.

73 愛有: 애욕하며 생존하는 것을 말한다.

이미 은애恩愛를 끊어버리고
가정도 떠나 애욕도 없으며
애욕이 이미 다하면
이를 범지라고 한다.

34) 스스로 마음의 해탈을 알고 탐욕을 벗어나 염착하는 바가 없으며, 삼명三明을 이미 성취하였으니 이를 일러 범지라고 한다.[74]

離人聚[75]處하고 不墮天聚하며
諸聚不歸면 是謂梵志니라. (파: 417)

사람들이 모여 있는 곳을 벗어나고
천중天衆들이 모여 있는 곳에도 떨어지지 않으며
모든 모여 있는 곳으로 귀속하지 않으면
이를 범지라고 한다.

35) 일체의 번뇌를 모두 끊고 또한 열뇌熱惱함도 없다. 여래는 염착함이 없음을 깨달았으니 이를 일러 범지라고 한다.[76]

棄樂無樂하고 滅無熅燸[77]하여

---

74 自知心解脫 脫欲無所著 三明已成就 是名爲梵志(『법집요송경』)

75 취聚: 속박과 같은 의미로 애욕에 의해 이루어진다.

76 盡斷一切結 亦不有熱惱 如來覺無著 是名爲梵志(『법집요송경』)

健達諸世면 是謂梵志니라. (파: 418)

즐거움 버리니 즐거움이 없고
단멸하니 따뜻한 기운도 없으며
모든 세상일 굳세게 떠나면
이를 범지라고 한다.

36) 있는 바 번뇌가 다하고 세속의 흐름을 건너 번뇌가 없다. 이로부터 피안으로 건너가면 이를 일러 범지라고 한다.[78]

所生已訖하고 死無所趣하며
覺安無依면 是謂梵志니라. (파: 419)

생이 이미 다하고
죽어서도 향할 곳도 없으며
의지할 곳 없음 깨달아 안온하면
이를 범지라고 한다.

37) 형체가 없으면 볼 수 없으니, 차안 또한 볼 수가 없다. 이 구절을 이해하고 아는 사람은 말미암은 바가 있음을 생각하고, 결사結使가 다한 것을 깨달아 알게 되면 이를 일러 범지라고 한다.[79]

---

77 온유煴燸: 따뜻한 기운을 말한다.

78 所有煩惱盡 度流而無漏 從此越彼岸 是名爲梵志(『법집요송경』)

已度五道[80]하여 莫知所墮이니
習盡無餘면 是謂梵志니라. (파: 420)

오도五道를 이미 건너
떨어질 곳을 알지 못하나
습기가 다하여 남은 것이 없으면
이를 범지라고 한다.

38) 생사의 강을 끊으려고 인욕으로 세상을 벗어나며, 스스로 괴로움의 구렁텅이를 벗어나면 이를 일러 범지라고 한다.[81]

于前于後와 乃[82]中無有하여
無操無捨[83]면 是謂梵志니라. (파: 421)

앞에도 뒤에도
중간에도 있지 않으며
잡을 것도 없고 버릴 것도 없으면

79 無形不可見 此亦不可見 解知此句者 念則有所由 覺知結使盡 是名爲梵志(『법집요송경』)

80 五道: 지옥地獄, 아귀餓鬼, 축생畜生, 인人, 천天을 말한다.

81 能斷生死河 能忍超度世 自覺出苦塹 是名爲梵志(『법집요송경』)

82 내乃: 송·원·명본에는 급及으로 되어 있어 이로 새긴다.

83 조사操捨: 잡음과 버림.

이를 범지라고 한다.

☞ 여여如如한 그 자체가 범지이다.

39) 유정들이 심오한 법을 알려면 노소를 따지지 말라. 진리를 살펴서 계율과 믿음을 지키되 불에 제사지내는 범지와 같게 하라.[84]

最雄最勇하여 能自解度하며
覺意不動이면 是謂梵志니라. (파: 422)

가장 날래고 용감하여
스스로 깨닫고 도탈度脫하며
깨달은 마음이 흔들리지 않으면
이를 범지라고 한다.

☞ 부동지不動地에 이른 사람을 범지라 한다.

40) 자기 법이 있는 것 밖에는 범지가 최상이며, 일체 모든 번뇌는 모두 다하여 남음이 없다. 또 법을 관찰하여 모두 다하고 남김이 없어야 한다. 다시 회합會合하는 것을 관찰하여 모두 다하고 남김이 없어야 한다. 다시 인연을 관찰하고 모두 다하여 남김이 없어야 한다.

---

84 諸有知深法 不問老以少 審諦守戒信 猶祀火梵志(『법집요송경』)

마음이 법의 근본과 같으면 범지가 표상이 된다.[85]

自知宿命은 本所更來하여

得要生盡하며 叡通道玄하여

明如能默이면 是謂梵志니라. (파: 423)

스스로 숙명을 알면

본래 다시 올 곳이어서

생이 다하게 됨을 알면

예지로 도의 현묘함과 통하고

명철하지만 침묵할 수 있으면

이를 범지라고 한다.

☞ 신통력을 갖추어도 침묵할 줄 아는 사람이 범지이다.

◉ 욕을 먹고 서로 때리는 것을 당해도 묵묵히 노여움을 일으키지 않으며, 큰 인욕력忍辱力을 가지고 있으면 이를 일러 범지라고 한다.[86]

不捶梵志하고 不放梵志하라

---

85 於己法在外 梵志爲最上 一切諸有漏 皆盡皆無餘 或復觀於法 皆盡皆無餘 或復觀合會 皆盡皆無餘 或復觀因緣 皆盡皆無餘 猶如內法本 梵志爲在表(『법집요송경』)

86 見罵見相擊 默受不生怒 有大忍辱力 是名爲梵志(『법집요송경』)

咄捶梵志하며 放者亦咄이니라. (파: 389)

범지를 때리지 말고
범지를 내쫓지 말라.
범지를 욕하고 때리고
내쫓는 것 또한 욕되게 하는 것이다.

◉ 만약 지혜와 변재력辯才力으로 중생심을 따라 교화敎化 유도誘導하면, 지혜로 선도先導하는 것이니 신업·어업·의업에 항상 허물이 없으리라.[87]

我不說梵志니 託父母生者라
彼多衆瑕穢[88]이나 滅則爲梵志니라. (파: 396)

나는 부모에게 의탁하여 사는 사람을
범지라고 말하지 않는다.
많고 많은 허물이 있어도
이를 단멸하면 범지가 된다.

☞ 금수저·은수저는 의미가 없고 자기가 성취하여 이루어야 한다.

---

87 若以智慧辯才力 隨衆生心而化誘 則以智慧爲先導 身語意業恒無失(『화엄경』)

88 하예瑕穢: 사람이 지니고 있는 허물과 악행.

◉

사람이 만약 이 세상에 있으면서
모든 애욕을 끊어버리고
집을 나와 이미 애욕이 없으면
나는 이런 사람을 범지라고 한다. (파: 416)

☞ 이 게송은 한문본에 없다.

36. 니원품泥洹品

泥洹品者는 敍道大歸로

恬惔[1]寂滅하면 度生死畏니라.

니원품은

위대한 진리에 귀의함을 펼친 것으로

염담恬惔하고 적멸하면

생사의 두려움을 건너게 된다.

☞ 如龜藏其六 苾芻攝意想

無倚無害彼 圓寂無言說(『法集要頌經』)

거북이가 여섯 가지를 감추는 것처럼

비구는 의상意想을 섭수攝受하여야 한다.

의지하지도 않고 남을 괴롭히지도 않으며

원적하면 언설이 없다.

1 恬惔: 욕심이 없어 마음이 담담함.

1) 인욕은 제일의 방편이며 원적圓寂[2]이 최상이라고 부처님은 말씀하셨으니, 번열煩熱[3]을 품지 않고 남을 해치지 않아야 사문이다.[4]

忍爲最自守며 泥洹佛稱上이니
捨家不犯戒하여야 息心無所害니라. (파: 184)

인욕은 자신을 지키는 최고의 행동이며
열반은 부처님이 말한 최상의 것이니
집을 떠나 계율을 범하지 않으면서
마음을 그쳐야 해롭지 않다네.

☞ 인욕, 지계에 의한 해탈만이 자재함을 얻는다. 인욕은 수행에서 최상의 방편이다.

2) 무병無病이 제일 이로운 것이고, 지족知足은 제일 부유한 것이며, 지친知親이 제일 훌륭한 벗이고, 원적圓寂은 제일 즐거운 것이다.[5]

無病最利하고 知足最富이며

---

2 圓寂: 열반을 말한다. 일체 지덕智德을 원만하게 구족하고 일체 혹업惑業을 적멸寂滅한 것.

3 번열煩熱: 숨 막힐 듯한 괴로움.

4 忍辱第一道 佛說圓寂最 不以懷煩熱 害彼爲沙門(『법집요송경』)

5 無病第一利 知足第一富 知親第一友 圓寂第一樂(『법집요송경』)

厚爲最友이면 泥洹最快이니라. (파: 204)

무병이 최상의 이로움이고
지족이 최상의 부유함이며
돈후함이 최상의 우정이고
니원이 최상의 즐거움이다.

☞ 수순법隨順法은 니원의 지름길이다.

3) 굶주림은 제일의 우환이고, 행이 제일의 고뇌이다. 여실如實하게 이를 알게 되면 원적圓寂이 제일 큰 즐거움이다.[6]

飢爲大病이고 行爲最苦니라
已諦知此면 泥洹最樂이니라. (파: 203)

기갈飢渴[7]은 큰 병이 되고
행함은 매우 괴로운 것이 된다.
반드시 살펴서 이를 알면
니원이 최상의 즐거움이다.

---

6 飢爲第一患 行爲第一苦 如實知此者 圓寂第一樂(『법집요송경』)

7 배고프고 목마름. 굶주림.

4) 말은 당연히 추잡하거나 난폭하지 않아야 하며, 말하는 것은 변재辯才에 맞아야 한다. 젊을 때에 논란을 들으면 도리어 굴복을 받게 된다.[8]

少往善道[9]하고 趣惡道[10]多니라
如諦知此면 泥洹最安이니라.

선도善道로 가는 이 적고
악도惡道로 가는 이가 많다.
체찰諦察[11]하여 이를 알게 되면
니원이 제일 안락한 곳이다.

☞ 선의 의지는 변하지 않아야 한다. 니원을 추구하는 삶이 위대하다.

5) 자주 스스로 번뇌를 일으키면 그는 부서진 그릇과 같다. 생사에 자주 유전하면서 오랫동안 빠져 벗어날 기약이 없다.[12]

從因生善하고 從因墮惡하니
由因泥洹하면 所緣亦然이니라.

---

8 言當莫麤獷 所說應辯才 少聞其論難 反受彼屈伏(『법집요송경』)

9 善道: 옳은 길. 진리로 취향하는 것.

10 惡道: 그릇된 길로서, 사악함으로 취향하는 것을 말한다.

11 진리를 살피는 것을 말한다.

12 數自興煩惱 猶彼器敗壞 生死數流轉 長沒無出期(『법집요송경』)

인因을 따라 선도에 태어나고
인을 따라 악도에 떨어진다.
인으로 말미암아 니원이 있나니
반연하는 바도 역시 그렇다.

☞ 인연의 법칙은 영원한 진리이다.

6) 사슴은 들로 돌아가고 새는 허공으로 돌아가니, 뜻은 분별分別로 돌아가고 진인眞人은 적멸로 돌아간다.[13]

麋鹿[14]依野하고 鳥依虛空하며
法歸其報이며 眞人歸滅하니라.

미록麋鹿은 들을 의지하고
새는 허공을 의지하며
법法은 그 과보에 돌아가고
진인眞人은 적멸에 돌아간다.

7) 나는 본래 없었고 본래 있던 것은 지금의 내가 아니다. 무無도 아니고 유有도 아니어서 이제까지 획득할 수 없었다.[15]

---

13 鹿歸於田野 鳥歸於虛空 義歸於分別 眞人歸寂滅(『법집요송경』)

14 미록麋鹿: 고라니와 사슴.

15 我有本以無 本有我今無 非無亦非有 如今不可獲(秦本)

始無如不하고 始不如無라
是爲無得이니 亦無有思니라.

시작은 없는 것만 못하니
시작은 없는 편이 낫다.
이를 얻는 게 없다고 하니
또한 생각할 것도 없다.

☞ 무위無爲를 강조한 구절이다.

8) 매우 신묘하고 성스러운 가르침은 유포되어 끝이 없나니, 세상에서 함께 전하여 익히는 사람은 실제로 싫어할 시간조차 없구나.[16]

心難見이나 習可覩요
覺欲者는 乃具見이라
無所樂이면 爲苦際니라.

마음은 보기 어려우나 익히면 볼 수 있으니
깨닫고자 하면 바로 견해를 갖추어야 한다.
즐거운 게 없으면 괴로움을 벗어난다.

---

16 最妙聖言教 流布無窮際 世共傳習者 實無有厭時(『법집요송경』)

9) 해태한 의지와 겁약으로는 이르지 못하니, 원적圓寂에 뜻을 두고 모든 얽매임을 태워버려라.[17]

在愛欲이면 爲增痛니
明不淸이면 淨能御이니
無所近하면 爲苦際니라.

애욕이 있으면 고통이 늘어나니
청정하지 않은 것을 밝혀 청정한 것으로 이끌며
가까이하지 않으면 괴로움을 벗어난다.

☞ 애욕 자체가 고뇌이다.

10) 비구는 속히 배의 물을 퍼내라. 퍼내고 나면 바로 가벼워진다. 탐욕의 감정을 끊기를 구하고, 그런 후에야 원적에 이른다.[18]

見有見하고 聞有聞하며
念有念하고 識有識하며
覩無著하면 亦無識이니라.

볼 것은 보고 들을 것은 듣고

17 不以懈怠意 怯弱有所至 欲求於圓寂 焚燒諸縛著(『법집요송경』)

18 苾芻速杼船 以杼便當輕 求斷貪欲情 然後至圓寂(『법집요송경』)

생각할 것은 생각하고 알 것을 알며
염착하지 않고 보면 역시 인식하지 않게 된다.

☞ 염착하지 않음도 인식하지 않아야 한다.

11) 진리가 부동不動인 것을 보기 어렵지만 옳게 관찰하면 부동이다. 마땅히 애욕의 근원을 관찰한다면 이것을 일러 업의 끝이라고 한다.[19]

一切捨는 爲得際이니
除身想하고 滅痛行하며
識已盡이면 爲苦竟[20]이니라.

일체를 버리면 괴로움을 벗어나게 되니
몸과 생각을 없애고 고통과 행을 멸하며
식識이 다하게 되면 고통이 끝나리라.

☞ 깨달으려면 모든 애욕을 버리고 식識까지도 버려라.

12) 애욕을 단제斷除하면, 물이 마른 강은 흐를 징조가 없듯이, 이런 애착의 근본을 밝히면 이를 일러 괴로움의 끝이라고 한다.[21]

---

19 難見諦不動 善觀而不動 當察愛盡源 是謂名業際(『법집요송경』)

20 신身, 상想, 통痛, 행行, 식識은 오온五蘊을 말한다.

21 斷愛除其欲 竭河無流兆 能明此愛本 是謂名苦際(『법집요송경』)

猗則動하고 虛則淨이며
動非近하고 非有樂이라
樂無近이면 爲得寂이니
寂已寂이면 已[22]往來니라.

의지하면 움직이고 비우면 청정하며
움직이되 가까이하지 말고 즐거워하지도 마라.
즐거움을 가까이하지 않으면 적정을 얻으니
적정하고 적정하면 왕래하는 것도 없어진다.

☞ 적정寂靜 상태를 말한다. 이것이 바로 해탈이다.

13) 몸이 없고 그런 상想도 없어지면 모든 고통이 청량함을 얻으리라. 모든 행을 영원히 지식止息하면 식상識想이 다시 일어나지 않는다. 여실히 이를 알면 이를 일러 괴로움의 끝이라고 한다.[23]

來往絕이니 無生死이며
生死斷이니 無此彼이며
此彼斷하면 爲兩滅이며
滅無餘이니 爲苦除니라.

---

22 已: 송·원·명본에 의해 무無로 한다.

23 無身滅其想 諸痛得清涼 衆行永止息 識想不復興 如實知此者 是謂名苦際(『법집요송경』)

오고 감이 끊어졌으니 생사가 없고
생사가 끊어졌으니 피차가 없으며
피차가 끊어졌으니 둘 모두 멸하며
남음 없이 멸하니 괴로움이 없다.

☞ 생사, 피차, 양단兩端 모두가 끊어져야 고통이 없어진다.

14) 비구인 나는 이미 알고 다시는 여러 경지에 들어가지 않고, 허공에 들어가지도 않으며, 여러 곳에 들어가거나 작용하려 하지도 않는다.[24]

比丘有世生하여 有有有作行하고
有無生無有하며 無作無所行이니라.

비구가 세상에 태어나 존재하여
존재가 있으니 작행이 있고
존재가 태어남이 없으면 존재가 없으며
짓는 게 없으니 행하는 바도 없다.

☞ 비구는 작위作爲하려 하지 않는다.

15) 무상無想함과 비상非想함에 증입證入하면 금세와 후세가 없다. 역시 일월상日月想도 없으니 가는 것도 없고 오는 것도 없다.[25]

---

24 苾芻吾已知 無復諸地入 無有虛空入 無諸入用入(『법집요송경』)

夫唯無念者는 爲能得自致니라
無生無復有하고 無作無行處이니라.

오직 무념無念인 사람만이
스스로 이를 수 있다고 한다.
무생無生하여 다시 유有가 없으면
무작無作, 무행無行하는 곳이다.

☞ 무념無念, 무작無作, 무행無行을 말한다.

16) 먹지 않고는 생명을 부지할 수가 없으니 누가 먹을 것을 빌어먹지 않더냐! 대개 먹는 게 우선이고, 그 후에야 성불할 수가 있다.[26]

生有作行者는 是爲不得要[27]니
若已解不生하면 不有不作行이니라.

생生과 유有로 행위한다면
이는 요점을 증득하지 못한다.
만약 해탈하여 생生하지 않는다면
유有도 아니니 작행作行하지도 않는다.

---

25 無想非想入 無今世後世 亦無日月想 無往亦無來(『법집요송경』)

26 非食命不濟 孰能不摶食 夫立食爲先 然後乃至道(『법집요송경』)

27 得要: 요점을 증득하는 것을 말한다.

☞ 생生과 유위법有爲法을 벗어나는 게 증득이다.

17) 지地, 수水, 화火의 종자種子들이 어느 때에 바람이 불지 않거나 광염光焰이 비추지 않는다면 또한 그 열매를 볼 수가 없다.[28]

則生有得要면 從生有已起이며
作行致死生이면 爲開爲法果니라.

삶에서 요체를 증득하니
생生을 따라 유위법이 일어남이며
작위와 유위는 사생死生을 이르게 하니
개시하면 법과法果가 된다.

☞ 작위와 유위법 모두가 생멸법이다.

18) 먹는 것으로부터 인연이 있고 먹는 것으로부터 근심과 즐거움에 이른다. 이 근본을 멸하면 모든 고뇌의 법이 없어진다.[29]

從食因緣有하고 從食致憂樂이라
而此要滅者는 無復念行迹[30]이니라.

---

28 地種及水火 是時風無吹 光焰所不照 亦不見其實(『법집요송경』)

29 從食因緣有 從食至憂樂 而此要滅者 諸苦法已盡(『법집요송경』)

30 行迹: 사람이 걸어간 족적足跡을 말한다.

먹는 것을 따라 인연이 있고
먹는 것을 따라 근심과 즐거움에 이른다.
이에서 근본을 멸하는 사람은
다시는 행의 자취를 생각하지 않는다.

☞ 삶에서 일어나는 것에서 멸도滅度하는 행적마저 버리는 게 깨달음이다.

19) 달이 아니면 빛이 있을 수 없고 해가 아니면 비출 수도 없다. 마음이 이런 것을 체관諦觀하면 바로 참다운 원적이라네.[31]

諸苦法已盡면 行滅湛然[32]安이니라
比丘吾已知면 無復諸入地니라.

온갖 괴로움의 법이 다하게 되면
행行이 멸하여 담연湛然하고 안온하다.
비구여, 나는 이미 알아
다시는 모든 경지에 들어가지 않는다.

20) 단정한 색이 종용從容하면 일체 고뇌를 벗어나고, 색도 아니고 색 아님도 아니면 제일고第一苦를 벗어난다.[33]

---

31 非月非有光 非日非有照 心諦觀此者 乃應眞圓寂(『법집요송경』)

32 湛然: 고요함.

無有虛空入하고 無諸入用入하며
無想不想入이면 無今世後世니라.

허공은 들어감이 없고
들어가는 작용도 하지 않는다.
무상無想하여 들어갈 생각도 하지 않아
금세와 내세도 없다.

☞ 상想에 의한 작용이 없으니 금세와 내세가 있을 수 없다.

21) 이른바 구경은 원적이 제일이며, 온갖 상想에 염착하는 것을 모두 끊어라. 이 문구文句는 착오가 없다.[34]

亦無日月想이면 無往無所懸이니
我已無往反하면 不去而不來니라.

또한 해와 달이라는 생각이 없으니
가는 것도 없고 매달릴 것도 없다.
나는 이미 가고 되돌아옴이 없어

---

33 端正色從容 得脫一切苦 非色非無色 得脫第一苦(『법집요송경』). 從容: 편안하고 태연한 모양.

34 所謂究竟者 圓寂爲第一 盡斷諸想著 文句不錯謬(『법집요송경』). 착류錯謬: 서로 모순됨.

가지도 않고 오지도 않는다.

☞ 오고 감이 없으니 여래이다.

22) 절요節要[35]를 알고 모르건 간에 매우 훌륭한 것은 버림을 수행하는 것이며, 안으로 스스로 사유하여 수행하는 것은 알이 껍질을 깨는 것과 같다네.[36]

不沒不復生은 是際爲泥洹이니
如是像無像이면 苦樂爲以解니라.

죽지도 않고 다시 태어나지도 않는
이 경계를 니원이라 한다.
이와 같으면 상像이 무상無像이니
고와 낙에서 벗어난다.

☞ 적멸한 상태가 니원이다. 그러므로 고락이 없다.

23) 여러 보시에서 법시法施가 수승하고, 여러 즐거움에서 법락이 으뜸이며, 여러 힘에서 인욕의 힘이 으뜸이고, 애욕이 다한 원적이 즐겁다.[37]

---

35 요점要點.

36 知節不知節 最勝捨有行 內自思惟行 如卵壞其膜(『법집요송경』)

37 衆施法施勝 衆樂法樂上 衆力忍力最 愛盡圓寂樂(『법집요송경』)

所見不復恐하고 無言言無疑니라
斷有之射箭하고 遘愚無所猗라.

보는 것에서 다시 두려움이 없고
무언이어서 말에 의심이 없다.
유有의 화살이 끊어져
어리석음이 기댈 곳이 없다.

☞ 유위법有爲法을 완전히 벗어났음을 말한다.

24) 자기 허물과 흠을 잘 관찰하여 자기가 밖으로 드러나지 않게 하라. 사람마다 흠이 있으니 그것은 가벼운 티끌 날리는 것과 같다.[38]

受辱心如地하고 行忍如門閾[39]하며
淨如水無垢하면 生盡無彼[40]受니라.

욕을 당하여도 마음이 대지와 같고
인욕을 행하는 것이 문지방과 같으며
청정하기는 물이 더럽지 않은 것과 같으면
생이 다하고 다른 생을 받지 않는다.

---

38 善觀己瑕隙 使己不露外 彼彼自有隙 如彼飛輕塵(『법집요송경』)

39 문역門閾: 대문의 문지방.

40 彼: 생生을 말한다.

☞ 청정심이 니원泥洹이다.

不怒如地 不動如山 眞人無垢 生死世絶(巴: 95)을 참고.

25) 홀로 살지언정 어리석은 이 좇지 말고, 무리를 원하거든 지혜로운 이 따라라. 지혜로운 사람이 악을 없애는 것은 학鶴이 우유를 선택해 먹는 것과 같다.[41]

利勝不足怙이니 雖勝猶復苦니라
當自求去勝[42]이니 已勝無所生이니라.

승리하였다고 믿을 게 아니니
비록 이겼다고 해도 다시 고통스럽다.
응당 스스로 법의 승리를 구해야 하니
이미 승리하면 다시 태어나지 않는다.

☞ 이기고 지는 것은 서로에게 고통스럽고, 수승한 법으로 이기면 염착하는 마음이 없어진다.

26) 세상이 여러 가지로 변하는 것을 관찰하여 법이 기멸起滅하는 자취를 알아라. 성인과 현인은 세상을 즐기려 하지 않고, 어리석은 사람은 현명해지려고 하지 않는다.[43]

---

41 獨行勿逐愚 欲群當逐智 智者滅其惡 如鶴擇乳飮(『법집요송경』)

42 去勝: 송·원·명본明本에는 법승法勝으로 되어 있어 이렇게 한다.

畢故不造新하고 厭胎無婬行하라
種燋不復生이니 意盡如火滅이니라.

옛것이 다하고 새것을 만들지 않으며
태생을 싫어하여 음행하지 않는다.
종자가 타면 다시 나지 않나니
불이 꺼지는 것과 같이 마음이 멸한다.

☞ 적멸한 게 니원이다.

27) 대장부와 친근할 수 있으면 안온하여 근심과 번뇌가 없다. 오래 살면서 허물이 없고 유화柔和하는 것은 갑자기 이루어진 게 아니다.[44]

胞胎爲穢海니 何爲樂婬行이리오
雖上有善處나 皆莫如泥洹이니라.

포태는 더러운 바다이니
어찌 음행을 즐길 것인가?
비록 위로 좋은 곳이 있다 해도
모두가 니원만 못하다.

---

43 觀世若千變 知法起滅跡 賢聖不樂世 愚者不處賢(『법집요송경』)

44 能親近彼者 安隱無憂惱 永息無過者 柔和不卒暴(『법집요송경』). 졸폭卒暴: 갑자기, 졸거卒遽.

☞ 음행은 니원에 이르지 못한다.

28) 여러 악업을 날려버리는 것은 바람에 낙엽이 떨어지는 것과 같다. 까닭 없이 다른 사람을 두려워하는 사람은 청정한 마음을 훼방하는 것이다.[45]

悉知一切斷하고 不復著世間하여
都棄如滅度면 衆道中斯勝이니라.

잘 알아서 일체를 단멸하고
다시는 세간에 염착하지 않아서
모두 버리고 멸도하면
모든 도 가운데 이것이 수승하다.

☞ 염착하지 않으려는 삶이 바로 중요하다.

29) 갑자기 악이 그 힘을 얻으면 연운煙雲이 바람에 춤추는 것과 같으며, 사람들이 옳고 그른 것을 저지르면 제각기 스스로는 알고 있다.[46]

佛以現諦法하니 智勇能奉持하여
行淨無瑕穢[47]면 自知度世安이니라.

---

45 吹棄諸惡法 如風落其葉 無故畏彼人 謗毁淸淨者(『법집요송경』)

46 尋惡獲其力 煙雲風所吹 人之爲善惡 各各自知之(『법집요송경』)

부처님은 진리의 법을 드러내셨으니
지혜와 용기로 받들어 지녀라.
행이 청정하고 하예瑕穢가 없으면
스스로 세상을 건널 줄 알아 편안하다.

☞ 수행자의 의무이다.

30) 옳은 것을 실천하면 선과善果를 얻고, 그른 것을 저지르면 악취惡趣가 따른다. 자기의 청정과 부정만을 따질 뿐, 다른 사람의 청정을 마음에 두지 말라.[48]

道務先遠欲하고 早服佛敎戒하며
滅惡極惡際면 易如鳥逝空이니라.

도에 힘써 먼저 애욕을 멀리하고
일찍부터 부처님의 가르침과 계율을 따르며
악을 멸하고 악제惡際가 극에 이르면
새가 허공을 나는 것처럼 쉬워진다.

☞ 애욕과 악행을 저지르지 않는 게 깨달음의 첫걸음이다.

---

47 하예瑕穢: 과실過失이나 악행.

48 修善得善果 爲惡隨惡趣 達己淨不淨 何慮他人淨(『법집요송경』)

31) 어리석은 사람이 스스로 단련하지 않는 것은 쇠로 무쇠를 뚫으려는 것과 같다. 눈으로 그르고 삿된 것을 보더라도 영리한 사람은 방편을 간구한다.[49]

若已解法句면 至心體道行하라
是度生死岸하여 苦盡而無患이니라.

만약 법구法句를 이미 이해하였다면
지극한 마음으로 체득하여 도를 실천하라.
이는 생사를 도탈度脫하는 길이니
고뇌가 다하고 근심이 없으리라.

☞ 실천하는 자만이 고뇌를 벗어날 수 있다.

32) 지혜로운 사람은 올바르게 세상을 살면서 또한 모든 악을 저지르지 않는다. 장사꾼이 길에서 두려워하는 것은 따르는 사람은 적고 재화가 많기 때문이다.[50]

道法無親疎하고 正不問羸強[51]이니

---

49 愚者不自錬 如鐵鑽鈍鋼 若眼見非邪 黠人求方便(『법집요송경』). 힐인黠人: 영리한 사람.

50 智者善壽世 亦不爲衆惡 商人在路懼 伴少而貨多(『법집요송경』)

51 이강羸強: 약하고 강한 것을 말한다.

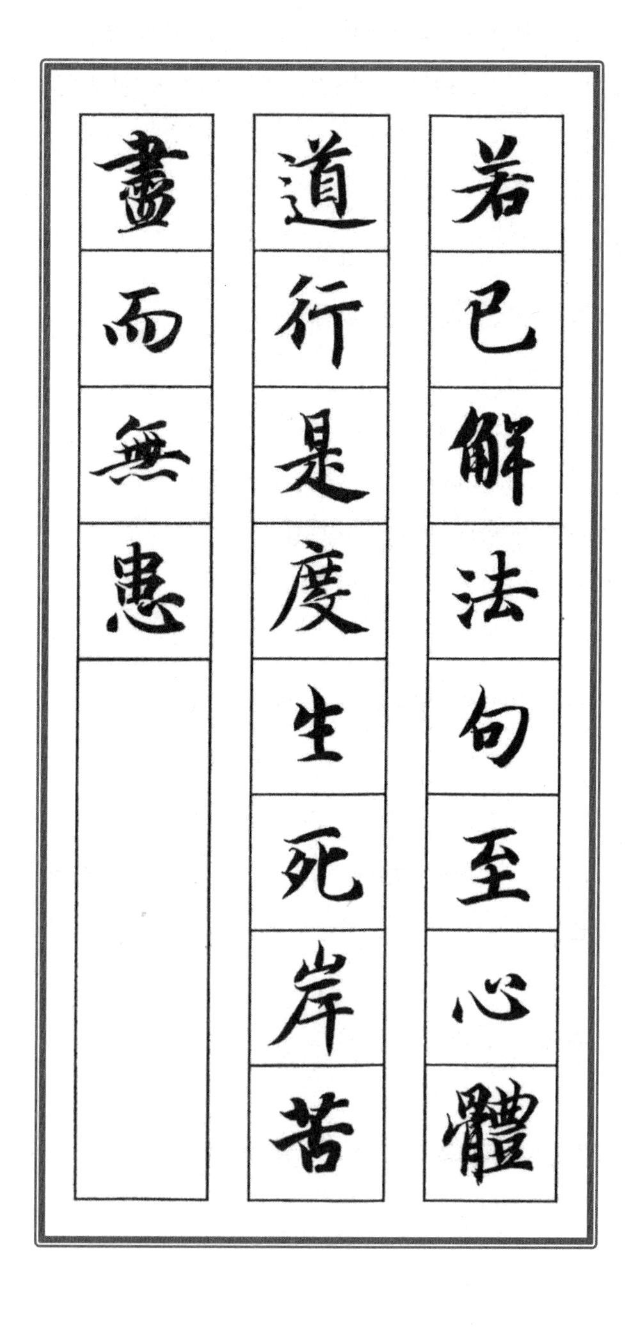
若已解法句至心體
道行是度生死岸苦
盡而無患

要在無識想하여 結解爲淸淨이니라.

도법道法은 친소親疎가 없고
바름은 약하고 강한 것을 묻지 않는다.
중요한 것은 식상識想이 없음에 있으니
번뇌를 벗어나야 청정해진다.

☞ 니원은 식상識想에 의한 번뇌에서 벗어남이다.

33) 험난한 곳을 지나면 수레 굴대가 부러질까 걱정한다. 몸에 창우瘡疣[52] 가 없으면 독이 해를 끼치는 것도 없어진다.[53]

上智饜腐身이니 危脆[54]非實眞이면
苦多而樂少이고 九孔[55]無一淨이니라.

매우 지혜로운 사람은 몸이 썩는 것을 싫어하니
위험하고 취약하여 진실한 것 아니며
고통은 많고 즐거움은 적으며

52 고통이나 재난을 비유한 말이다.

53 經過險難處 然有折軸憂 有身無瘡疣 不爲毒所害(『법집요송경』)

54 위취危脆: 위험하고 취약脆弱함.

55 九孔: 몸에 있는 아홉 개의 구멍. 즉 눈 둘, 귀 둘, 콧구멍 둘, 입 하나, 소변과 대변을 보는 곳 둘을 합친 것이다.

구공九孔에 하나도 깨끗한 게 없다.

34) 독毒이 없는데 어찌 상처가 있을 것이며, 악하지 않으면 악을 저지르지도 않으리라. 많은 사람들이 온갖 악을 행하면 반드시 자신에게 쌓이게 되리라.[56]

慧以危貿安하고 棄猗脫衆難이라
形腐銷爲沫하나니 慧見捨不貪이니라.

지혜로운 사람은 위태로우면 편안함을 도모하고
의지하는 것도 버리고 여러 재난을 벗어난다.
형체는 썩어 부서지면 거품이 되나니
지혜로운 사람은 지금 버리고 탐내지 않는다.

☞ 세간은 항상 위태롭다. 마찬가지로 몸도 위험이 도사리고 있다.

35) 옳은 것을 실천하고 은덕恩德을 베푸는 것은 매우 어려운 일이다. 착하구나! 옳은 것을 수습修習하는 사람! 애달프구나! 악을 저지르는 사람![57]

觀身爲苦器니 生老病無痛이라

56 毒無奈瘡何 無惡無所造 多有行衆惡 必爲身作累(『법집요송경』)

57 施善布恩德 此事甚爲難 善哉修善者 傷哉爲甚惡(『법집요송경』)

棄垢行清淨이면 可以獲大安이니라.

몸을 관찰하면 괴로움의 그릇이니
생, 노, 병, 무(無: 死)가 괴로움이다.
번뇌를 버리고 청정하게 행하면
큰 안락을 얻을 수 있다.

☞ 몸은 항상 고통의 덩어리이니, 이를 관찰하여 청정함을 추구하는 게 수행이다.

36) 어진 사람은 그 악을 관찰하되 어짊이 성숙하지 않으면 어짊이 성숙하도록 시설施設하면서 어질고 어질도록 스스로 자세히 관찰한다.[58]

依慧以却邪하고 不受漏得盡이니
行淨致度世면 天人莫不禮니라.

지혜에 의지하여 삿됨을 물리치고
받아들이지 않으면 번뇌가 다하리니
청정한 행으로 세상을 제도하면
천, 인이 예경하지 않을 수 없다.

☞ 청정한 수행만이 세상을 제도할 수 있다.

---

58 賢者觀其惡 乃至賢不熟 設以賢熟者 賢賢自相觀(『법집요송경』)

37. 생사품生死品

生死品者는 說諸人魂과

靈亡[1]神[2]在도 隨行[3]轉生하니라.

생사품은

모든 사람들의 혼백을 말하는데

망령에도 정신은 존재하여

행위를 따라 생을 전변한다.

☞ 人能作其福하여 亦當數數造하라

於彼意願樂이면 善愛其福報니라(『出曜經』)

사람들이 복을 짓게 하려거든

역시 마땅히 자주 짓게 하라.

그런 뜻을 발원하고 즐기면

그 복보福報에 애착하니 착해진다.

---

1 靈亡: 죽은 이의 영혼.

2 神: 죽은 이의 혼.

3 行: 살아 있을 때 행위.

1) 먼저 선심善心도 제어하고 악의 근본을 섭지攝持하여야 이로 말미암아 복업이 일어나니, 마음은 악에 즐거워하기 때문이다.[4]

命如菓待熟하며 常恐會零落[5]하여
已生皆有苦니 孰能致不死리오.

목숨은 열매가 익는 것과 같아서
떨어지는 것을 항상 두려워한다.
이미 태어났으면 모두 고뇌가 있나니
어느 누가 죽지 않을 수 있으랴.

☞ 생이 있으면 죽음이 있는 게 진리이다.

2) 악을 저지른 게 비록 적고 적어도 후세에 고통 받는 것은 깊으며, 장차 무변無邊한 복을 획득한다 하여도 마치 독을 가슴에 품고 것과 같다.[6]

從初樂恩愛하여 可[7]婬入泡影이라
受形命如電하여 晝夜流難止니라.

---

4 先當制善心 攝持惡根本 由是興福業 心由樂於惡(『법집요송경』)

5 영락零落: 죽음의 비유.

6 爲惡雖復少 後世受苦深 當獲無邊福 如毒在心腹(『법집요송경』)

7 可: 송·원·명본에는 인因으로 되어 있어 인으로 한다.

처음에는 은애恩愛를 따라 즐거웠고
음욕으로 인하여 포영泡影으로 들어갔다.
형체로 받은 생명은 번개와 같아
밤낮으로 흐르니 멈추기 어렵다.

3) 복을 짓는 게 비록 적고 적어도 후세에는 큰 복덕을 받으며, 장차 큰 과보를 획득하는 것은 종자가 참다운 열매를 얻는 것과 같다네.[8]

是身爲死物하나 精神無形法[9]이니
假令死復生하여도 罪福不敗亡[10]이니라.

이 몸은 죽게 되는 물체이지만
정신은 무형의 존재이다.
가령 죽었다가 다시 태어나도
죄와 복은 없어지지 않는다.

4) 종족宗族은 이별하여 흩어지고, 재화는 소모하거나 써서 없어진다. 도적에게 약탈당하게 되어 원하는 바가 뜻대로 되지 않는다.[11]

---

8 爲福雖微少 後受大福德 當獲大果報 如種獲眞實(『법집요송경』)

9 法: 존재를 말한다.

10 敗亡: 없어지는 것을 말한다.

11 宗族別離散 財貨費耗盡 爲賊所劫掠 所願不從意(『법집요송경』)

終始[12]非一世라 從癡愛久長[13]이니
自此[14]受苦樂하여 身死神不喪이니라.

시작과 끝은 한 세상만이 아니고
어리석음과 애욕을 따라 장구하다.
스스로 지은 것으로 고락을 받아
몸은 죽지만 정신은 죽지 않는다.

☞ 탐진치로 지은 죄업은 그치지 않는다.

5) 제가 예전에 지은 여러 악업은 모두가 그치지 않는 탐진치로 말마암은 것이며, 신업, 어업, 의업을 따라 일어난 것이니, 일체를 제가 이제 모두 참회합니다.[15]

身四大[16]爲色[17]하고 識四陰[18]曰名[19]이니

---

12 終始: 생사를 말한다.
13 久長: 길고 오램.
14 自此: 송·원·명본에는 자작自作으로 되어 있다. 이로 번역한다.
15 我昔所造諸惡業 皆由無始貪瞋癡 從身語意之所生 一切我今皆懺悔(『화엄경』)
16 四大: 지수화풍地水火風을 말한다.
17 色: 형체를 이룬 것을 말한다.
18 四陰: 수受, 상想, 행行, 식識을 말한다.
19 名: 명색名色의 명名을 말하며 명名은 개인의 정신적인 면을 말하고 색色은 물질적인 것을 의미한다.

其情十八種[20]이오 所緣起十二[21]니라.

몸은 사대四大로 색色을 이루고

식識의 사음四陰은 명名이라고 말한다.

그 감정은 18종류이며

연기하는 바는 12가지이다.

☞ 인간의 몸과 마음 그리고 행위를 말한다.

6) 악을 저지르고 하지 않았다 말하지 말라. 사람이 죄를 짓고 무죄라고 말하거나 외따로 가려진 곳이어서 무죄라고 말한다면 이는 증험이 있어야만 한다.[22]

神止凡九處[23]니 生死不斷滅이라

世間愚不聞하여 蔽闇[24]無天眼[25]이니라.

영혼이 머무는 곳은 모두 9처處로

---

20 十八種: 육입六入, 육경六境, 육식六識을 합하여 말한다.

21 十二: 12연기緣起를 말한다.

22 作惡勿言無 人作言無罪 屛隈言無罪 斯皆有證驗(『법집요송경』)

23 九處: 지옥地獄, 아귀餓鬼, 축생畜生, 인人, 아수라阿修羅, 천天의 육도六道에 성문聲聞, 연각緣覺, 보살菩薩의 삼승三乘을 더한 것을 말한다.

24 폐암蔽闇: 어둠에 가리다.

25 天眼: 먼 곳을 내다볼 수 있는 안목眼目.

생사가 단멸하지 않는다.
세간 사람들은 어리석어서 듣지 못하고
어둠에 가려서 천안이 없다.

7) 악을 저지르면 근심이 있다 말하고, 오래 저질러도 역시 근심이라 말한다. 외따로 가려진 곳도 근심이라고 말하니, 근심으로 받게 되는 과보 역시 근심이다.[26]

自塗以三垢[27]하고 無目意妄見[28]하여
謂死如生時하고 或謂死斷滅[29]이니라.

스스로 삼구三垢로 더럽히고
안목이 없어 망령된 견해를 생각한다.
죽어도 살아있을 때와 같다고 하고
혹은 죽으면 단멸된다고 한다.

8) 이 세상에서도 근심이고 저 세상에서도 근심이니, 악행은 둘 모두에서 근심하게 한다. 저 세상 근심은 저 세상에서 받는 과보이니, 행을 보면 환히 알 수 있다.[30]

---

26 作惡言有憂 久作亦言憂 憂屛隈亦言 憂彼報亦憂(『법집요송경』)

27 三垢: 탐貪, 진瞋, 치癡를 말한다.

28 妄見: 잘못된 견해, 어긋나게 고찰하는 것을 말한다.

29 死斷滅: 사후의 운명을 부정하여 선악善惡과 과보를 무시하는 견해를 말한다.

識神[31]造三界[32]하면 善不善五處[33]이니
陰行而默到하여 所往如響應이니라.

식신識神은 삼계를 만들고
선善과 불선不善의 오취五趣를 만든다.
오음五陰이 행한 것 소리 없이 다가오니
가는 곳마다 메아리가 반향하는 것과 같다.

☞ 뿌린 대로 거두는 게 진리이다.

9) 이 세상에서도 기쁘고 저 세상에서도 기쁘니, 복행은 둘 모두를 기쁘게 한다. 저 세상의 행은 저 세상에서 과보를 받나니, 행을 보면 스스로 청정하다.[34]

欲色不色[35]有하여 一切因宿行[36]이니
如種隨本像하여 自然報如意니라.

---

30 此憂彼亦憂 惡行二俱憂 彼憂彼受報 見行乃審知(『법집요송경』)
31 識神: 마음. 영혼을 말한다.
32 三界: 욕계, 색계, 무색계를 말한다.
33 五處: 오도五道를 말한다.
34 此喜彼亦喜 福行二俱喜 彼行彼受報 見行自淸淨(『법집요송경』)
35 欲色不色: 삼계를 말한다.
36 宿行: 전생에서 저지른 선악 행위.

욕欲과 색色과 불색不色에 있는
일체가 전생의 행위로 인한 것이다.
씨앗이 본래 형상을 따르는 것처럼
자연히 과보는 마음을 따른다.

10) 이 세상에서도 삶아지고 저 세상에서도 삶아지니, 악행은 둘 모두에서 삶아지게 한다. 저 세상에서 삶아짐은 저 세상에서 받는 과보이니, 행을 보면 저절로 증험이 있다.[37]

神以身爲名이 如火隨形字[38]하여
著燭爲燭火하며 隨炭草糞薪이니라.

영혼은 몸으로써 이름이 있으니
불이 모양을 따르는 것과 같아서
초에 붙이면 촛불이 되고
숯불, 들불, 똥불, 섶불이 된다.

☞ 영혼은 항상 자기를 따라다닌다.

11) 복을 짓고 악을 짓지 않는 것은 모두 전생에 행한 법으로 말미암았으니, 끝까지 죽는 것도 두려워하지 않는 것은 배가 흐름을 가르면서

37 此煮彼亦煮 罪行二俱煮 彼煮彼受報 見行自有驗(『법집요송경』)
38 形字: 문자가 표시하는 모양으로, 문자가 표시하는 의미이다.

건너는 것과 같다.[39]

心法起則起하고 法滅而則滅이라
興衰[40]如雨雹하여 轉轉[41]不自識이니라.

법이 일어나면 마음도 일어나고
법이 멸하면 마음도 멸한다.
흥망성쇠(興衰)는 비와 우박과 같아
전전하면서도 스스로 알지 못한다.

12) 굳세지 못한 것을 굳세다고 생각하고 굳센 것을 굳세지 못하다고 생각하면 훗날 강건함에 이르지 못하니 삿된 견해를 일으켰기 때문이다.[42]

識神走五道[43]하여 無一處不更이라
捨身復受身하여 如輪轉著地니라.

식신識神은 오도五道로 달리니

---

39 作福不作惡 皆由宿行法 終不畏死徑 如船截流渡(『법집요송경』)

40 興衰: 흥망성쇠를 말한다.

41 轉轉: 차츰차츰 변해가는 것을 말한다.

42 不堅起堅想 起堅不堅想 後不至於堅 由起私見故(『법집요송경』)

43 五道: 지옥, 아귀, 축생, 인, 천.

한 곳도 계속되지 않음이 없다.
몸을 버리고 다시 몸을 받는 것은
바퀴가 구르다가 땅에 붙는 것과 같다.

13) 굳센 것을 굳세다고 아는 사람은 굳세지 않은 것은 굳세지 않다고 안다. 그는 굳셈을 구하여 들어가 바르게 다스리는 근본으로 삼는다.[44]

如人一身居하여 去其故室中이니
神以形爲廬나 形壞神不亡이니라.

사람이 일신一身을 거주하게 됨에
옛날 집을 버리는 것과 같이
영혼은 몸으로 집을 삼나니
몸은 무너져도 영혼은 죽지 않는다.

☞ 죽음은 이와 같은 것이니 영혼이 갈 곳을 잘 마련해 두어라.

14) 사지四支와 모양을 만족시키며 오래 살려 하면 그 도를 고수하여야 한다. 청정함을 관찰하며 스스로 청정해지려고 하지만 모든 감각기관을 구족하지는 못한다.[45]

---

44 堅而知堅者 不堅知不堅 被入求於堅 正治以爲本(『법집요송경』)

45 趣欲支其形 養壽守其道 觀淨而自淨 諸根不具足(『법집요송경』)

精神居形軀하여 猶雀藏器中이네
器破雀飛去이니 身壞神逝生이니라.

정신이 형구形軀에 깃든 것은
참새가 새장 속에 있는 것과 같아
새장이 부서지면 참새는 날아가니
몸이 파괴되면 정신은 다른 곳으로 가 태어난다.

☞ 몸과 영혼과의 관계이다.

15) 먹는 것에서 염족厭足[46]함이 없으니 이와 같으면 범부의 품행이다. 욕의欲意를 늘어나게 하면 집 천장이 무너져 뚫린 것과 같다.[47]

性癡淨常想[48]하며 樂身想疑想[49]이라
嫌望非上要이니 佛說是不明이니라.

바탕이 어리석으면서도 청정을 항상 생각하고
몸을 즐겁게 하려는 생각은 어리석은 상념想念이다.
혐오하거나 바라는 것은 제일 중요한 게 아니니

---

46 厭足: 만족함.

47 於食無厭足 斯等凡品行 轉增於欲意 如屋壞穿漏(『법집요송경』)

48 淨常想: 뒤 구절의 낙신樂身과 더불어 상락아정常樂我淨을 말한다.

49 疑想: 송·원·명본에는 치상癡想으로 되어 있어 이로 바꾸어 한다.

부처님은 이를 총명하지 않다고 하셨다.

☞ 일대사인연一大事因緣에 충실한 삶이어야 한다.

16) 응당 부정不淨한 행위를 관찰하면 모든 감각기관은 결루缺漏함이 없다. 음식에 지족止足함을 알고 믿음을 가지고 정진하라.[50]

一本二展轉하며 三垢五彌廣이라네
諸海十三[51]事를 淵銷越度歡이니라.

하나의 근본이 둘로 전전하고
삼구三垢[52]가 오도五道로 더욱 광대해진다.
모든 고해苦海는 12인연이니
고해의 연못이 다하여야 월도越渡[53]하여 즐겁다.

☞ 고해인 근원인 하나는 무엇일까?

17) 탐욕이 없는 데에 항상 있으면서 탐욕이 없는 곳으로 가려고 한다. 이동하기도 어렵고 움직이기도 어려움은 저 장중한 설산과 같다.[54]

---

50 當觀不淨行 諸根無缺漏 於食知止足 有信執精進(『법집요송경』)

51 十三: 송·원·명본에 의해 '十二'로 바꾸어 한다.

52 탐진치를 말한다.

53 월도越渡: 제도와 같은 의미.

三時[55]斷絕時에 知身無所直이니
命氣[56]熅煖[57]識은 捨身而轉逝니라

삼시三時가 단절할 때에
몸이 바르지 않음을 알게 된다.
온난한 명기命氣와 의식이
몸을 버리고 차츰 떠나게 된다.

☞ 임종臨終 때의 모습이다.

18) 어질지 않으면 나타나지 않는 것은 밤에 어두운 방에서 화살을 쏘는 것과 같다. 현자도 많으며 지혜로운 사람은 총림에 있다. 의리義理가 매우 심오하여 지혜로운 사람은 분별한다.[58]

當其死臥地에는 猶草無所知이니
觀其狀如是하여 但幻而愚貪이니라.

---

54 無欲常居之 非欲之所處 難移難可動 如彼重雪山(『법집요송경』)

55 三時: 과거, 현재, 미래를 말한다.

56 命氣: 생명을 관리하는 기운.

57 熅煖: 따뜻한 기운.

58 非賢則不現 猶夜射冥室 賢者有千數 智者在叢林 義理極深邃 智者所分別(『법집요송경』). 심수深邃: 깊숙하고 조용함. 학술, 의론 따위가 심오함.

당연히 죽어서 대지에 누우면
초목과 같아 아는 게 없다.
상황이 이와 같음을 관찰하면
단지 환상이고 어리석음과 탐욕이다.

☞ 일찍 알았더라면 탐욕과 어리석음에서 벗어났을 것을….

38. 도리품道利品

道利品者는 君父師行이
開示善道하여 率之以正이니라.

도리품은
군주·부친·스승의 행은
선도善道를 개시開示하여
바르게 인솔함이다.

☞ 十方照光明하여 降伏天世人하니
三有[1]無與等이며 衆生無有過니라(『佛說菩薩行方便境界神通變化經』)
시방에 광명을 비추어
하늘과 세상 사람들 항복받으니
삼유에 같은 게 없으며
중생들도 허물이 없구나.

---

1 三有: 욕계欲界·색계色界·무색계無色界를 말한다.

1) 이 많은 중생들이 불법의 이익을 구하고 선지식은 이 법성法性을 모두 깨달았으니, 과거 모든 부처님이 수행한 바이네. 이런 까닭에 설법하는 조어사라네.[2]

人知奉其上이니 君父師道士라
信戒施聞慧는 終吉所生安이니라.

사람들은 어른을 받들 줄 알아야 하니
군주·부친·스승·도사(사문)이다.
믿음·계율·보시·들음·지혜가
끝까지 아름다우면 나는 곳마다 편안하다.

☞ 어른을 받들 줄 알면 믿음·계율·보시·들음·지혜가 저절로 일어나 편안한 삶을 누린다.

2) 모두가 공경하여 합장하면서 세상의 조어장부를 우러러보고 귀담아 듣는다. 조어장부는 이들 위해 자비심을 일으키고 대각은 원력願力으로 승묘법勝妙法을 설한다네.[3]

---

2 此多衆生求法利 善知識了此法性 過去諸佛所修行 是故說法調御師(『佛說菩薩行方便境界神通變化經』)

3 悉皆恭敬合掌住 瞻視諦觀世調御 調御爲此生悲心 大覺願說勝妙法(『佛說菩薩行方便境界神通變化經』)

宿命[4]有福慶[5]이면 生世爲人尊이라
以道安天下하고 奉法莫不從이니라.

전생에 복되고 선행이 있어
이 세상에 태어나 존귀한 사람이 되었네.
도로써 세상을 편안하게 하고
법法을 받드니 따르지 않는 사람이 없다.

☞ 존귀하게 된 것은 전생의 업이니, 여기에는 인류를 편안하게 할 큰 의무가 있다.

3) 나는 이제 법왕에게 모든 것을 청하며 승묘법 설하기를 바란다네. 이롭게 섭취攝取하는 보살인 까닭에 인존人尊에게 옳은 법장法藏을 개시하시기를 바라네.[6]

王爲臣民長이니 常以慈愛下하고
身率以法戒하여 示之以休咎[7]니라.

---

4 宿命: 전생에 결정된 인간의 운명. 전생과 같다.

5 福慶: 행복幸福과 경사慶事.

6 我今咸請於法王 願當演說勝妙法 爲利攝取菩薩故 人尊願開善法藏(『佛說菩薩行方便境界神通變化經』)

7 휴구休咎: 기쁜 일과 나쁜 일. 화복禍福

宿命有福慶生世爲
人尊以道安天下奉
法莫不從

왕은 신하와 백성의 우두머리이니
항상 아랫사람에게 자애로우며
자신을 법과 계율로 다스려
화복禍福의 일을 가르친다.

☞ 윗사람이 모범이 되어야 다스려진다.

4) 만약 불자가 올바르게 수행하고 청정한 법으로 만족한 마음과 일체 중생에게 자비심과 유연한 마음이 있으면 보리菩提를 이루리라.[8]

處安不忘危하며 慮明福轉厚니
福德之反報[9]는 不問尊以卑니라.

편안하다고 위태로움 잊지 않고
생각이 명철하면 복福이 두터워진다.
복과 덕의 과보는
귀하고 천함을 가리지 않는다.

5) 본래 먼저 악지식을 멀리하고 깨달은 선지식을 곁에 모시며, 부지런히 보리과菩提果로 나아가기를 서원하면 각지覺知에서 보리심이 난

8 若有佛子善修行 清淨之法滿足心 一切衆生慈悲心 柔軟之心爲菩提(『佛說菩薩行方便境界神通變化經』)

9 反報: 보복함. 복명復命함. 여기서는 복의 과보.

다네.[10]

夫爲世間將하여 修正不阿枉[11]하며

心調勝諸惡이면 如是爲法王이니라.

무릇 세간의 우두머리는

정도正道를 실천하고 아왕阿枉하지 않아야 한다.

마음을 길들여 모든 악을 이겨내면

이와 같은 이를 법왕이라 한다.

6) 항상 싫증내지 않으면서 수행한 바를 실천하는 것을 본제本際와 같이 하면서, 금강과 같은 불퇴심不退心으로 이처럼 평등한 보리심을 일으켜라.[12]

見正能施惠[13]하고 仁愛好利人하며

旣利以平均[14]이면 如是衆附親[15]이니라.

---

10 本先遠離惡知識 親侍菩提善知識 誓願勤進菩提果 生於覺知菩提心(『佛說菩薩行方便境界神通變化經』)

11 阿枉: 광枉은 왕枉이 되어야 한다. 그러므로 아왕은 한쪽으로 치우쳐 공정하지 않음이다.

12 恒常不生疲厭心 所修行行如本際 猶如金剛不退心 如是等生菩提心(『佛說菩薩行方便境界神通變化經』)

13 施惠: 은혜恩惠를 베풂.

14 平均: 모두에게 고르게 함.

정도正道를 드러내어 은혜를 베풀며
인애仁愛로 다른 사람 이롭게 하기를 좋아하고
이익도 모두가 고르게 나누니
이와 같으면 많은 사람이 친하게 따른다.

☞ 정도正道는 고르게 베풀고 인애仁愛하는 것으로, 이것이 불법의 실천이다.

7) 모든 중생에게 자비심을 일으켜 모든 중생들을 편안하고 안락에 머물게 하고 일체 모든 악을 멀리 여의게 하는 연고로, 이와 같아지면 빨리 보리심을 일으킨다.[16]

如牛厲渡水에 導正從亦正하여
奉法心不邪면 如是衆普安이니라.

마치 소가 힘써 물을 건너감에
바르게 인도하면 따름 역시 올바르듯
법을 받드는 마음이 사악하지 않으면
이와 같이 중생들이 두루 편안해진다.

---

15 附親: 가까이 친하게 됨.

16 於諸衆生慈悲心 安諸衆生住樂故 遠離一切諸惡故 是等疾生菩提心(『佛說菩薩行方便境界神通變化經』)

☞ 지도자가 올바르면 나라가 올바르게 된다.

8) 지혜로운 사람은 다른 믿음을 구하지 않고 보리의 수승한 공덕 생각하며, 청정한 마음으로 때 묻지 않고 또한 애착하지도 않으니, 이처럼 평등한 보리심을 바란다네.[17]

勿妄嬈神象하여 以招苦痛患하라
惡意爲自煞이니 終不至善方이니라.

망령되게 신상神象을 괴롭혀
고통의 우환을 불러들이지 말라.
악한 생각은 스스로를 죽이게 되니
끝내는 좋은 방편이 되지 못한다.

☞ 다른 힘을 빌려 악의를 없애려는 것은 좋은 방편이 아니다.

9) 일체 번뇌와 일체 악惡을 여의고 때가 없이 명료[18]하면 허공과 같아서 일체 문자로 드러낼 수 없지만, 이를 일러 청정한 보리심이라 한다.[19]

---

17 慧者不求於餘乘 思惟菩提勝功德 淨心無垢亦無愛 如是等欲菩提心(『佛說菩薩行方便境界神通變化經』)

18 명료明了: 명백함. 명확하게 이해함.

19 離一切使一切惡 無垢明了如虛空 一切文字不可見 此說菩提心淸淨(『佛說菩薩行方便境界神通變化經』)

戒德[20]可恃怙[21]면 福報常隨己한다
見法爲人長이며 終遠三惡道[22]하리라

계덕戒德을 믿고 의지하면
복의 과보가 항상 자기를 따른다.
법을 보고 사람이 장성하면
마침내 삼악도를 멀리하게 된다.

10) 이 보리의 근본과 승묘한 수행, 또 다라니의 모든 변재, 모든 근본이 모두 좋아짐에 이르는 것, 이것이 부처의 모든 공덕을 증득한 것이다.[23]

戒愼除苦畏면 福德三界尊이라
鬼龍邪毒害는 不犯持戒人이니라.

계율을 삼가서 괴로움과 두려움을 없애면
복덕은 삼계에서 존귀하다.
귀신과 용의 삿된 독의 해침도
계율 지키는 사람은 범하지 못한다.

---

20 戒德: 계율을 지키는 공덕을 말한다.

21 시호恃怙: 부모. 믿고 의지함.

22 三惡道: 지옥, 아귀, 축생.

23 是菩提根勝妙行 亦陀羅尼諸辯者 亦是諸根及衆好 此是得佛諸功德(『佛說菩薩行方便境界神通變化經』)

11) 견줄 게 없는 일체지를 구하고 베풀며, 수족과 맑은 눈과 머리의 골수에 이르기까지 안팎의 모든 것을 버려도 아까워하지 말라. 후에도 탐내거나 아끼지 않으면 공덕이 증익增益한다.[24]

無義[25]不誠信하고 欺妄好鬪諍하면
當知遠離此니 近愚興罪多니라.

정의正義도 없고 성실함과 믿음도 없으며
업신여기고 속이며 투쟁을 좋아하면
마땅히 알라. 그것을 멀리 떠나야 하니
어리석은 사람을 가까이하면 죄를 일으킴이 많아진다.

12) 나는 당연히 번뇌의 속박을 늦추고, 나는 당연히 악도문惡道門에 빗장을 걸고, 나는 당연히 훌륭하고 미묘한 일을 헤아리며, 나는 당연히 계를 지키기를 소가 꼬리를 아끼듯 하리라.[26]

仁賢[27]言誠信하고 多聞戒行具니

24 施求無等一切智 手足淨目頭骨髓 不惜內外一切捨 後無貪惜增益德(『佛說菩薩行方便境界神通變化經』)

25 無義: 가치와 의미가 없는 것을 말한다.

26 我當得緩結使縛 我當關於惡道門 我當思量勝妙事 我當護戒牛愛尾(『佛說菩薩行方便境界神通變化經』)

27 仁賢: 인자仁者와 현자賢者를 말한다.

當知親附此이면 近智誠善多니라.

인자와 현자는 말에 성신誠信이 있고
다문多聞하며 계행을 구족하였으니
마땅히 그들을 가까이하게 되면
지혜로워지고 좋은 일도 많아진다.

13) 나는 당연히 부처님의 가르침이 머무는 것과 같이, 나는 당연히 슬기로워져 칭찬을 받으며, 나는 당연히 불법을 호지護持하여 항상 떠나지 않게 하며, 나는 당연히 지계의 공덕에 머무르리라.[28]

善言不守戒하고 志亂無善行이면
雖身處潛隱[29]이라도 是爲非學法이니라.

말만 잘하고 계율을 지키지 않으며
의지가 교란攪亂되어 잘 행行할 수 없으면
비록 몸은 그윽한 곳에 은거하더라도
이는 불법을 배우는 게 아니다.

☞ 언행일치言行一致가 중요하며, 불의에 침묵하지 말라.

---

28 我當如佛所教住 我當慧者所稱讚 我當護持常不離 我當有住戒功德(『佛說菩薩行方便境界神通變化經』)

29 잠은潛隱: 세속을 피하여 은거함

善言不守戒志亂無
善行雖身處譖隱是
爲非學法

14) 나는 당연히 몸과 입을 조작하지 않나니, 나는 당연히 조작함이 없는 법을 생각하고 행하고. 나는 당연히 옳게 신구의를 호념하며, 나는 당연히 다시는 악도를 걷지 않으리라.[30]

美說正爲上이요 法說爲第二며
愛說可彼三이요 誠說不欺四니라.

바르고 아름다운 말이 첫째이고
법설法說은 둘째이며
자애로운 말이 그 셋째이고
진실하여 속이지 않는 말이 넷째이다.

15) 나는 당연히 지계바라밀持戒波羅蜜을 수행하고 나는 당연히 불법을 성취하리라. 나는 당연히 여래의 계율에서 청정하여 이 일체 계율이 수승함이 더할 나위가 없게 하리라.[31]

無便獲利刃하여 自以剋其身이니라
愚學好妄說하여 行牽受幸戾니라.

---

30 我當身口得無作 我當行意無作法 我當善護身口意 我當不復行惡道(『佛說菩薩行方便境界神通變化經』)

31 我當行尸波羅蜜 我當成就於佛法 我當淨於如來戒 是一切戒勝無上(『佛說菩薩行方便境界神通變化經』)

방편으로 예리한 칼을 획득하면
스스로 자기 몸을 해치지 않아야 한다.
어리석은 이는 허망한 말 배우기를 좋아하여
행에 끌려 다니며 행복과 어긋난 것을 받아들인다.

16) 방일하지 않으면 선서善逝께서 칭찬아니, 이 모두가 일체 선업의 근본이다. 나는 당연히 여기에 항상 머무르면서 일체의 모든 방일을 여의리라.[32]

貪婬瞋恚癡는 是三非善本이니
身以斯自害하고 報由癡愛生이니라.

탐음·진에·어리석음
이 셋은 선의 근본이 아니다.
자신은 이로써 스스로 해치고
과보는 어리석음과 애욕으로 말미암아 생긴다.

☞ 탐진치와 애욕의 늪에 빠지지 않아야 한다.

17) 이런 공덕을 구하는 것을 희망하지 않고 보리살타菩提薩埵가 훌륭한 도를 갈구하며, 계율 지키기를 들소의 꼬리와 같이 하면 일체 공덕의

32 若不放逸善逝讚 是諸一切善業本 我當常住於是處 捨離一切諸放逸(『佛說菩薩行方便境界神通變化經』)

이익을 증득하리라.[33]

有福爲天人하고 非法受惡形이라
聖人明獨見하여 常善承佛令이니라.

복을 지으면 천인이 되지만
그릇된 법이면 추악한 몸을 받게 된다.
성인은 명철하고 독특한 견해로
항상 옳게 부처님의 법령을 받는다.

☞ 성인의 가르침을 따르면 행복하다.

18) 이 법은 공空하여 있는 곳이 없으니 중생들은 구하지만 얻을 수 없다네. 이 법을 깨달아 알고 나서는 인욕 공덕에 안주한다네.[34]

戒德後世業이니 以作福追身하여
天人稱譽善하고 心正無不安이니라.

계율의 덕은 후세의 업이니

33 不悕望求此功德 若菩提薩求勝道 護戒猶如氂牛尾 當得一切功德利(『佛說菩薩行方便境界神通變化經』)

34 此法空無有 求不得衆生 解知於此法 安住忍功德(『佛說菩薩行方便境界神通變化經』)

有福爲天人非法受
惡形聖人明獨見常
善承佛令

복을 지으면 자신을 따른다.
천인이 착하다고 칭예稱譽하니
마음이 올바르면 편안하지 않음이 없다.

☞ 올바른 삶으로 영원한 안식처를 마련하자.

19) 이변二邊을 멀리 여읜다면 자타가 성내지 않으리라. 지혜로운 사람은 인욕의 힘을 닦아 대비가 이와 같음을 보여준다.[35]

爲惡不念止하고 日縛不自悔면
命逝如川流이니 是恐宜守戒니라.

악함을 저지르며 그치려 생각하지 않고
나날이 계박하며 스스로 뉘우치지 않으면
목숨이 죽어감은 냇물이 흐르는 것과 같으니
이것이 두려우면 의당 계율을 지켜라.

20) 구경에 성냄이 없으며, 인욕을 닦아 나아가니 걱정이 없고, 다함을 깨달아 아는 까닭에 인욕을 닦아 결사結使를 멸한다.[36]

---

35 俱遠離二邊 自他無有瞋 慧者修忍力 大悲如是示(『佛說菩薩行方便境界神通變化經』)

36 究竟無有瞋 進修忍無憂 覺知於盡故 修忍寂結使(『佛說菩薩行方便境界神通變化經』)

今[37]我上體首에 白生[38]爲被盜이라
已有天使召[39]하니 時正宜出家니라.

이제 내 머리에는
백발이 휘날려 죽을 때가 되었다.
이미 죽음의 사자가 소환하니
바로 집을 떠나기 알맞은 때이다.

☞ 임종을 맞이하는 의연한 자세이다.

---

37 원본에는 시是로 되어 있으나 고려본에 의하여 금今으로 고쳤다.

38 白生: 흰머리가 생긴 것으로 늙음을 말한다.

39 天使召: 천사가 소환하는 것으로 죽음을 의미한다.

39. 길상품吉祥品

吉祥品者는 修己之術이니
去惡就善히면 終厚景福이니라.

길상품은
자기를 닦는 방법으로
악을 버리고 선으로 나아가면
마침내 큰 복을 돈후하게 한다.

☞ 此乘淸淨 成得佛智 文殊妙辯 發問斯義
一乘無垢 得無上智 文殊爲顯 故作斯問(『不退轉法輪經』)
이 법은 청정하여 부처의 지혜를 성취하니
문수가 미묘한 변재로 이 뜻을 질문하였네.
일승은 번뇌가 없어 무상한 지혜를 증득하고
문수는 드러내기 위하여 이런 질문을 하였네.

1) 법은 분별이 없고 모든 희론을 벗어났으니, 문수는 드러내고자 하는 까닭에 이런 질문을 하였네. 본래 오는 게 없고 또한 가는 것도 없으니, 마치 열반과 같아서 문수가 이런 질문을 하였네.[1]

佛尊過諸天하고 如來常現義라
有梵志道士는 來問何吉祥[2]인가?

부처님이 존귀함은 모든 천중을 넘어섰고
여래는 항상 의의를 드러내고 있다.
범지와 도사들이 와서
'어떤 게 길상입니까?'라고 묻는다.

2) 공空과 무상無相을 수행하면서도 삼매를 원하지 않고, 해탈문에 들어가 열반에 안주하네. 과거·미래·현재에도 마음은 염착하는 바가 없이 시방에 개시하니 무생無生과 무위無爲라네.[3]

於是佛愍傷[4]하여 爲說眞有要라

---

1 乘無分別 離諸戲論 文殊爲顯 故作斯問
本無有來 亦復無去 猶如涅槃 文殊所問(『不退轉法輪經』)

2 吉祥: 경사慶事가 있을 조짐.

3 行空無相 無願三昧 入解脫門 安住涅槃
去來今際 心無所著 能開十方 無生無爲(『不退轉法輪經』)

4 민상愍傷: 걱정하며 애달파 하는 것.

已信樂正法이면 是爲最吉祥이니라.

이에 부처님은 걱정하고 애달파 하며
참다운 요지를 말씀하셨다.
이미 정법을 믿고 즐긴다면
이것이 최상의 길상이다.

☞ 신락信樂은 종교의 요체要諦이다.

3) 이와 같은 심오한 법을 아난과 문수가 방편으로 질문하니 무상無相한 지혜의 힘이라네. 일승一乘의 진리를 믿고 법이 무상함을 알고는, 그런 까닭에 부처님께 여쭈니 이제 모든 과보를 말씀하셨다.[5]

若不從天人하여 希望求僥倖[6]하며
亦不禱祠神[7]이면 是爲最吉祥이니라.

만약 천·인을 따르지 않고
희망하여 요행을 구하지 않으며
또 신사神祠에 기도하지 않으면

5 如是深法 阿難文殊 方便發問 無相慧力
乘一乘道 知法無相 是故問佛 今說諸果(『不退轉法輪經』)
6 요행僥倖: 뜻밖에 행운.
7 사신祠神: 신령을 모신 사당.

이것이 최상의 길상이다.

4) 삼세三世는 평등하고 모두가 공空이며 무상無相이라네. 모든 소리도 적멸하여 부처와 보리도 없다네. 무수한 항하사 모든 부처의 세계에, 와서 보리를 구하라고 문수가 소집하였네.[8]

友賢擇善居하고 常先爲福德하며
勅身從眞正이면 是爲最吉祥이니라.

현인을 벗하고 좋은 곳 택하여 살며
항상 먼저 복덕을 지으며
몸을 삼가며 진정眞正함을 따른다면
이것이 최상의 길상이다.

☞ 좋은 벗을 선택하고 복덕을 먼저 생각하며 진리를 따르라.

5) 저 모든 부처님과 보살들이 수행한 바를 듣고, 삼승三乘을 설법하려고 사바세계에 모였다네. 문수의 질문은 의혹을 해결하고 법의 과보를 분별하기 위함으로 보리 설해주기를 청하네.[9]

---

8 三世平等 皆空無相 諸聲寂滅 無佛菩提
無數恒沙 諸佛世界 來求菩提 文殊召集(『不退轉法輪經』)

9 聞彼諸佛 菩薩所行 欲說三乘 集娑婆界 文殊發問 爲決疑惑 乘果分別 請說菩提
(상동)

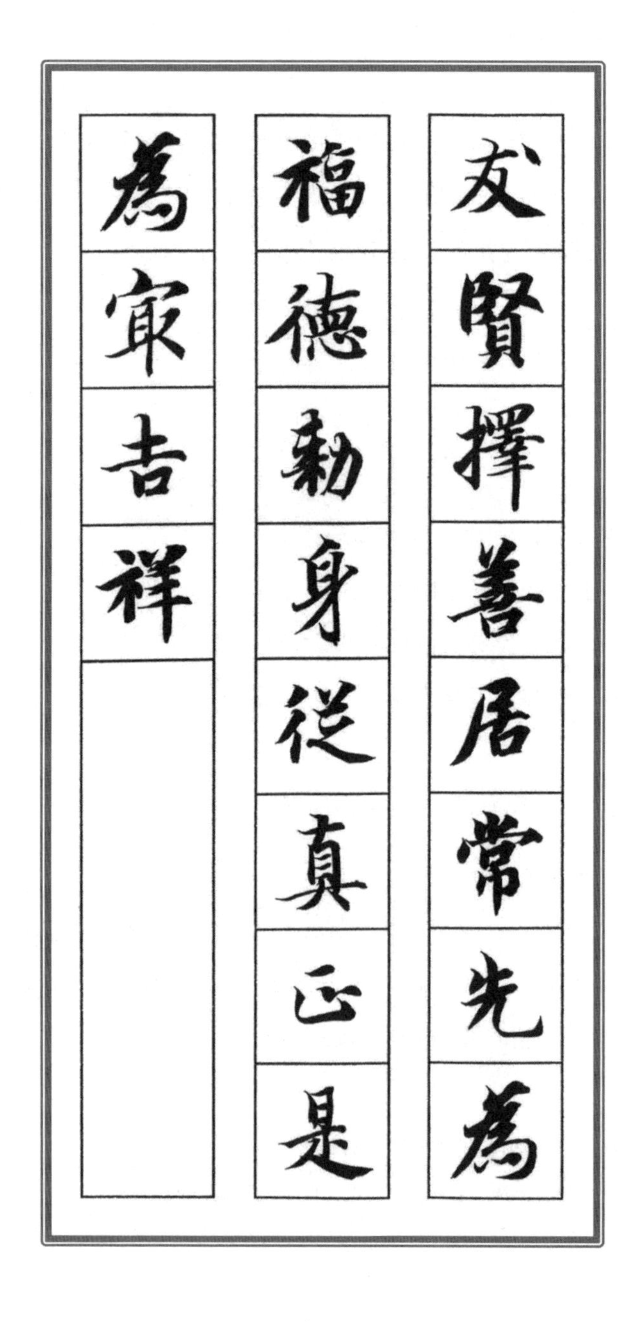
友賢擇善居常先爲
福德勅身從眞正是
爲家吉祥

去惡從就善하고 避酒知自節하며
不婬于女色[10]이면 是爲最吉祥이니라.

악을 버리고 선으로 나아가 성취하고
과음을 피하고 스스로 절제할 줄 알며
여색으로 음탕하지 않으면
이것이 최상의 길상이다.

6) 부처님의 위신력과 서원력誓願力으로 삼승을 설법하여 고뇌의 중생을 제도하네. 열심히 수습케 하고자 문수의 소리를 변별하고 세상을 구제하는 설법을 원하니 보살이 행할 바이네.[11]

多聞如戒行하고 法律精進學하며
修已無所爭이면 是爲最吉祥이니라.

다문多聞하고 계율 따라 행하며
법과 율에 정진하고 배우고
자기를 닦아 다툼이 없으면
이것이 최상의 길상이다.

---

10 女色: 여성의 색향色香.

11 以佛神力 及誓願力 故說三乘 度苦衆生 令勤修習 文殊聲辯 願救世說 菩薩所行 (상동)

☞ 계율과 다문多聞, 그리고 투쟁 없음은 불국토의 이상이다.

7) 억천의 모든 천인들에게 세상을 구제하고자 공양하고 과보의 상을 내면 그런 의혹에도 안위한다. 이런 비구와 비구니, 청신남과 청신녀가 가장 수승한 상想을 만든다.[12]

居孝事父母하고 治家養妻子하며
不爲空之行[13]이면 是爲最吉祥이니라.

집안에서 부모를 효도로 섬기고
가정을 다스려 처자를 부양하며
쓸데없는 행동을 하지 않으면
이것이 최고의 길상이다.

8) 믿음이 많은 중생은 무수한 부처를 보고도 색상에 염착하지 않으니 이것을 신행이라 한다네. 일체법을 믿고 공상空相을 개시하며 해탈을 성취하면 이것을 신행이라 한다네.[14]

---

12 億千諸天 供養救世 生果想者 安慰彼疑 如是比丘 及比丘尼 淸信男女 作最勝想 (상동)

13 空之行: 혼란한 일, 즉 쓸모없는 것을 말한다.

14 多信衆生 見無數佛 不著色相 是名信行 信一切法 開示空相 成就解脫 是名信行 (상동)

不慢不自大[15]하고 知足念反復[16]하며
以時誦習[17]經이면 是爲最吉祥이니라.

교만하지 않고 스스로 잘난 체하지 않으며
만족할 줄 알고 은혜에 감사하며
때때로 경전을 외우고 익히면
이것이 최상의 길상이다.

9) 항상 정법을 믿고 부처님 구하는 것을 즐기면 어느 때이든 불가사의한 지혜를 증득하게 되리니, 오욕을 관찰하고도 믿지 않는 사람에게 믿음의 능력을 갖게 하면 이를 신행이라 한다네.[18]

所聞常以忍하고 樂欲見沙門하며
每講輒聽受하면 是爲最吉祥이니라.

들은 바가 있어도 항상 참고
즐겨 사문을 보고자 하며
언제나 익히고 늘 듣고 배우면

15 自大: 스스로를 과대평가하는 것을 말한다.
16 反復: 은혜恩惠에 감사하는 마음.
17 誦習: 외워서 익힘.
18 常信正法 欣樂求佛 何時當得 不思議智 觀察五欲 無可信者 逮得信力 是名信行 (상동)

이것이 최상의 길상이라네.

☞ 항상 배우는 자세를 갖추어야 한다.

10) 이와 같은 믿음이 가장 좋은 것이니 마땅히 법시法施를 닦고 대선大仙께 공양하라. 불가사의한 보시로 믿음의 변재辯才를 획득하여 하열상下劣想이 없으면 이것을 신행이라고 한다.[19]

持齋修梵行하고 常欲見賢聖하며
依附明智者하면 是爲最吉祥이니라.

재계齋戒[20]를 지니며 범행梵行을 닦고
항상 성현을 뵙고자 하며
명철하고 지혜로운 사람에 의지하면
이것이 최상의 길상이다.

☞ 선지식을 가까이하는 게 중요하다.

11) 일체 모두에 애착하는 자신까지도 버리고, 버렸다는 생각까지도 없으면 이를 신행이라 한다. 일체를 베풀면서 질투하는 마음 가지지

19 如是之信 最爲善哉 當修法施 供養大仙 不思議施 故得信辯 無下劣想 是名信行(상동)

20 제사에 앞서 목욕하고 옷을 갈아입어 심신心身을 정결하게 하는 것.

않고, 보리상菩提想까지도 버린다면 이를 신행이라고 한다.[21]

以信有道德[22]으로 正意向無疑하며
欲脫三惡道면 是爲最吉祥이니라.

도덕이 있다는 것을 믿음으로써
올바른 마음은 의심 없는 곳으로 향하며
삼악도를 벗어나려고 하면
이것이 최상의 길상이다.

12) 신심이 청정하여 모든 혼탁함과 더러움도 없으며, 또한 수명도 없으니 이를 신행이라 한다. 비록 보시를 수행할지라도 과보를 구하지 않고, 깊은 신심의 능력을 획득하면 이를 신행이라 한다.[23]

等心行布施하고 奉諸得道者[24]하며
亦敬諸天人이면 是爲最吉祥이니라.

---

21 悉捨一切 所愛之身 而無捨想 是名信行 能施一切 不懷嫉妬 捨菩提想 是名信行 (상동)

22 道德: 사람이 마땅히 지켜야 할 윤리와 준칙.

23 信心淸淨 無諸濁穢 亦無壽命 是名信行 雖修行施 不求果報 得深信力 是名信行 (상동)

24 得道者: 깨달음을 증득證得한 사람.

평등한 마음으로 보시를 행하고
모든 득도한 분을 받들며
또한 모든 천인을 공경하면
이것이 최상의 길상이다.

13) 육입六入[25]을 포기하여 버리고 과보를 생각하지도 않으며, 육계六界[26]를 올바르게 이해하면 이를 신행이라 한다. 자기를 조복하고 또한 타인을 조복하여 불법을 믿게 하면 이를 신행이라 한다.[27]

常欲離貪欲과 愚癡瞋恚意하며
能習誠[28]道見[29]이면 是爲最吉祥이니라.

항상 탐욕과 우치와
진에의 마음을 여의려고 하며
진리의 견해를 익혀 성취하면
이것이 최상의 길상이다.

---

25 六入: '안眼, 이耳, 비鼻, 설舌, 신身, 의意' 육근六根은 안으로 향하는 육입六入이고, '색色, 성聲, 향香, 미味, 촉觸, 법法' 육경六境은 밖으로 향하는 육입이다.

26 六界: 만유萬有의 생성 기본 원소를 육대(六大: 地, 水, 火, 風, 空, 識)라고 하고, 이를 제각기 분제分齊하는 까닭에 계界라고 한다.

27 棄捨六入 不念果報 善解六界 是名信行 已自調伏 亦調伏他 令信佛法 是名信行 (상동)

28 誠: 진본晉本에는 성成이니 이로써 하였다.

29 道見: 불교를 올바르게 이해한 것을 말한다.

☞ 항상 탐진치를 벗어나려고 노력하며, 올바른 견해를 갖추어라.

14) 이런 믿음을 증득하여 보리로 회향하고 마음에 상相이 없으면 이를 신행이라 한다. 육계六界를 알면 모두가 법계이며, 비록 법계를 말하지만 계상界相은 얻지 못한다. 모든 행은 무상無常이고 고苦이며 공空이고 무아無我이니, 또한 취하거나 염착하지 않으면 이를 신행이라 한다.[30]

若以棄非務[31]하여 能勤修道用[32]하며
常事於可事[33]면 是爲最吉祥이니라.

만약 힘써야 할 일 아니면 버리고
부지런히 도를 닦고 실천하며
항상 옳은 일을 하면
이것이 최상의 길상이다.

15) 성스러운 계율을 믿으면서 모든 희론을 없애고 선정을 성취한다면 이를 신행이라 한다. 모든 중생이 모두 적멸상寂滅相임을 믿고 무상無相임을 알면 이를 신행이라 한다.[34]

---

30 得是信已 迴向菩提 而無心相 是名信行 知於六界 悉同法界 雖說法界 不得界相 諸行無常 苦空無我 亦不取著 是名信行(상동)

31 非務: 하지 않아야 할 일로 가사可事에 상대하는 말이다.

32 道用: 도의 효능.

33 可事: 옳은 일을 말한다.

34 能信聖戒 無諸戲論 成就禪定 是名信行 信諸衆生 同寂滅相 知無相已 是名信行

一切爲天下하며 建立大慈意하고
修仁安衆生이면 是爲最吉祥이니라.

일체가 천하를 위하며
대자비의 마음을 건립하고
인仁을 닦아 중생을 편안하게 하면
이것이 최상의 길상이다.

☞ 지도자는 반드시 자비심을 갖추어야 한다.

16) 중생 모두가 법계에 증입하는 것에 염착하지 말라. 이 중생계는 불가사의하다. 믿음으로 믿음을 일으키면 이를 믿음이라고 하고, 보살이 두려움이 없으면 이를 신행이라 한다.[35]

欲求吉祥福이면 當信敬於佛이라
欲求吉祥福이면 當聞法句義하라.

길상한 복을 구하고자 하면
마땅히 부처님을 믿고 공경하라.
길상한 복을 구하고자 하면

(상동)

35 不著衆生 同入法界 是衆生界 卽不思議 以信生信 是名爲信 菩薩無畏 是名信行 (상동)

마땅히 법구의 뜻을 들어라.

☞ 믿고 공경할 것은 법의 말씀과 그 의의이다.

17) 중생은 결정코 있다는 생각이 없으며, 체성은 공과 같아서 있는 곳도 없고 증득할 것도 없다. 중생과 열반 이 둘 모두 공하니 이에 믿음이 일어나면 이를 신행이라 한다.[36]

欲求吉祥福이면 當供養衆僧하라
戒具淸淨者는 是爲最吉祥이니라.

길상한 복을 구하고자 하면
마땅히 승가에 공양하라.
계율을 구족하고 청정한 사람이
이것이 최상의 길상이다.

☞ 그대가 청정해지는 게 수행에서 제일이다.

18) 보살은 두려움 없이 모든 중생을 믿나니 이름으로 취하지 않고 믿음으로부터 일으킨다네. 이와 같이 믿으면서 항상 생각하여 잃지 말지니, 아난아 기억하고 수지하며 현시하고 분별하라.[37]

---

36 衆生決定 無所有想 體性如空 無處無證 衆生涅槃 是二俱空 於彼生信 是名信行 (상동)

智者居世間하여 常習吉祥行하고
自致成慧見하나니 是爲最吉祥이니라.

지혜로운 사람은 세상에 있으면서
항상 길상한 행을 익히고
스스로 지혜로운 견해를 이루나니
이것이 최상의 길상이다.

☞ 길상행은 바로 신행信行이다.

19) 일체를 듣고는 마음으로 모두 환희하니 모든 불자들이 설법 받은 공덕이네. 보살이 현현함이 불가사의하며, 모든 부처님의 보리를 믿지 않는 사람도 믿게 된다네.[38]

梵志聞佛教하고 心中大歡喜하여
卽前禮佛足하고 歸命佛法衆[39]하였네.

범지가 부처님 가르침을 듣고

---

37 菩薩無畏 信諸衆生 不取名字 從信而生 能如是信 常念不失 阿難憶持 顯示分別 (상동)

38 一切聞者 心皆歡喜 是諸佛子 所說功德 菩薩顯現 不可思議 諸佛菩提 不信者信 (상동)

39 佛法衆: 불법승佛法僧을 말한다.

마음으로 크게 환희하여
앞으로 나아가 부처님 발에 예경하고
불법승 삼보에 귀의하였다.

☞ 항상 환희심으로 살아가는 사람이 참다운 불자佛子이다.

범연凡然 이동형李東炯

경북 안동 출생

고려대학교 졸업

한양대학교 공학박사

역·저서에 『법구비유경』, 『금강경 육조대사구결』, 『화엄경요해』, 『반야심경 강의』, 『선림보훈 주해』, 『불교의 효』, 『지장경 효사상』, 『대장부론』 등이 있다.

752게송 법구경

초판 1쇄 인쇄 2022년 5월 20일 | **초판 1쇄 발행** 2022년 5월 27일

법구法救 **撰** | 유지난維祇難 등 **譯** | 이동형 **편역** | **펴낸이** 김시열

펴낸곳 도서출판 운주사

(02832) 서울시 성북구 동소문로 67-1 성심빌딩 3층

전화 (02) 926-8361 | **팩스** 0505-115-8361

ISBN 978-89-5746-693-3 03220 값 30,000원

http://cafe.daum.net/unjubooks 〈다음카페: 도서출판 운주사〉